山本英史著

北京餐庁《れすとらん》情報

北京を食べて三十四年

北京餐庁《れすとらん》情報

北京を食べて三十四年

目次

北京餐庁《れすとらん》情報

北京を食べて三十四年

追想 1982

1 北京見参

筆者が初めて北京の地に足を踏み入れたのは一九八二年二月一日のことである。その日からすでに四半世紀以上の歳月が流れた計算になる。実はその時の北京は目的地にあらず、山東省の省都済南《さいなん》にある山東大学へ留学に赴く経由地にすぎなかった。しかし、当時は汽車の切符がそう簡単には手に入らず、済南出発までの四日間、北京での待機を余儀なくされた。これはむしろ筆者にとってもっけの幸いだった。北京の街を見物する絶好の機会になったからである。

その時代の中国では、歴史決議によってようやく文革と決別し、鄧小平の指導のもとに改革開放政策が進められつつあった。しかし、北京の人々の生活はまだ決して豊かであるとはいえなかった。一般の労働者の月給は多くて五〇元前後、夫婦共働きで一家庭一〇〇元ほど、日本円に換算して一万三〇〇〇円程度であった（当時の換算レートは一元約一三〇円）。これで一カ月の生活を維持しなければならず、衣食住の面でさえ厳しい環境を強いられていた。男性はもちろん人民服、しかもあまり上等とはいえないヨレヨレの着古しで統一され、女性も質素な素材の綿入れにズボンがほとんどであった。このモノトーンが北京のドンヨリした冬空と不思議にマッチしていた。

図１　王府井大街（1982）

通勤時ともなれば自転車の洪水になった。昼休みともなれば自転車の洪水になった。夕方ともなれば自転車の洪水になった。要するにいつも自転車であふれていた。その割には人々の表情は硬く、活気にも乏しかった。通りには自転車の他、馬車、トラクター、サイドカー、オート三輪、それに大八車……、日本では遠の昔に忘れ去られたような乗り物でいっぱいだった。中国では車道のことを「馬路」という。実際馬が走っているのだから仕方がない。「北京はラクダが似あう街だ」と誰かが言っていたが、「似あう」どころか立派に主役を務めていた。そんなこんなが北京の道路狭しと駆けまわる。時として交通規則などまったくないかのようで、いわば無秩序の秩序が生み出されていた。

王府井大街は明代の王府の井戸があったことにちなんでその名がつけられた由緒ある場所である。だが、誰が最初に言ったのかは知らないが、この七〇〇メートルばかりの繁華街を「北京の銀座」と称するのは正直いかがなものかと思った。どう見てもほめすぎである。たしかに高級毛皮の専門店はあった。中国最初の女性下着ショップもあった。ＳＥＩＫＯ（精工舎）も営業していた。にもかかわらず、通りは狭く汚く、街路樹には手鼻の残骸が付着し、「カーッ、ペェー」というけたたましい音がしたあとの道端には黄色い痰がまきちらされた。〝あこがれの北京〟の現実はなかなか厳しいものがあった。市場経済とそれにともなう「アカ抜け」化は北京という大都市においてさえ、まだまだ前途遼遠の感があった。

中国に来て誰もが受ける洗礼はトイレだった。中国のトイレは外国人向けホテルを除けばトビラのあるものはきわめてまれだった。なぜトビラがないのかについては諸説があるが、政府批判の落書き防止というのがもっとも説得力を有した。それは北京とて例外ではなかった。胡同《フートン》という横丁に入れば、民家だかトイレだかわからない場所にくだんの標準型がいっぱいあった。少しまともなものだと「穴」とはいえないほどの便器があり、便器と便器との間には一応仕切りがあった。しかし、しゃがんでも首はその仕切りの上に出た。お互い顔を見合わせ、思わず「ニイハオ」と言ってしまうことから、別名「ニイハオトイレ」と呼ばれた。

日本人はたいていこれを苦手とした。恥ずかしさが邪魔をして、どうしてもわざわざ一番奥に陣取り、通路側に尻を向けてしゃがみこむ。文字通り頭隠して尻隠さずの状態になる。周りの中国人から見れば、それはとっても怪しげな行動であり。かえってみんながぞろぞろ見物に来る。もっとも、考えてみれば連れションは平気なのに、なぜ〝連れベン〟はダメなのか。つまりは慣れの問題なのではないか。この点で男は順応力がない。だからあまりトイレに行きたくない。我慢するから痔になる。中国で生活する試練はまずこの問題で始まった。

次なる洗礼は〝没有《メイヨウ》（ない）〟だった。北京市第一百貨大楼をはじめとして、接客するカウンターにはどこでも必ず「人民のために服務しよう」のスローガンが掲げられていた。これは毛沢東の三大論文（老三篇）の一つから取ったもので、人民はもちろんこれを内容までしっかりと学習しているはずだった。にもかかわらず、その人民でもある服務員の態度は最悪だった。まず「同志《ドンチー》！」と大声で叫んでもおしゃべりに夢中で一向に振り向いてくれない。「小姐《シャオチエ》（お嬢さん）！」とオアイソを言っても効果はなかった。まれに機嫌がいい人がいて、やっと反応してくれたとしても、動作は緩慢、言葉は横柄、「××はありますか」と尋ねる前に〝没有〟という返事が返ってくる。

目の前のモノを指して「これをくれ」といった場合にはさすがに〝没有〟とは言わなかったものの、そんな時には品物とつり銭が投げ返された。それは往時の中国では銀の純度を確認するために銀を投げて音を聴いた習慣があり、これはその名残りだという説があるが、絶対にウソである。「まるで売る気がないみたいじゃないか」と怒る日本人がいたが、それは違う。「売る気がないみたい」ではなく「売る気がない」のである。これは一所懸命働こうと働くまいと大勢に影響のない社会主義制度の弊害のように考えられているが、どうもそれだけではなさそうだ。ともかく日ごろの過剰サービスに慣れ切っている日本人にはこれは相当にこたえた。

済南への出発は二月五日の未明だった。宿舎になっていた北京大学留学生楼である勺園を出発し、済南行きの汽車に乗るためタクシーで北京駅に向かう手はずだった。もちろん真っ暗である。おまけに前日から降り続いた雪が積もっていて、とても寒い。さらに気分も悪い。というのも、その前々日、よせばいいのに長城に行き、一発で風邪をひいてしまったからである。二月の長城には観光客がほとんどいなかった。この超有名な観光地で、背景に人間の入らない記念すべき写真が撮れたのは幸いだった。しかし、その代償は長城の彼方から吹いてくる寒波だった。友誼商店で大枚をはたいて購入したダウンのオーバーで完全防寒を期するはずだったが、北京の寒波はそんな甘いものではなかった。

予約したタクシーの車種は「上海」だった。なかなかエンジンがかからない。雪で冷えてしまったのであろうが、何度やってもうまくいかない。そのうち運転手はわれわれに車から降りて、後ろから押せという。運転手は「上海のエンジンはバス並みなんだ」という。どういう意味か。すったもんだした挙句、ブルルンと音がして事なきを得たが、前途多難が予想されるのであった。

2　済南留学生活

済南に到着してまもなく、その予想が見事に的中した。なんと済南では肝炎が大流行しており、それは留学生にも及んで、すでに日本人二人を含めた三人が入院しているという。もう一人入院している白人がいるが、どうやらそれは四川でペストに感染したかもしれないという⁉　たしかに中国に来る前、肝炎に対する注意を聞いていた。しかし、実感はなかった。いざ現実になってみると、エライ所に来た、と正直思った。宿舎に残っていた日本人留学生の一人が最近の事情を説明してくれた。「わたしも今日か明日かにお迎えが来るんじゃないかと思ってるんですが……」。ボソッボソッと話すので、だんだん暗い気持ちになってくる。話してるうちに電気が消えた。停電である。一本のローソクの揺れる炎を見つめ

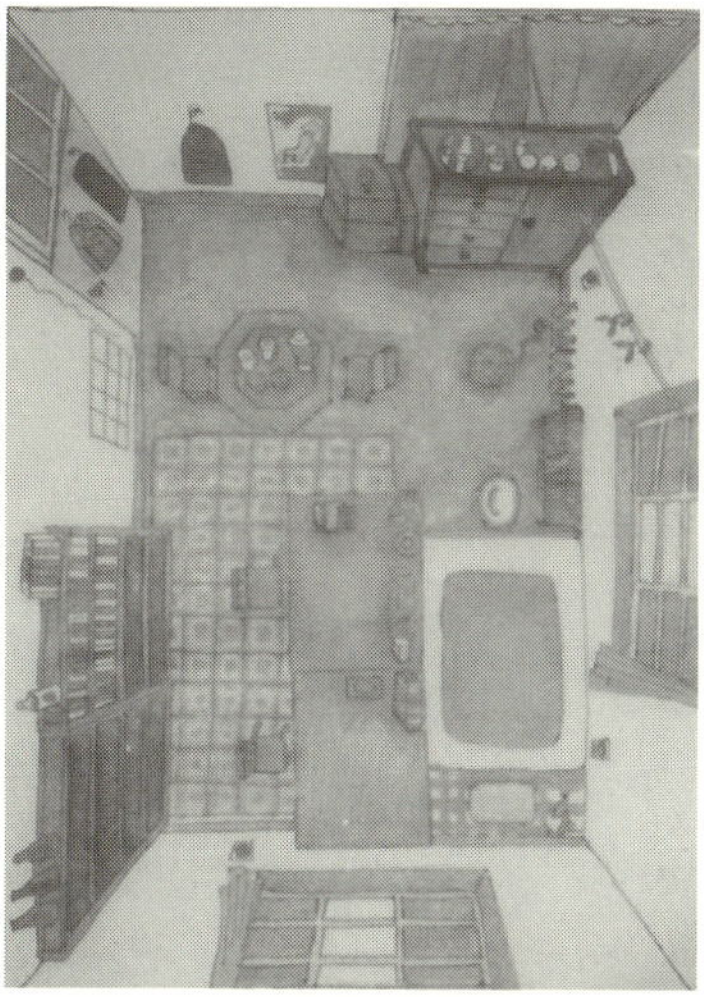

図2　留学生宿舎の筆者の部屋

て、ますます陰陰滅滅になった。とにかく今日は寝たほうがよいと思い、歯を磨こうとしたら、つめたばかりの銀のかぶせがポコッと外れた。ちなみに山東大学の学長は呉富恒氏であった。「サイナンでゴフコウにあった」と冗談で語れるまでにはかなりの時間を要したのであった。

肝炎については後日談がある。とにかくなんとかしなければならない。しかし日本大使館はあてにならなかった。北京に着いた時、大使館を表敬訪問したことがあった。そこである医師を紹介された。とても忙しそうに見えた。なんでも彼は中国だけでなく、モンゴルと香港を含む地域の担当医なので、あっちこっちに行かねばならぬという。彼は言った。「ジンギスカンも真っ青ですわ」。それを聞いたこちらこそ真っ青である。そのうち電話が鳴った。テニスをやっていて腕を折ってしまったという北京在住の邦人からであった。医師は次のような驚くべき親切な指示をした。「接木でもしておきなさい！」。日中友好病院など影も形もない時代だった。

そんな大使館も事態を深刻と見て肝炎予防の薬を送りつけてきた。ところが、時を同じくして山東大学でも肝炎の予防接種をするという。送られてきたのは「ガンマグロブリン」といった。それにたいして山東大学のは「丙種蛋白」だという。どこがどう違うのか。一緒に打っても大丈夫なのか。誰もが確かめたいと思ったが、一向に要領を得ない。中国人の医者はロシア語を理解しても英語がわからない。留学生にはロシア語ができる者や医学に通じている者は一人もいない。コミュニケーションが途絶えたまましばし時が流れた。そのうち勘のいい留学生の一人がこう言った。「ガンマはアルファ、ベータ、ガンマのガンマだから、ひょっとしたら甲、乙、丙、の丙のことではないか。グロブリンにはたしかたんぱく質という意味があったのではないか」。それを聞いた留学生一同、そうだ、でかした、それに違いないということになり、やっとのことで予防接種のダブルサービスを御免蒙ることになった。

もっとも、ガンマグロブリンであれ、なんであれ、山東大学の医務室でそれを打たねばならなかった。医務室には古典的注射器があった。あの昔懐かしきアルミの容器の中にはネズミ色に変色したアルコール脱脂綿が入っていた。注射針はもちろん交換することなく、脱脂綿になお消毒力が残っているとは到底思えなかった。いまにして思えばまことに恐ろしい話であるが、無知は人間を幸せにする。その効果があったかどうかは定かではない。だが、肝炎騒動はこれ以後次第に下火になっていったのであった。

当時の山東大学に留学していた外国人は北京に比べればはるかに少なかった。日本人八名のほか、フランス人五名、アメリカ人、ドイツ人、イタリア人、イギリス人各一名の合計一七名にすぎなかった。「これにロシアとオーストリアを加えたら八カ国連合軍になりますねえ」なんて物騒な発言も出たが、肝炎騒動も手伝って朝昼晩すべての食事を留学生食堂で取った結果、みな一様に親しくなれた。

留学生食堂の食事は、昼十一時三十分、夜十七時三十分と決まっていた。小皿に盛った数品の料理から適当に選び、料金は飯票という食券で多くても二元程度を支払う。この方法はどこでも似たものだった。味は正直いって上々だった。済南市の料理コンテストで山東大学留学生食堂は堂々二位を獲得したと報道されて以来、留学生たちの食堂のコックを見る目が変わった。外国人には選りすぐりを派遣する、当時はそんな美風?が残っていた。

そうはいっても「仏の顔も三度」、同じ味には飽きてくる。といって外で食べることはできない。

面倒見のよい？大使館からは、「外で食べて肝炎になっても責任を負わないよ」と釘を刺されていた。その中で、唯一食事ができるのは市の中心にあった済南飯店だった。その建物はもとの日本領事館であり、古めかしくはあったが落ち着いた雰囲気の、なかなか趣のあるホテルだった。留学生は時々ここへ来てマンネリを打開し、ナマコやエビなどを使った普段お目にかかれない山東料理を賞味するのであった。

ここではコーヒーも飲めた。もっともここのコーヒーはちょっと違う味がした。半可通の留学生の一人が、「中国が輸入するコーヒーはアフリカの友好国からのものだから西側のわれわれが知るコーヒーとは味が違うんだ」と親切に教えてくれた。そんなものかと思ったが、大豆を煎ったらこんな飲みものができるとはその時は想像だにしなかった。

図３　済南飯店

酒談義が留学生の中で盛り上がった。当時山東には白酒《パイチュウ》と呼ばれるマオタイ酒と同じ系統に属するアルコール度の強い酒がいっぱいあった。みな六〇度以上、なかには七〇―八〇度になるものもあった。しかし、日本人、少なくとも筆者には好んで飲みたいと思う酒ではなかった。それでも一度だけ怪しげな店でラベルの貼っていない二合ビンのようなものを買ってきて二人で飲み切ったことがあった。案の定というか、太陽が登っては沈み、また登っては沈むまでベッドから起き上がれなかった。

いわゆる老酒《ラオチュウ》である紹興酒は北方ではほとんど入手できなかった。だからこれに代わるものを求めねばならなかった。国産のウィスキーには「威士忌」というのがあったが、これは滅多に見なかった。ワインは「煙台紅葡萄酒」をはじめとしてたくさんあったが、どれも甘すぎた。ただ、山東のブランデー「金奨白蘭地」は全国酒類品評会で十八大銘酒に選ばれるほどで、五元という値段の割には悪くはなかった。

しかし、これらの中国産の酒にたいしてヨーロッパの留学生の評価は厳しかった。イギリスの留学生は言った。「これは威士忌《ウェイシーチー》であって、絶対whiskyではない」。イタリアの留学生は言った。「これは葡萄酒《プータオチュウ》であって、絶対Vinoではない」。フランスの留学生は言った。「これは白蘭地《バイランティ》であって、絶対Brandyではない」。ドイツの留学生は言った。「これはビールだ」。ん⁉ なぜか彼だけは啤酒《ピィチュウ》をビールと認めた。それはそうだ。山東が誇る「青島啤酒」はもとはといえばドイツ人が作ったビールだったからである。結局、なんだかんだいっても留学生は青島啤酒だけはよく飲んだのではないか。

留学生の生活はいろんな面で監視の下に置かれていた。一般の留学生には「同屋《ドンウー》」と呼ばれる中国人学生と同居することが義務づけられていた。表向きは国際交流のためであったが、同屋たちが留学生の動向を当局に報告する任務を帯びていたのは公然の秘密だった。郵便物や小包にも明らかに検閲の跡があった。時はまさしく「精神汚染撲滅キャンペーン」が唱えられた矢先で、とくに日本から送られてくる「公序良俗を害する」雑誌類には厳しいチェックが入った。なんでも日本の雑誌ブラックリストなるものがあり、『週刊朝日』『週刊文春』『週刊新潮』などはOKなのにたいし、『週刊ポスト』や『週刊現代』はダメだった。理由はヌードグラビアにあった。雑誌そのものの没収は免れたとしても、グラビアは切り取られていた。しかし、徹底はしなかった。その内容から見て当然没収されておかしくない雑誌がなぜかフリーパスだった。一つには三流すぎてブラックリストにも載っからないから、もう一つは表紙だけは真面目で、そこからでは雑誌の内容まで想像できないからというのが考えられる理由であった。留学生はこういう問題になるとなぜか熱く論議を戦わせた。

日本にはみなそれぞれに悪友を持っていた。彼らは「じゃあこれはどうだ」「通ればリーチだ」とわけのわからんことを言っていろんな雑誌を送りつけてきた。ある日、筆者のもとに「わが国の法律に従い、貴殿宛の雑誌『花花公子』を没収した」との当局からのお達し文が舞い込んだ。『花花公子』とはいったいどんなシロモノなのか。名前から推して相当アブナイものに違いない。留学生の間ではその雑誌名確定においてまたもや論議に花が咲いた。辞書には「放蕩息子」とある。これが「週刊プレイボーイ」だとの結論に達するまで、やや時間を要した。

3　北京に行こう

済南から北京まで距離にして約五〇〇キロメートル、汽車で行けば六～八時間かかった。日本でいえば東京から京都までくらいだが、当時の中国の実感距離ははるかに遠かった。しかし、留学生は頻繁に北京に出かけた。

理由は大きく分けて二つあった。一つは中国各地を旅行するためであった。汽車の切符には割り当て数が限られており、北京でなければ簡単に入手できなかった。まず北京に行き、国際旅行社で切符を予約し、公安局で査証を入手しなければならなかった（開放二九都市以外の街に行こうとすれば査証が必要だった）。もう一つの理由は買い出しであった。済南は大都市であったが、われわれ外国人が生活するには足りないものがたくさんあった。もちろん北京にないものもたくさんあったが、北京にしかないものもそれなりに少なくなかった。そんな時、非日常の刺激を求めんとする煩悩と消費への願望が突然かつ激烈に沸き起こり、「そうだ！　北京に行こう」となるのであった。

たいていの留学生は済南を夜の八時三十分に出る汽車を利用した。夜行で時間を有効に使うというのが主な動機であったが、ばれずに北京に出かけられるというのも魅力の一つだった。「北京に行く者なら外国人でも使え」との合言葉よろしく、誰かが北京に行くという話を聞きつけると、「じゃあ、あれ買ってきて。これ頼むはね」の「お願いラッシュ」が国籍のいかんを問わず浴びせられた。留学生が頼む多くは書籍であったが、「威士忌」でないウィスキー、「巧克力《チャオコーリー》」でないチョコレートも少なくはなかった。

日本からカレーのルウが送られてきた。「じゃあ、カレーパーティーをやろう」と言ったのが運の尽きだった。豚肉はもちろんいくらでも手に入る。米も石ころがたまに入っているのを除けばまあまあ大丈夫だ。だが、「タマネギは?」「ジャガイモは?」「バターはどうするんだ?」と言われて、思考が止まった。タマネギは中国語で「洋葱《ヤンツオン》」という。日本人には慣れ親しんでいるこの野菜はなんと洋野菜だったのだ。済南といえども洋野菜はなかった。ジャガイモはないわけではなかったが、済南のそれは煮るとすぐ粉状になるほど粘り気がまったくなかった。バターは「黄油《ホアンヨウ》」という中国語があったが、済南では機械油のグリースを意味した。ところが、首都北京にはこれらすべてがそろっていた。北京からの帰途、筆者の風体はさながら戦後によくいたヤミ商人のようだった。

北京駅には早朝の四時四十分に到着した。さすがにいささか早すぎる。そんな時には北京飯店までの約二キロメートルを歩いていく。北京飯店は王府井大街の南端に建つ北京を代表するホテルで、当時においてすでに八〇年の歴史を誇るとともに、各国商社の駐在事務所の多くがここに置かれていた。その北京飯店は未明でも中に入れてくれたので、朝早く到着した留学生たちはロビーのソファーでしばし仮眠をとることができた。

もっとも怪しい格好をした人間が入ろうとすると、ドアボーイは必ず誰何した。「お前、どこのもんだ」。一流のホテルマンがまさかそんな乱暴な言葉を使うはずがないが、それ風に聞こえた。簡単には入れてくれない場合もあった。そんな時には伝家の宝刀が登場した。やおら懐からパスポートを取り出し、「この菊の御紋が目に入らぬか」と見得を切る。わざと汚い格好をしてそれを楽しんでいるタチワルの輩も少なくなかった。ドアボーイにはえらい迷惑だったはずだ。地方都市のホテルでもこの光景はしばしば見られた。だが、せっかく見得を切っても相手にそれがパスポートだとわからない場合は効果がない。黄門様も黙っているが、きっとそんな目にあったことがあるに違いない。

北京飯店ではこのほか、待ち合わせ場所、買い物、理髪、喫茶、飲酒、換金、国際電話、日本や済南への小包の郵送、タクシーの予約などができ、そこは外国人にとってマルチに便利な場所だった。要するに他の場所がいかに不便だったかを物語る。もちろん食事もここで取るのを常とした。新館の東楼を入って右には大餐庁があり、そこでは中華と洋食がともに食べられた。味はさほどでもなかったが、案外安く済ませることができた。水は黙っていては出てこない。「涼開水《リアンカイシュイ》」というものを注文して初めて湯ざましが運ばれてくる。ただ、どういうわけか、その容器は決まって輸入ウィスキーの空瓶だった。

左手には冷飲庁があった。カフェというか、バーというか、洋物ドリンクが飲めるため、北京在住の外国人で連日夜遅くまでにぎわっていた。水割り一杯一二元と決して安くはなかったが、しばし中国にいることを忘れさせるひとときを与えてくれた。

新館の二階には《日本菜部》があり、そこでは日本料理が楽しめた。筆者も一度だけそこですき焼きをご馳走になったことがあった。実験器具のようなバーナーの上に鍋が乗っかった一人前一二元が出てきた。肉の価値が牛、豚、鶏の順に高くなる中国ゆえ、あまり期待できなかったが、なにせただよりうまいものはなかった。となりの駐在員の一群が一合六元もする日本酒を惜しげもなく鍋の中に注ぎ込んでいたのが印象的だった。

ホテルのことをもう少し書く。北京飯店以外でもっともよく利用したのは北京駅から一二キロメートル北西にある友誼賓館であった。もとはソ連技術者の長期滞在用に建てられたもので、大学キャンパスを思わせる広大な敷地内に多くのビルが林立する。北京大学や北京語言学院に比較的近いので、そこの留学生は換金や食事のためによく利用した。餐庁に一人でも気楽に入れるのが魅力的で、値段は安く味も悪くはなかった。そこで何十年ぶりかでばったり遭い、その後日本では全く顔を合せていない日本人もたくさんいた。

崇文門の新僑飯店は別な意味でいいホテルだった。北京駅から近いこと、ホテルにしては遅くまで餐庁が営業していること、それにきつねうどんが食べられること、この三つが大いなる特徴だった。

図４　全聚徳烤鴨店（1982）

「日本商社ホテル」の異名があるように、日本の駐在員が多く泊まっていた。でもエレベータに乗り合わせると、「なんでオレこんなところにいるんだろ。帰りてえ。帰りてえ。帰りてえ」とひとりでつぶやく危ないおじさんがたくさんいたのも事実である。

留学中に建国飯店がオープンした。香港との合弁で、外資系ホテルのハシリだった。しかし、ホテルのロビーは外国人だらけで、中国人民は窓ガラスにへばりついて中をのぞくのがせいぜいであったのは悲しかった。

北京での食事は肝炎騒動もあって留学生食堂でなければ上記のホテルで食べることが多かったが、そこは北京のこと、特色ある老舗餐庁に足を運ぶこともたまにはあった。北京といえば、北京ダック、北京ダックといえば《全聚徳烤鴨店》だった。初めての北京ダックは〝カオヤー〟という味がした（どんな味だ！）。一人二〇元だった。しかし、なぜ同じ北京ダックが階下の中国人用の席では五元なのか。味は微妙だったが、料金は極端だった。

王府井大街の中ごろには東風市場というバラック造りの大マーケットがあった。もともと清朝の八旗の練兵場にいくつかの店ができたことが最初で、「東安市場」と呼ばれていたものが、文革で改名されたままいまに至っていた。その一角に《東来順飯荘》があった。内モンゴル産の最良の羊肉をシャブシャブのようにして食べる涮羊肉《シュアンヤンロウ》という回民料理の専門店であった。羊のシャブシャブと聞いて、エーッと思ったが、北京名菜だけのことはあって、幸せな気分になれた。独特の胡麻ダレをつけて食べる羊肉は柔らかく、牛肉よりもおいしいのではないかと推測した。「推測」というのは、実はそれまで日本でシャブシャブなるものを食べたことがなかったからである。

西単の南にあった《四川飯店》は伝統的な四合院造りの四川料理の老舗であった。怪味鶏《クアイウェイジー》、麻婆《マーボー》豆腐《トウフ》、担担麺《タンタンミエン》……、どれをとっても超一級の味であり、四川料理とはかくもうまいものなのかと思わず涙を流した（唐辛子のせいだったかもしれない）。その〃トラウマ〃は現在でも残っている。

外国人用のゾーンを持たない餐庁はいずれもみな暗く、汚く、肝炎が流行していなくてもちょっと入るのをためらう店が多かった。その中で餃子屋だけは

図5　東風市場（1982）

図6　東来順飯荘（1982）

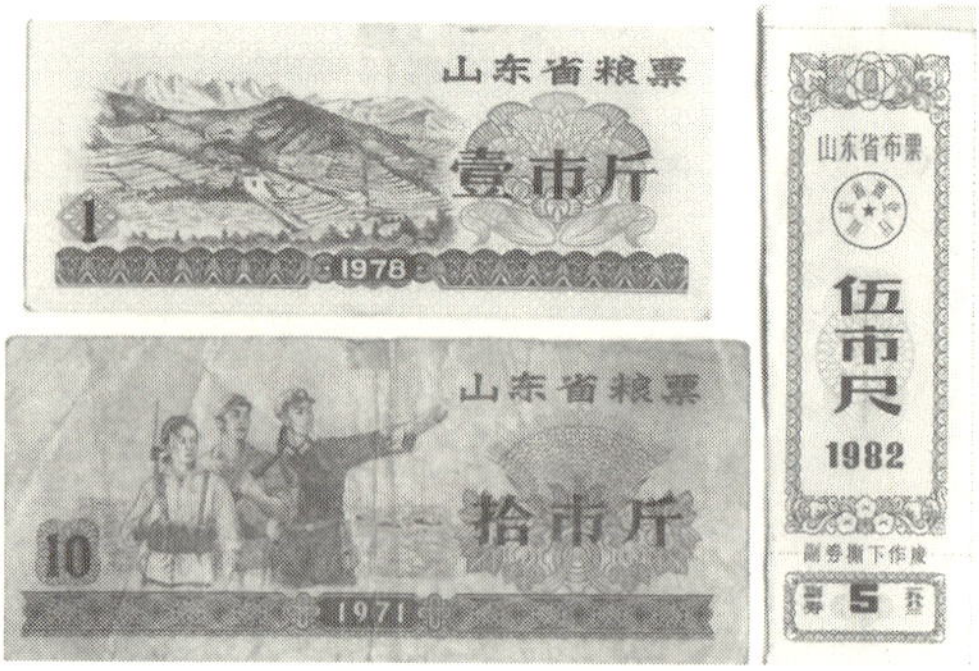

図７　糧票と布票

比較的安心して飛び込むことができた。北京の餃子は熱湯でゆであげた水餃子が主流であり、熱に弱い肝炎菌は死に絶えるというのがその根拠であった。

一斤は五〇〇グラム。餃子五〇〇グラムくらいたいしたことないと思うと大変だった。五〇〇グラムとは小麦粉の、しかも練る前の乾燥した粉の重さだった。したがって、小麦粉五〇〇グラムを使ってできあがった餃子の量は半端でなく、洗面器一杯、大食い選手権になった。餃子を食べると一つ賢くなる。

餃子は金だけでは食べられない。糧票という配給切符が必要となる。しかも山東省の糧票ではダメで、全国または北京市糧票でなくてはならない。全国用は人気で、全国用を出すとおつりの糧票が北京市用で返ってくる。餃子を食べると二つ賢くなる。

熱湯でいくら肝炎菌が死滅するといっても、汚いことに変わりはない。試みに塗り箸をティッシュで拭くとその跡がくっきり残る。ビールが欲しい。生ビールがあると思って注文すると、なまあたたかく泡がないため、ついそっくりな液体を想像してしまう。それがプラスチックの容器に入って登場する。容器の表面はざらざら、無数の溝には黒いアクタがいっぱいつまっている。肝炎菌は餃子にあるとは限らない。餃子を食べると三つ賢くなる。

北京はその後も季節が変わるごとに訪れた。そしてそのたびごとにいろいろ賢くなった。これはなかなか有意義な行動だったのである。

4 北京で暮らす

留学生活も残り二カ月に迫った十二月、指導教官と一緒に教学旅行なるものに行けることがわかった。ならば北京に一カ月滞在して北京大学や北京図書館で史料収集に従事したいと思った。山東に自分が見たい史料がないわけではなかった。しかし、北京はやはり別格であった。要求が認められ、やっと研究らしいことができると思った。当時はまだ外国人が史料を閲覧することは難しかったのである。

旅行はまず東北の瀋陽へ行くことから始まった。筆者の要求はどこでどう曲げられたのか、指導教官とまず瀋陽に行き、ヌルハチやホンタイジなどの清朝初期皇帝の墓参りをしてから北京に入ることになってしまっていた。それはそれでよかったのだが、瀋陽の宿舎にはいささか閉口した。指導教官は役得にあずかろうなどというよこしまな考えをこれっぽっちも持たない純朴な方であり、外国人用ホテルに泊まろうなんて鼻から思われなかった。それゆえ泊まった所は市内の旅社という中国人用の旅籠だった。部屋は一応その旅社最高のツインルームであった。どこが「最高」かというと、テレビがあったからである。旅社ではその部屋に泊まる客は久しぶりとて、みなが見物に来た。夕食は地下の薄暗いテーブルで、一汁一菜のみだった。汁も菜もこの際贅沢は言えなかった。ただ、米はひどかった。古古古古古米でもこれほどゴワゴワしたものはないだろうが、周りは文句を言うことなくもくもくと食べていた。シャワーももちろん共同だった。しかしシャワーを浴びない方がむしろ汚れずに済んだ。「旅社に泊まって中国人民の困難な生活の一端に触れたのは幸いだった」とあとからならば言えた。

そんなわけで遅れること一週間にしてようやく北京に到着した。宿は例によって北京大学の留学生楼勺園だった。入居手続きを完了すると失われた時間を取り戻すべく早々に北京大学図書館善本室に直行した。十分ありえることだったかもしれないが、山東大学からはなんの連絡も来ていないという。連絡がないかぎり北京大学は何も対処してくれない。その代わり、「そのうち来るかもしれないから、それまで待て。来たら知らせてやるから」と言われた。幸いなことに北京図書館の方にはなぜか連絡が届いており、こちらはいつ来てもよいとのことだった。まあ、しばらく北京図書館に通うからいいか、とその時は納得した。

北京図書館は清朝の京師図書館に由来する中国最大の図書館である。当時は北海公園の西側の文津街に本館があった。翌朝から〝バス通勤〟が始まった。北京大学西門から動物園までを結ぶ路線バス三三一路線は「北京の横須賀線」の異名を持っていた。ラッシュ時には混むなんてなまやさしいものではなかった。着ぶくれの車内は結構蒸し暑かった。しかし、窓にはガラスが入っていない。厳冬の北京の路線バスは寒いのか暑いのかよくわからなかった。動物園に着くとバスから客が吐き出される。今度は市の中心へ行くバスへの乗り換えである。ここにまた人が殺到する。自転車がなぜ多くなるのかがやっと理解できた。

約九〇分を要し、疲労困憊で北京図書館に到着する。地方志（中国各地の地理と歴史を記した漢籍群）

の閲覧を要求したのだが、これがそもそものまちがいだった。漢籍には善本（貴重書）と普通本とがあった。善本室の責任者は性格がえげつないといううわさがあったので、それならばと普通本を見ることにした。普通本にも十分見るべきものがあったからである。これがさらなるまちがいだった。普通本地方志を閲覧する場合は、その前日の午前中に五種類を限度に書面で申し込まねばならなかった。なんでもこれらは四、五キロメートル離れた白雲観に収蔵されており、わざわざそこまで取りにいくのだという。白雲観は有名な道教寺院であったが、文革で破壊され、当時はまだ修復されないまま倉庫として使われていたのであった。

閲覧を開始した時、この戦略ははっきり言って大失敗であることに気がついた。地方志というものは何が書かれているかは実際に見てみないとわからない。その結果、有用な記事がたくさんあれば問題ないが、なにもない場合にはあっという間に不要になってしまう。かりに五種類すべてがそうだった場合は、閲覧に一時間もかからない。そうかといって他の地方志の閲覧を求めても、「明日来い」ということになるだけだった。

そんな日に何度か見舞われ、次第に精神的にたくましくなっていった。さあ、今日はなにして暮らそうか。さながらリストラにあったサラリーマンのようだった。結果、思いついたのが北京の街歩きだった。時間がたっぷりあったせいで、街の隅々までよく歩いた。歩くことによって北京の人々の生活をじっくり見ることができた。これはこれできわめて有意義な時間になった。

北京を離れる前日、北京大学図書館善本室の担当者とキャンパスでバッタリ出くわした。彼いわく、「お前はなぜ来ないのか。山東大学からの連絡はとっくに来てるのに」。ハイハイ、怒るまい、怒るまい。北京滞在で得た最大の収穫は不動心と理不尽なことに笑って耐える忍耐心だったのかもしれない。

5　江南の思い出

実をいうと、江南の地に初めて足を踏み入れたのは北京よりも二年早い一九八〇年の春であった。そのころの中国は一般の外国人旅行者を受け入れはじめたとはいえ、「○×友好訪中団」といったいかめしい団体名を冠しなければ外国人が中国を旅行することをなかなか認めてくれなかった。ただ上海、杭州、紹興、蘇州、無錫の五都市を一二泊一三日で巡る総数二五名のわれわれの団はどういうわけか「江南の春を楽しむ会」というノンポリ名称を名乗ることが許され、そのおかげで人民公社だの工場だのの公式訪問は免除され、こんなことを言ってはなんだが、まことに気楽で、かつ意味のある旅ができることになった。

ところが朝八時三十分に成田を飛び立って約二時間、飛行機が着陸したのは長崎空港だった。なんでも飛んでる最中に部品が落ちたとか‼　交換部品を福岡空港まで取りに行くのでしばし待機せよとのことであった。とはいえ、出国手続きを済ました関係で、われわれの行動は当局（といっても日本政府だが）から厳しく監視された。ご多分に漏れず待つことは「しばし」から「かなり」となり、しまいには「うんざり」になって、上海の到着は夕方になってしまった。われわれの団の先発隊は出迎えのために上海空港にいたが、中国の担当者が日本語で「不幸な出来事が起きました」というのを聞いて血の気が引いたとのことである。成田を発って一〇時間、改めて異国の街上海までの距離を実感させられた次第であった。

当時の上海はまだ革命色をしていた。虹橋国際空港は特有のかび臭さがあり、ニシャリともしない軍服姿の空港職員が出迎えてくれた。通りは自転車であふれ、やたらにクラクションを鳴らすバスや「上海」というフォルクスワーゲンのビートルに似た車種の乗用車がそれを巧みに避けて奔っていた。一番の目抜き通りである南京路といえば……。当時は口が裂けても言えなかったが、解放前の映像を見るかぎり、上海は昔の方がきれいで活気があった、と正直思った。貧富の差をなくしたことが革命の最大の成果であったのだろうが、同時にそれは上海の過去の華やかさをも奪ってしまった感じがした。

図 8　上海南京路（1982）

一九八二年の留学生活の間に再び訪れた上海の印象も二年前とさして変わらなかった。南京路はまだましだとしても、一歩脇に入った通り、さしずめ銀座ならばみゆき通りのような通りはスラムのままだった。立派な洋館のどこをどう使ったらこんなに汚くなるのかわからなかった。加えてその季節は夏だった。黄浦江のすえたような臭いに道端に山のように捨てられた西瓜の皮の腐った臭いがミックスされ、それはもう強烈な上海香水が充満した。水道の蛇口をひねると、有色、不透明、有味、有臭の茶色い液体がチョロチョロと出た。上海に来て済南がなにゆえ「水の都」といわれるのかが初めてわかった。それは単に済南の水が一応無色、透明、無味、無臭だっただけにすぎない。それでもこれは済南の上海に対する数少ない優越だった気がする。

上海はこれ以外のいずれの点においては済南を凌駕していた。経済的・近代的な発展度においては北京でさえもかなわなかった。外灘《ワイタン》の和平飯店には、なんと冷えた日本のカンビールが売られていた。五カ月ぶりで飲んだ日本のビールの味は、どんな味だったかは忘れてしまったが、生涯忘れられない味だったような気がする⁉

服装の点でも上海は北京を凌駕した。夏だったせいもあり、とくにワンピース姿の若い女性が目立ちはじめたのもこの街の著しい特徴だった。さすがは流行の先端を行く上海だけのことはある。ただし、なぜか下着がスケスケで、パンツまで丸見えだったのは目のやり場に困った。もっとも、なかには目のやり場に困らない御仁がいたかもしれないが、その彼をしてもゲンナリさせたのは、ベンチに腰掛けた若い女性たちが自分のスカートのすそをウチワに見立ててバサバサとあおぐのを目撃した時だった。西洋化の波は着実に上海に訪れていた。だが「着実」が「確実」になるにはまだかなりの時間を要した。

安心して入れるレストランもまた北京に比べて多かった。南京路には老舗がいくつかあり、せっかく上海に来たということもあってたまにはこういった店を利用した。たとえば、《燕雲楼》は上海で北京ダックが食べられる北京料理店であったが、何が悲しくて上海で北京ダックを食べなければならないのかという思いがして、しばらくはこの店で北京ダックを食べないでいた。ただしほかの料理は正統派の北京風味だった。《新雅粤菜館》は上海で本格的な広東料理が食べられる名店だったが、筆者はなぜかカニ玉と酢豚ばかり食べていた。《揚州飯店》は本物の揚州炒飯《ヤンチョウチャオファン》が食べられる店で、その後他の店で何度かこの揚州炒飯なるものを注文したことがあるが、この店よりおいしいと思ったことはない。《老正興菜館》は本格的な上海料理が食べられる店だったが、筆者はなぜか田ウナギのソバばかり食べていた気がする。しかし、これらの店はいまでこそ一流レストランを誇っているが、当時においては清潔度と接客態度においてはお世辞にも〝一流〟とはいいかねた[illegible]快適な食事を取るには少々難があった。国営であるということは、店員に「服務」を求めても、[illegible]ビス」を求めるのをあきらめねばならないことを意味した。まあ、肝炎にならない強靭な体力を持った人物がわざわざ叱られたいために食事に行く店、それが老舗餐庁だった。当時まだ外国人はホテルで食事するのが無難だったのである。

済南留学中に訪れた江南の街はいくつかあり、いまに振り返ってみれば、みなそれぞれに懐かしい思い出がある。

東洋のベニスと謳われた蘇州は期待ほどきれいな街ではなかった。もっともこの場合「ベニス」が美しい街とは誰も言っていないのだから期待する方がまちがっていたのかもしれない。ただ、運河沿いに建ち並ぶ白壁の家並みは蘇州ならではの風情を醸し出していた。

他方、「蘇杭」と並び称された杭州は絶景であった。街の半分を占める西湖のながめはその名に違わぬものがあった。ただ、湖畔を散歩しているとこわい人相をしたおニイさんがよく近づいてきた。「だんな、ブツ要らんかね」。何だ、何だと、そのブツをよく見ると「お茶っ葉」だった。杭州は龍井《ロンジン》茶《チャー》と呼ばれる有名なお茶の産地。おニイさんは人民公社からくすねたお茶っ葉をヤミ売りしているのであった。おニイさんの風体とブツの中身とのギャップがおもしろかった。

南京には真夏に訪れた。重慶、武漢とともに三大ストーブといわれ、あまりの暑さに夏休みには留学生が一人もいなくなるという南京だった。ならば、真夏に行ってその暑さを体験してみようということになった。摂氏四二度、これはなかなかに暑いというより痛かった。午前中外出し、二時間でダウン。ホテルに直行し、風呂に水を張り、浸かること三〇分。しかるのち冷えたビールを二本がぶ飲みし、昼寝すること二時間。ようやく体力が回復した。そこで午後また外出し、二時間でダウン。ホテルに直行し、風呂に水を張り、浸かること三〇分。しかるのち冷えたビールを二本がぶ飲みし、就寝。こんなことを性懲りもなく二、三日繰り返した。外国人はまだよい。ホテルの部屋には熱風が出るクーラーがある。電源が入らない冷蔵庫がある。お湯が出ないシャワーがある。でも、一般の南京の人々はどうやってこの暑さを凌いでいるのだろうか。街を行く人々の涼しそうな顔を見るにつけ、改めて彼らに敬意を払った次第であった。

最後に、江南とはいえないかもしれないが浙江省にある天台山国清寺を訪れた時の思い出を記しておこう。国清寺は中国天台宗の総本山。その歴史は、天台宗の開祖智顗《ちぎ》が五七五年にこの地に道場を開いたことに始まる。八〇四年に最澄が遣唐使船で中国に入り、この寺で学んで日本に天台宗を伝えたことでも有名である。

さて、天台山へは杭州からバスで行くことができた。しかし、いまと違って[illegible]はオンは舗装がされておらず、所要時間は七時間というものだった。途中の停留所では人間だけでなく、ニワトリ、アヒル、ブタなどいろんなものが乗ってきた。冷房はもちろんなく、動物の臭いと蒸し暑さから窓を開けねばならなかった。ただ、これには細心の注意が必要だった。前の座席の客も同様に窓を開けている。彼はその窓からひまわりの種ガラなどいろんな物を捨てまくる。それはまだよい。困ったのは、「カーッ、ペェー」と叫ぶや、その口から痰を吐き出すことだった。バスが直進している時はまだましだ。しかし、バスは時々急カーブを切る。すると、吐き出された痰は一瞬空中で静止したかと思うと、そのあとモーレツなスピードで筆者が座る後部座席に再突入してくる。七時間は長い。だから眠くなる。しかし、この恐ろしい環境はそれを妨げるに十分だった。

国清寺そのものは人民中国とは別世界だった。衣食住すべてにわたって自給自足の生活をする清貧な僧侶の姿がそこにあった。夜七時に就寝、朝?三時起床の毎日がそこにあった。午前五時までの二時間は読経に費やされた。中年と子供の僧侶が目立った。ストイックな生活がそこにあった。僧侶の一人に、「下界が恋しくないか」と尋ねると、「生活は下界のほうが大変だ」との答えが返ってきた。

宿は寺の宿坊を利用した。料理は当然のことながら精進料理である。ただ、中国の精進料理は日本のそれと違って、大豆やシイタケを使って「肉もどき」を作るため、一見すると普通の中華料理と変わらない。スブタもどきなんてのもあるくらいだ。ある意味では、未練がましい精進料理といえるだろう。

ウェーター、といっても坊さんなのだが、彼は「ビールを飲まないのか」とわれわれに尋ねる。われわれは逆に「ビールが飲めるのか」と聞き返す。彼いわく、「ビールは麦でできているからいいんだ」。天台宗の教義はなかなかに奥が深いと感じ入った。

6 小結

留学を終え、帰国したあとも何度か北京と江南の各都市を訪れる機会があった。訪れるたびにそれぞれの街はなんらかの変化があった。しかし、八〇年代はまだそれを「激変」と形容するほどには至らなかった。

それが九〇年代も半ばになり、市場経済の導入による経済成長と相対的な「安定」がこの怪物を急速に変身させていった。目抜き通りにはおしゃれなデパートが次々に出現し、ファーストフードの店も当初の予想に反して大健闘。どこもここも客であふれはじめた。そして人々の表情が次第に柔らかくなり、活気がみなぎるようになってきた。

一九九四年の秋、筆者は北京に再び長期滞在した。さらにその後たびたび北京を訪れる機会を得た。また二十一世紀に入ってからは、ほぼ毎年にわたり北京を短期訪問し、それに加えて上海をはじめとする江南各都市を再訪することができた。そして、そのように姿を変えていく街の様子について餐庁情報を中心にして直接目撃したことを記録に残してきた。以下はこのうちから北京の記録を拾い集めてつづったものである。

1 再び北京――北京餐庁情報初編 1994

本編は一九九四年十一月において滞在三カ月を経過した時点での体験をもとにして記したものである。一九九二年の鄧小平による南巡講話をきっかけに、中国は天安門事件の閉塞状況を脱し、再び改革開放路線を歩みはじめた。さらに翌年の一九九三年には「社会主義市場経済」に関する決定が採択され、中国に資本主義経済が採用されることになった。筆者はその年の夏に一カ月北京に滞在したのち、翌一九九四年九月から翌年三月まで約七カ月間を訪問研究員として北京大学で過ごすことになった。そのころの北京の市民生活は一九八〇年代とはどこか異なり、それでいてまだまだ豊かさの実現には時間がかかりそうな感じだった。地下鉄は二号線の環状線が主体で、主要な交通手段はなおバスだった。筆者は宿舎であった北京大学からほぼ毎日北京市内に史料収集のために街の中心地に出かけたが、よく利用したのは小公《シャオコン》（「小公共汽車」の略）と呼ばれる一〇人乗りのミニバスだった。北京大学の周辺にはいろいろな飲食店が出没し、食事には困らなかったが、アカ抜けた店というのはイマイチ期待できなかった。一九九四年当時の為替レートは一元約一三円。一九八二年当時から見れば一〇分の一になっていた。以後しばらく基本的に一元一五円前後を推移した。

図9　勺園（1994）

一九九四年晩秋、北京に滞在すること一〇〇日あまりでこれを書くことにいささか気がひけるものの、その割には精力的に巡った餐庁の情報について西北部を中心にまとめてみた。もちろんこれは個人的な体験と価値観に基づいており、誤解と偏見を免れない。したがって市販のガイドブック同様、これを信用するかどうかは読者の慧眼による。素直に信じて「被害」を受けたとしてもそれは筆者の責任ではないことを初めにお断りしておく。

まず一番身近な北京大学留学生宿舎の《勺園留学生餐庁》から始めよう。中華と洋食が両方食べられることから「中西餐庁」の別名がある。大方の留学生にとって一番お世話になっているだけにその評価はなかなかに厳しい。しかし、筆者はかなり評価している。かつてのように食堂のおニイさんやおネエさんも留学生たちを動物のようには扱わなくなったし、慣れない留学生が食券を出すのに手間取っても額に青筋を立てるだけで、じっと我慢してくれている。ありがたいことである。西洋料理も最近では西洋風中華料理から中華風西洋料理に変わりつつある。ありがたいことである。それはそうと、となりのオーダー方式のテーブルで注文する料理は同じコックが作っているのであろうか。同じだとすれば、きっと火力ではなく気力が違うのだと思えてならない。

《勺園留学生餐庁》で朝昼晩と三日食べ続ければ仙人になれるといわれるように、誰もそのような苦業はできない。そこでついつい外食の誘惑に駆られる。もっとも安上がりに済ませようとすれば大学構内にはほかにいろんな食堂がある。《雅園》はおネエさんの愛想でもっている店。西洋料理があるというが、餃子を食べるのが無難であろう。ちょっと行かないと「あらごぶさたね」と非難する。浮気性には向いていない。

比較的よく利用したのが《薬膳》。安い、うまい、愛想がよいの三拍子そろっている。薬膳とはいえ、普通の広東料理を出す。たしかにメニューには料理の効能が書かれている。スブタが体によいとは知らなかった。

《佟園》は清真菜（回民料理）の食堂。味はよいと思う。昼間は漢族も含めた職員食堂になっており、忙しくてなかなか注文を取りにこないのが難点である。《北招餐庁》も薬膳同様三拍子そろっている。勺園から遠いのがタマにキズ、あまり遠いので冬場だと遭難する怖れもある。

「中華はもうイヤ」という人のための料理屋が構内に二軒ある。一つはご存知日本料理の《友愛亭》。留学生だった人が始めた個人経営のハシリのような店。ある日本人学者が「北大《ベイター》に友愛亭があって本当によかった」と涙を流したほどの店である。それほどまでではないにしてもたしかにおいしい。ウェートレスたちは「少数」でしかも精鋭である。オーナーも他の中国人個人経営主と違ってしっかり働いているところがよい。ただし、この店のプリンアラモードは「プリンあらどーも」だそうだ。

もう一つは朝鮮焼肉屋（名称未詳）。北朝鮮系の人が始めたそうだが、勺園の前に不気味に明るい建物が見える。ウェートレスは吉林出身者で固めており、感じもよい。コンパ用の小さな畳部屋があるのがニクイ。欠点は肉の焼き方が下手なこと。どういうわけか肉がすぐ炭になってしまう。牛肉よりも油の多い豚肉の方がましである。

さて、校外に出てみよう。東門にはカレー屋とか日本料理屋とか最近いろいろな店ができたようであるが《天潤》以外を知らない。この店はS先生が優待券をもらうほど通っておられる広東料理の店。惜しいかな、いつも店員の数の方が客を上回る。つぶれるか、はたまたS先生の経済支援が続くか、今後の情勢は予断を許さない。

西門にもいくつかあるがまだ入店の機会を得ていない。《音羽寿司》の前を通ったことがある。日本の留学経験を持つ人が始めた日本料理屋で、寿司が信用できない人にはほかにもいろいろメニューがあるとのことである。

一番店が集まっているのは西南門を出たところの海淀地区。出るとすぐあるのが長城を模したモダンな建物の《小長城酒家》。最近開店したばかりで、間口に比べて奥行が深い。味は北京系の辛くしょっぱいのが特徴。関西人のSさんいわく「あそこはまずい」。それからこの店に行っていないから恐ろしい。

右に行くと《太陽村酒楼》がある。一階は小吃(点心)、二階は本格的な広東料理を出す店。開店したばかりの時はきれいな店だったが、最近ややボロボロになってきた感じがする。とくに一階を火鍋(中国式激辛鍋)専門にして以来見事に客が入らなくなった。ウェートレスの昔のほほえみはどこにいってしまったのであろう。

道路を渡ったところに《東来順飯荘》の海淀支店がある。本店はかの有名な王府井にある羊のシャブシャブの店。で、この支店はというと本店ほどの重厚さもなく、肉の質も少し落ちると思われるが、一人四〇元（約五二〇円）もあれば十分満足できる。この店の点心である愛窩窩《アイオーオー》という、形が鳥の巣に似た餅菓子はS先生ご推奨のシロモノ。東安市場にある本店は目下修復中。近くに臨時店舗を出している。そこではタレがいくつもあり、好きなようにブレンドできるというのが海淀支店と異なるところであるが、料金も二倍はする。最近海淀支店の近くに《喜洋洋》というライバル店が開店したが、どこまで対抗できるかが見ものである。

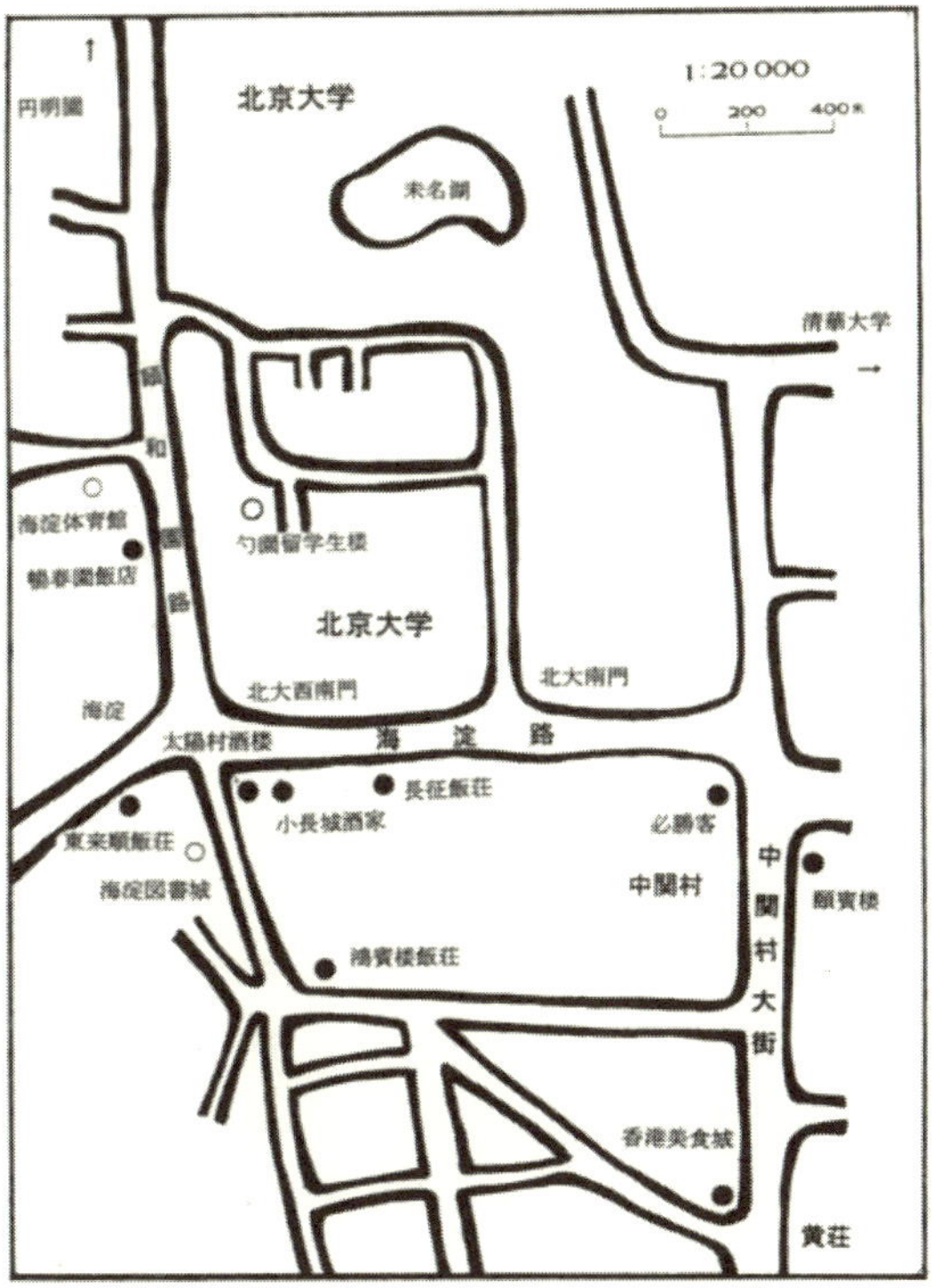

図10　北大周辺

海淀図書城の方に入っていくと怪しげな小さな店が多くある。昨年の夏にその内の一軒に入って冷えたビール（冰啤酒）を注文したところ、本当に「氷」であったため、それが溶けるまで店主の自慢話を一時間以上も聞かされたことがあった。懐かしくて今年また行ってみたがすでになくなっていた。

もう少し奥に行くとまともな店が多い。《西安牛羊肉泡饃店》は庶民向け清真料理店。店の前で結構おいしそうなものを売っている。向かいの建物の二階に日本料理の《夢路餐庁》がある。店長は日本人、従業員はオール中国人で構成されているが、味は本物に近い。従業員がキュウリのキューちゃんをどこからか大量に購入してきた。ここにこの店が本物に近い日本料理を出す秘密があったのか。すぐ近くには二四時間営業の《北京牛肉面大王》がある。なぜ豚肉面大王はないのだろうか。「面」は「麺」の簡体字だが、同じ面でも豚の方が醜いからか。

そのとなりに《波士頓《ボストン》西餐庁》と《漢江酒楼》が入った建物がある。前者はステーキ専門店のようであるが、ハワイアンカレーとかハンバーグとかは手ごろな値段で食べられる。後者は韓国系の焼肉店。開店したばかりの時はチマチョゴリを着たおネエさんが客引きをやっており、ひときわ目立ったが、最近は寒くなったのか、あるいは人手が足りなくなったのか、奥に引っ込んでしまった。客扱いは丁寧だし味もよい。しかし、高い。帰国間際にお金が余って困ったら行ってみよう。

デパートのとなりに《鴻賓楼飯荘》というちょっと豪華な清真料理屋の支店がある。西長安街にある老舗の支店であり、海淀地区ではもっとも大きくてきれいな店である。露店のシシカバブにいまいち抵抗がある人もこの店ならば安心して食べられる。お任せ料理はなかなかとのことである。黄庄に向かって露店市場をぬけて行くと、そこには知る人ぞ知る《金剛山酒家》がある。朝鮮焼肉の店であるが、同じだけ食べて《漢江酒楼》の十分の一で済む。といっても、中国滞在上級者向けの店であろう。もちろん調理場は絶対に見ない方が身のためである。

今度は西南門を左に行ってみよう。寺なのか銀行なのかわからない建物が《長征飯荘》である。いまどきこういう名前の店は珍しい。一九八四年にダイヤモンド社から刊行された『地球の歩き方』⑥中国自由旅行（初版）にすでにその名が載っている。味は典型的なしょっぱい北京味。あとからのどが乾くがビールで中和すれば大丈夫。包子《パオツ》は量がものすごく、まちがっても一人で注文しないほうがよい。

東に進むと最近開店したばかりのホテル中関村酒店の中に入っているいくつか餐庁がある。カリホルニアのロブスターなどの海鮮を食べさせる店や本格的日本料理屋の《和徳》があるが、なぜか行く気がしない。ついそのとなりの《美国加州牛肉麵大王》に足が赴いてしまう。それにしてもどこがいったい「美国《アメリカ》 加州《カリフォルニア》」なのか、一度尋ねてみたいものである。もっと進むと《妙香山酒家》がある。北朝鮮系の店とのことであり、値段は安い。夜は派手なネオンに輝いている。ネオンは七難を隠す。《必勝客》はピザの店。日本でもしこの店が競馬場の近くにあったらきっと人気が出ると思われるが、広東語で発音すると「ピザハット」に近くなるそうだ。

道を渡ってもう少し南に降ると有名な中関村電脳公司というコンピュータ会社が集まっているところに着く。このあたりは餐庁が少ない。飯よりもパソコンの方が儲かるらしい。その中でひときわ大きい餐庁が二つある。一つは《頤賓楼飯荘》。店内は相当規模が大きいことを初めて感じる広東料理店である。ご多分にもれず昼間から白酒で乾杯する公費天国の餐庁であることはやむをえないか。もう一つは《香港美食城》の海淀支店。お金の力は海淀にいろいろな有名な店を引っぱってくる。職業柄しょっちゅう宴会をやる某大学の広東出身の先生に北京で一番おいしい広東料理の店はどこかと尋ねたところ、迷わずこの店の名前を挙げた。どこの世界でもおいしい店は公費でもっている。

ずっと南に降って中国人民大学の付近に行くといろいろな店がある。「人民大学」という停留所はまもなく「双安商場」に乗っ取られるであろうと思われるほど最近誕生した大規模なデパートの勢いはすごい。その反対側の場所に比較的新しい餐庁が三軒ある。一つは《新雅》。この名前は上海にある有名な広東料理店を思わせるが、どうもそうではないらしい。そのとなりに一人で気楽に入れる《半畝園》がある。寒い時にはソバがおいしいが、揚げた大きめのまんじゅうからジューシーな肉アンが出てくる点心もなかなかによい。奥に《福元大酒楼》という店がある。名前ほど大げさな店ではないが、とてもきれいで、ウェートレスも感じがよい。お目当ては中国では珍しい焼餃子。日本の餃子に近い。ビールによく合う。

北二環路を渡ると《国営燕興飯荘》がある。「国営」というと「国鉄」を連想する日本人から見ればそんな冠はないほうがよいと思うが、結構にぎわっている。ただし、ウェートレスたちはたしかに「国営」といった感じがする。

友誼賓館には高くておいしいレストランがたくさんある。その中では友誼宮の四川料理店と江蘇料理店がともに奨められる。同じホテルであるが《人民大学招待所餐庁》はマニア向きである。《三得利酒家》も決してサントリーバーにあらず、招待所にひけをとらない。

魏公村には特色のある餐庁が多い。とくにお奨めは《月亮山寨》である。魏公村のバス亭を少し戻ると市場があり、そこを進んでいくと少し不安になる。このあたりはウイグル人が多く、それなりの店が多いが、この店は地獄で仏に遭ったような感じがする。苗族衣裳に身を包んだウェートレスたちが北京語の乾ききった表現にはない優しさで応接してくれる。味はどれもおいしい。とりわけ香肉（犬肉）と米酒《ミイチュウ》は最高である。

その向かいには《啤酒屋》というショットバーがある。これもお奨めの店である。同じ向かいでもきわめて特徴的なのが、《加藤屋》というきれいとはいいがたい日本料理屋である。もちろん日本のガイドブックには載っていない。戦前の店を彷彿させる。店内をのぞくとメニューが日本語で書いてある。サラダなど大丈夫かと思うものもある。客は入っていない。この地区ではそれなりに有名な店らしいが、一度客が食べているのをこの目で見てみたい。

北京図書館は新館の本館を新たに白石橋に建設し、貴重書等重要文献をすべてここに移管した。その新しく建った北京図書館に向かって道路の右側にはいくつか餐庁がある。断っておくが、筆者はシラミつぶしに飯を食っているわけではない。《民族歌舞美食城》などオーナーがいかにも成金資本家という店にはなるべく入らないようにしているが、この間まちがって入ったのに《京広大酒店》という店がある。前を通ると従業員がいかにもヒマそうで、それに同情したのがいけなかった。なるほど壁にはオーナーが張芸謀《チャンイーモー》や鞏利《コンリー》といった有名映画人と一緒に撮った写真が飾られている。ちなみに張芸謀とは「紅高粱」や「菊豆」など、赤や黄の原色を基調として中国の伝統的な因習を問題にした作品で有名な映画監督。鞏利《コンリー》は張芸謀作品に多く出演し、若いころは「中国の百恵ちゃん」と呼ばれた人気映画女優である。こういった人士がこの店には多く出入りしているようだ。そのせいか入口には何台かベンツが停まっているではないか。広東風海老蒸し餃子は大変おいしかったが昼飯に七〇元もかかってしまった。北京図書館に行くついでの昼飯くらいだったら図書館の中にある盒飯（弁当）でよい。四、五元で足りてしまう。百歩譲って《香妃鶏快餐店》か《台湾牛肉麵大王》というところが無難である。

ところで、夕方仕事を終えて北京図書館の門を出ると、実にタイミングよく小公が「トンタン、シイタン、ムシディ、ワンフウチン、シャンバ（東単、西単、木樨地、王府井に行くよ。乗りなはれ）」と近寄って来る。北京図書館から北京大学の宿舎に戻るには道路を渡って反対側からバスに乗らなければならないのだが、信号のない道路を渡るのは何度やっても恐怖である。そんな時、逆方向から来るこのミニバスに乗れば道路を渡らなくて済む。しかし、衝動的にそれに乗ってはならない。東単、西単、王府井の繁華街はあなたの財布を軽くすることに協力を惜しまない。

2　市場経済の始動——北京餐庁情報続編　1995

本編は北京滞在も残り二カ月たらずになった一九九五年一月にまとめたものである。この月、日本では阪神淡路大地震が発生した。当時まだ衛星放送もパソコン情報も普及しておらず、北京では日本からの情報を十分にキャッチしたわけではなかったため、「大きな地震があった」程度の認識しかなかった。この年の三月、筆者は七カ月に及ぶ北京滞在を終えていったん帰国し、家族とともにアメリカに向かう準備を始めたが、その間に地下鉄サリン事件が発生した。多難の年の幕開けだった。北京大学には多くの留学生が来るようになったが、その分はっきりとした目的を持たずに北京で過ごす若者もふえた。毎日徹マンをやり、その足で午前中の授業に出ては居眠りし、午後また麻雀を続ける者、毎日部品を買ってきてはバイクを組み立てることに余念がない者、早く帰国させてくれと国際電話で親に泣きつく者、……いろいろであった。北京大学の学長が留学生の入学式で次のように言ったそうだ。「君たちは知らないようだけど、北京大学は歴史と伝統を誇る立派な大学なんですよ」と。

「万物は流転する」という法則は昨今の変化の激しい北京の餐庁にも同様にあてはまる。いやまったくこの激しさはなんなのか。ガイドブックが追いつけないのも無理はない。というわけで、前回で紹介した内容にも多少の修正を加えざるをえなくなった。大方の批判を被りたい。

さて北京大学の周辺であるが、ここのところごぶさたしており、何が変わったのかよくわからない。《太陽村酒楼》がさらに一段とさびれてきたことくらいか。そうそう、海淀のバス停の道路向かいに《高麗亭》という韓国伝統料理屋と称するきれいな店が開店した。一度行ってみたいと思っているが、相棒がいない。S先生は浙江に行ったきり。Sさんは地震で郷里の神戸に帰省してしまった。他の人たちもそれぞれに忙しく、なかなかチャンスがない。焼肉とシャブシャブはなかなか一人では入りにくい。

シャブシャブといえば、王府井で臨時に営業している《東来順飯荘》に行ってきた。ところが、がっかりだったのは鍋が小さな個人用になっていて、おまけにタレも一種類しかなかったことである。場所もなんだか怪しげなところで、天井にミラーボールがあるところから推してディスコを強制買収したものと思われる。雰囲気と安さでは海淀支店の方が断然よい。

《東来順飯荘》と並び称された民族文化宮内の《民族餐庁》は廃墟になっていた。老人たちが列をなして並んでいるので、みんなシャブシャブが好きなんだと思ったら大違い。これから芝居が始まるそうだ。シャブシャブ？とけげんな顔をされ、それならとなりに行けといわれた。たしかにとなりの民族飯店でも昔は同様においしいシャブシャブが食べられた記憶があった。だが、いまは火鍋屋になっており、シャブシャブは鍋料理アラカルトの一つになり下がっていた。おまけにステンレスの鍋が出てきて……。アララ、煙も出てきた。テーブルが焦げているではないか。ウェートレスは「没事《メーシー》

（心配ない）」と言うが、どこが「心配ないい」なのか。テーブル代が加味されたのか三人で四〇〇元近かった。

阜成門内のシャブシャブ店《能仁居飯荘》に行く時には注意することが二つある。第一は遅く行かないこと、第二は三人以上で行くことである。午後五時の開店と同時に満員になるため、席がないとひたすら待たされる。待たされた挙句、順番を守らない客とそれを整理しない店員のためにストレスがたまってくることは疑いない。早目に行こう。早目に行っても二人だとスペシャル席が用意されている。早い話が通路の席である。いろんな人が通る。肉も通る。鍋にぶつかってひっくり返される危険もある。ウェートレスの態度も気のせいかそっけない。それに寒い。

《能仁居飯荘》の通りは別名シャブシャブ通りといい、シャブシャブ屋が軒を列ねている。ガイドブックに紹介されている《北京西城順大餐庁》を探したが見当たらない。その住所には《恒大餐庁》という別の店がある。そういえばガイドブックの写真はこの店ではないか。どうも近くにある《西来順飯荘》と混同しているのではなかろうか。ちなみに「西来順」は決して「東来順」のまがいものではなく、それなりに立派な店である。大柵欄に《南来順飯荘》という店がある。誰か「北来順」を知らないか。

つぶれた店といえば早かったのが西直門にあった《陳麻婆豆腐店》である。一昨年の秋に開店したばかりというのに一年あまりでなくなってしまった。「陳麻婆豆腐店」という看板の「豆」が抜け落ちていて「陳麻婆腐店」になっていたのが少々気になったが、本当に腐ってしまった。やはり地元の成都で食べるのがよい。

前門に《致美斎飯荘》という二〇〇年以上の歴史を誇る店を探したがわからない。ガイドブックにはしばらく閉鎖されていたがやっと開店したと書いてある。それとおぼしき場所で地元の人に尋ねたら、コレコレと指さしてくれた。そこにはネオンに煌々と輝く《全聚徳快餐庁》のビルが建っていた。反対に復活した店に西四の《砂鍋居飯荘》がある。これまた北京で二〇〇年の歴史を持つ庶民料理の代表的な店といわれるが、三年間に四回行ってともに修理中でふられたという、涙ぐましい体験のある店である。昨年暮に開店したという『北京晩報』の情報を唯一の手がかりに五度目の挑戦を試みた。たしかに「夢」は実現された。ところがどっこいそこにあったのは《香港美食城》も顔負けのピンクの外装を施したどえらく立派な店だった。味はといえば……。きっと二〇〇年以上取り換えたことのないといわれるタレは三年間の休憩中にダメになってしまったのだろう。素朴さが魅力だった田舎娘が突然化粧を塗りたくって現われたような気がした。

西四にある朝鮮冷麺の老舗《延吉餐庁》もきれいになった。いろいろな場所に支店を出してそれなりにはやっているらしい。昔、北京図書館が北海にしかなかったころ、昼食によく利用したが、そりゃー辛かった。唐辛子の海の中に麺が泳いでいるというのが適切で、肝炎菌もこの辛さで死滅するというわさのシロモノだった。これもマイルドになったのではないか。

最近開拓した店はもっぱら中国美術館周辺に限られる。美術館後街にある《老三届餐庁》は昼飯にちょうどよい。ニラ玉は六元と安くてお奨め品。それに食後の内蒙奶茶《ネイメンナイチャー》（内モンゴル馬乳茶）がまたよい。二元でも安い。どういうわけか毛沢東が祭壇におさまっている。
南に降ったところにある《白魁老号飯荘》は名前の通り老舗の清真餐庁である。店の外観は少し臆するが、店内は案外きれいである。だが、なぜかここで食べた葱爆羊肉《ツオンパオヤンロウ》（羊肉とネギの炒め物）はたいしたことなかった。

王府井大街を南に少し入ったところに《順府餐庁》ある。「順府」とはいかにも北京らしい名前であるが出てくる料理は広東風だ。値段も少々高いのは〝銀座〟に店を構えているせいか。その近くにビデオ販売専門店がある。たいていのものならそろっている。中国のビデオは日本と規格が異なるそうだが、『新婚生活—実写編—』なんてなかなかおもしろそうである。まちがっても中年編を買ってはいけない。なお、この近くで王府井新華書店が元日に開店したが、実態は外文書店に間借りしているにすぎない。質量ともに往時に比ぶべくもない。

中国美術館のとなりにはタイとの国境の街西双版納《シースアンバンナー》風の傣《タイ》族料理の店、《孔雀苑酒家》がある。竹の中で蒸したご飯や料理はとてもおいしかった。もちろんタイ米である。タイ米はタイ料理で初めてその特性が活かされる。異常気象のために緊急輸入したタイ米が不評を買ったため日本政府は日本米との混合販売を提唱したが、結果はさらに不評を買うことになった。日本米にタイ米を混ぜるなどという発想はどこから湧いてくるのであろうか。国際化を進める政府の国際感覚たるや、このようなものである。タイ米に偏見を抱いている人はぜひ一度《孔雀苑酒家》に来ればよい。

話は違うが、市の東南にある潘家園旧貨市場で毎週日曜に露店のガラクタ骨董市をやっている。S

図 11　潘家園旧貨市場（1994）

先生とY夫人が早期開拓者であり、新石器時代の壺とかいろいろ多大な収穫成果を示しておられる。たしかにおもしろい。自転車の部品から生活用品、白磁青磁はもちろん唐三彩から果てはどこかの寺院の裏木戸に至るまでなんでもある。まだお目にかかっていないが、あの兵馬俑？まであるそうだ。

最近契約文書が神田の古書店で出回ったと報じられて大騒ぎになったとのことだが、ここにはいっぱいある。中国の土地契約や小作契約の文書は例の土地改革の際に焼却された結果、現在ではほとんど残っていないというのがこれまでの常識だった。一九四七年の共産党支配下の地域でやりとりされた土地売買文書は興味深い。土地を売る方はともかく、没収されるとわかっているにもかかわらず買うほうはどんな魂胆でそうしたのだろうか。まだあるかと尋ねると、いくらでもあるという。どっからこれを持ってきたのだと尋ねると、自分の郷里からだという。一枚八〇元は高いか安いか。いいかげんに公共機関が買いあさらないとすぐに散逸してしまうだろう。

店に出ているものは言い値から確実に半分以下になる。影絵劇に用いる皮製の人形一体を一二元で買ったが（言い値は三〇元）、北京飯店では同じものを一二〇元で売っていた。骨董は真贋の判定が難しいが、本物だと信じて思い切って買うことが肝心である。友人がある唐三彩二体（一体三〇〇元）

を買おうとして一瞬ためらったのが仇となった。しばらくして戻ってみるともう売切れていた。こうしてみると逃した魚は大きいのである。どう、甲骨文字付きの牛骨三〇〇〇元は?

天壇の東北部にも紅橋市場という同じような店がある。こちらは露店ではなく、しかも毎日やっている。天壇の壁を巻くようにして狭い空間に店が密集している。同様におもしろグッズだらけであるが、潘家園ほど啞然とするものはあまりない。潘家園がドロボウ市だとすれば、ここはゼンニン市か。でもそれなりに掘り出し物がそろっているから決して無視できない。そういえば琉璃廠にも最近この手の店が大規模に開店した。値段はやはり前二者に比べて高い。なぜ露店の骨董を中国人が熱心に買い求めるのかわかるような気がする。

さて前置が長くなったが、そうした店での成果を昼時自慢しあうのにちょうどよいのが《仿唐飯荘》である。蒸し餃子のフルコースを食べさせる店で、子供たちにも喜ばれると思う。どうだ、ほら逃がした魚は悔しいだろ、などと言っているうちに大量のせいろが運ばれてきて悔しさも紛れるといった具合である。

最後に《肯徳基》(ケンタッキーフライドチキン)と《麦当労》(マクドナルド)について述べよう。言うまでもなく世界を代表するファーストフードの両横綱であるが、社会主義国中国にもついに定着した感がある。《肯徳基》は前門に記念すべき一号店を出したのだが、当初はそれなりに苦労したようである。「北京のケンタッキーには世界中にある店と違うところが一つあります。それは何でしょう」というのは数年前のテレビクイズ番組の問題である。答えはカーネルサンダースの人形が北京大学西門の獅子同様一対あるというものだった。たしかに昔はそうであったが、いまは一体だけになってしまった。支店がたくさんできたための人手ならぬ人形手不足のせいなのだろうか。中国の中国たるところだっただけに残念至極である。王府井にある《麦当労》一号店も頑張っている。王府井拡張にともなう立ち退き要求にも抗して着実に売り上げを延ばしている。北京では《博士漢堡包》（モスバーガー）をはじめとする他のライバルを寄せつけない。ピエロ人形も健在である。毎日観光客の被写体として「人民のために奉仕しよう」を心がけている。

それにしてもどうしてこんなに中国でファーストフードがはやるのか。中国人はアメリカ帝国主義の食べ物は口にしない。中華料理の本場では味覚が単純な食べ物は好まない。だいたい昼は充実したものを食べる。これらは中国ではファーストフードが定着しないといわれた「有力」な根拠だった。それが崩れた時、論者は「これは中国人がその味そのものを好むのではなくて、アメリカを代表する西洋文化に対するある種の憧れを示しているということなのでしょう」と言ってその場を取り繕った。だが、これももはや次第に通じなくなってきた。なるほど当初は中国人にとっては比較的値段が高かっただけに好奇心からのカップルのデート場に使われることが多かった。現在価格は相対的に安くなった。そのため客層も老若男女を問わなくなった。ヨボヨボ爺さんや腕白小僧までが西洋文化の香りを嗅いでいるとでもいうのだろうか。単に早飯を食べているとしか思えないのだが……。論者の釈明を求める次第である。

それはそうとして中国のファーストフードに群がる客はどうしてあれほどメチャクチャなのか。おとなしく順番を待って行儀よく並ぶという習慣はまったくない。店員の方も割り込み客を咎めようとしない。したがって早いもの勝ちなのである。これは日本のそれと決定的に違うところであり、逆にいえばファーストフード店が中国にそれだけ定着した証拠でもある。昼はここで簡単に済ませようと思っているととんでもないことになる。ハンバーガー一個手に入れるのにそれ以上のエネルギーを消費する。それがマクドナルド本社の戦略でないことは確かなようである。それにやはり気になるのが大量に出る紙屑である。中国でこのような店が定着することは果たしてよいことなのだろうか。

オチがつかなくなってしまったが、続編であることで御寛恕願いたい。恭禧発財　萬事如意　食在北京　ともかくこの偏見情報が皆様の春節の暇つぶしになれば幸いである。

3　変わりゆく首都——北京餐庁情報三編　1997

筆者は一九九六年四月にアメリカでの一年間の滞在を終えて帰国し、その年の夏に天津市で開かれた学会に参加したあと、北京を再訪問した。しかし、その時の記録は残していない。翌年八月山東省煙台市で開かれた学会に参加した帰途にまた北京に立ち寄った。本編はその時の体験をもとにして記したものである。この年の中国は、改革開放の旗手であった鄧小平が死去し、香港が中国に返還されるなど象徴的な出来事が起こった。北京はまだ発展途上にあり、新生北京に生まれ変わるための建設ラッシュが続いていた。

昨年に引き続きまた八月の北京に来てしまった。北京は一般的にはカラッとしたイメージが強いが、この月の蒸し暑さだけはいただけない。昨年は上旬であったが、雨ばかり。おまけに不覚にも胃腸を壊してしまい、餐庁情報を書くという宿題が果たせなかった。そこで今回は万難を排して（それほどおおげさではないが……）筆を執った次第である。小説でも映画でも第三作目になると、さらにできが悪いものになるが、あえて記録を残していきたい。大方の叱正を乞う。

北京はやはり変化している。一昨年の北京は昨年の北京にあらず、昨年の北京は今年の北京にあらず、少なくとも外貌は刻々と変容している。東京がこれほどやいなや。そう思うと北京は古都ではない。三五〇〇歳の老人が漢方の回春秘薬を飲んで小学生によみがえったかのようである。

王府井のかつての東風市場は新東安市場として本年中に大変身を遂げる予定である。三年前から着工した大工事がいま終ろうとしている。文革時代に紅衛兵によって「東安」を「東風」に改名された歴史を持つ市場、平屋のバラックの中に食料、衣料、電化製品などが雑然と並べられ、さながらヤミ市のようであった場所がどのように変身するのであろうか。広大な敷地に建てられた新しいビルが文革時代を忘れさせてしまう。かつての十大建築の一つであった向かい側の北京市百貨大楼も肩身を狭くしている。

王府井といえば、最後まで当局の立ち退き要求を拒んでいた《麦当労》一号店もついに姿を消してしまった。もっとも北京市内にはあちこちに支店を拡張しており、その勢いは「星火燎原」のごとしである。中国の人々がこんなにハンバーガーが好きだとは知らなかった。所得が向上したこと、昼飯をゆっくり食べている暇がなくなったこと、その味に慣らされてしまったこと、いろいろ原因はあろうが、北京市民のライフスタイルが着実に変化している証拠だろう。

余談だが、ある支店に行くと入口に唐獅子の石像が置かれている、ように見える。さては現代の匈奴たる《麦当労》もついに漢文化に屈したかと思いきや、よく見るととなりの海鮮屋の獅子が厚かましく割り込んでいるだけだった。匈奴はたやすく屈しない。

同じように《肯徳基》も栄華を極めている。いたるところでKFCの看板にぶつかる。CFCの表示を出す店も現れた。《芳香鶏》が店名であるが、その頭に加州《カリフォルニア》がつき、California Fried Chicken

となる。なるほど、まがい物にせよ、その努力だけは買う。ちなみに慶應義塾大学湘南藤沢キャンパスの略称はKFCでもCFCでもなく、SFCである。

王府井で変わっていないのは北京飯店。そう思ってロビーを入ると、あれまあ、往時外国人唯一の憩いの場であった友誼商店兼喫茶店は目下修理中。整形中といったほうがよいかもしれない。どのような美人に変貌するのか、楽しみのようでもあり、恐いようでもある。二階の和食の店《五人百姓》は本家の京樽が経営の危機にあるにもかかわらず健在である。親はなくとも子は育つ。ただ、にぎりでトロ二五元はいいとして、タイやヒラメがヒカリモノと同じ一〇元というのは、タイやヒラメにちょっと気の毒である。

変貌といえば、海淀地区のそれはすごい。道路の真ん中に植えられていた樹木（八〇年代初めの留学生には懐かしさを感じさせる。ギューギューづめの三三一路バスの窓からこれが見えてくると、ああやっとそろそろ北大《ペイター》だ！という目安になった）が取っ払われ、道路の拡張工事が進行中である。完成すれば広大な道路が生まれるはずである。その周辺にはこれまた巨大なデパート（決して百個しかものを売らない〝百貨商店〟ではない）がそびえている。その一つで中国人民大学の前にある、完成したばかりの当代商場にはWelcome to the Modern Plazaと場内放送が流れる。地下の超級市場では日本の輸入食品までたいていのものが買える。泊まり客でなければだめになった友誼賓館での外貨兌換もここに来れば大丈夫。「人大《レンター》！」と言ってわからないタクシーの運ちゃんもここなら知っている。北京の中にマジックワールドがまた一つふえた。

海淀の行き着くところが天下御免の中関村である。かつて北京大学や北京語言学院の留学生たちが少しはまともなものを食べようとして出かけた一帯は、いまやコンピュータ街に変身した。王府井はまだ銀座とはいえないかもしれないが、中関村は秋葉原を名乗っても誰も文句を言うまい。「光盤《シーディー》」「軟件《ソフト》」「網絡《インターネット》」などのわけのわからない中国語の看板が所狭しと並んでいる。新装開店した海淀図書城もその影響を受けて本来の書店のほかにコンピュータ専門店がかなり入っている。「阿片戦争」というゲームソフトを衝動買いしてしまった。理工系の名門である清華大学のスタッフが開発したもので、香港返還記念とあっては買わねばなるまい。常識からすればイギリス軍が勝つんだが、林則徐のパワーを最大にすると、あら不思議、清軍がイギリス軍を蹴散らしてしまうこともできるそうで、適度にナショナリズムを満足させるのがミソである。

このほか、ＶＣＤ（ビデオＣＤ）が北京ではたいそう普及しているとの印象を受けた。かつての国共内戦を題材にしたナツメロ映画や「芙蓉鎮」、「紅高粱」などの最近の映画、少数ながら洋画のたぐいなどの多くの故事片（ドラマ）、およびカラオケとか家庭学習用教材とか、なんでもそろっている。中国のビデオが日本では規格の違いからそのまま再生できないのに対して、これは問題なく、しかも五〇元（約七五〇円）と安いのが魅力である。オッ「夫婦按摩」という実用ものがあった。夫婦で按摩して何をしようというのだろうか？「新婚之初夜」なんてのもある。パッケージには白人のカップルがセミヌードで登場する。だが、俗人はこれに過度の期待を寄せてならない。北京大学の女性教授が生殖と避妊についての講義を延々とするものである。

映画もずいぶん洋物がふえた。「失落的世界」が公開されていた。中国もついに不倫とヌードの世界に入ったかと思ったのだが、よく見たら「失楽」ではなく、「ジェラシック」の意味だった。たしかにヌードは登場するが、すべてこれ巨大爬虫類のそれだった。

クレジットカードが使える店も多くなってきた。一流ホテルのみならず、高級レストランやデパートなどでも大丈夫な店がふえた。マスターズがもっとも有用な気がするが、ビザ、アメックス、ダイナース、それに長城牌が使える。JCBはもちろん日本人がよく行く場所では水戸黄門の印籠なのだが、幕府の威光も通じない店も少なくない。瑠璃廠の中国古籍書店ではさすがに使える。ただし、それを機能させる機械が動くとはかぎらない。教訓。カードが使えることがわかっても、それは下駄を履くまでわからない。

さて前置きが長くなったが、本来の餐庁情報に入るとしよう。海淀地区の餐庁の興亡も景気の状況に応じて変化が激しい。《全聚徳烤鴨店》も《麦当労》同様にあちこちに支店を拡げているが、海淀支店はことのほか立派になり、上客用の雅座（特別個室）まで出現した。アヒル人形？も相変わらず招客している。店の前には垂れ幕がかかっている。「香港の復帰を歓迎し、再会を慶び、烤鴨を食べて大賞を当てよう！」。なんのこっちゃ？

その隣にある《長征飯荘》も一段ときれいになった。心なしかウェートレスも二〇歳ほど若返ったようだ。ただ、店名が現実に対応していない。この状況は《国営燕興飯荘》にもあてはまる。あの婦警みたいなウェートレスたちはどうしただろうか。

ここで《猟奇門》について一言触れておかねばなるまい。一九九五年三月、中関村に《猟奇門》なる店がオープンした。バブルの場所と怪しげな名前からして、どうせ奇をてらったものに違いないと思っていた。完成してみれば、なんと生ビールの自醸直営店。興味本位で早速留学生たちと押しかけた。果たせるかな、ビールの味がなんだかおかしい。いまにして思えばそれはいわゆるエールビールなのだが、そこに居合わせた日本人は誰一人それを知らない。おまけにつまみに出てきたタマネギのリング揚げはなぜかのどに引っかかるような油で揚げられており、すっきりしない。「中国が西洋のまねをしたってどうせこんなものだ。この店がつぶれるのも時間の問題だ」とその時はみなそう思った。ところが、である。ボストンに行って初めてわかったことだが、サミュエル・アダムズをはじめとしてこんなビールがいっぱいあるではないか。さらにアメリカのタマネギのリング揚げもやはりのどに引っかかるではないか。そこで筆者は一九九五年三月当時の認識の正否を問うべく今回再度実地調査を試みた。店は一層洗練され、粋な若人やカップルで満員。味はまちがいなくボストンのものと同じであった。また、どういうわけか今回は本当においしかった。タマネギのリング揚げはもちろんポテトサラダもなかなかいけるではないか。「百聞は一味にしかず」とはいかない。ちなみに「猟奇門」とは決して血だらけの死体がぶら下がってる入口にあらず、アメリカはリッチモンドの音訳だったのである。

これとは反対になくなってしまった店も少なくない。《太陽村酒楼》は案の定というか、空家になってしまっていた。栄光から没落へまっしぐらだ。そういえば、S先生支援の店だった《天潤》はどうしたであろうか(初編参照)。スポンサーを失ったいま、その存在はいかん！　北京大学の構内も様相が変わった。留学生楼である勺園のとなりに北京大学正大国際交流中心なる大ホテルが出現した。

なんと郵便局まであるではないか。これであの恐い郵便局員のおばちゃんがいる北大郵便局に行かなくてもいいのかと思うと安堵するとともに一沫のさびしさを感じる。この建物が建てられた関係で、周辺のバラック飲食店が軒並み姿を消した。

つぶれてはいないが経営者が変わってしまい往年の面影がなくなってしまったのは魏公村の《月亮山寨》である(初編参照)。絶品の香肉に加えて米酒もおいしく、さらに経営者の女性もウェートレスも感じがよかっただけにまことに残念である。

一九九四~九五年の長期滞在中に開拓したが続編に収録できなかったオモシロ店にいわゆる毛家菜餐庁がある。一つは故宮西華門にある《沢園酒家》。毛沢東の専属コックであった韓阿富という人が開いた店で、現在は二代目が経営しているという。初代と毛沢東のツーショット写真が店内に飾られている。もう一つは東城区にある《韶山毛家菜館》。こちらは毛沢東の親戚が始めた店で、入口の側には毛沢東の祭壇が設けられている。いずれも毛沢東が好物であった湖南料理が中心で、とりわけ毛氏紅焼肉というブタばらブロック肉の醤油煮(東坡肉に似ている)がウリモノである。かつて毛沢東がこれを食べたいと江青に話したところ、「主席はそんな田舎臭いものを食べてはいけません」とたしなめられたため、以後別居が始まったといういわくつきの料理である。げに食物の恨みは恐ろしい。コクの深さとニンニクの少なさからいって《沢園酒家》に軍配を挙げる。

これに関連して、文革餐庁なるものが北京市内にはいくつかある。文革時代に下放して農村に住んだ体験を持つおじさんたちがその場の雰囲気とそこで食べたものをもう一度食べて往時を懐かしむといった趣向のオタク餐庁である。その中で一番大きなのは海淀の《向陽屯食府》であろう。夜になると田んぼの真ん中に煌煌たる提灯が無数に掲げられ、ちょっとたじろぐ光景になる。店内に入ると東北農婦の格好をしたウェートレスが案内してくれる。六〇年代の勇ましい毛沢東の壁画のある部屋に一番趣きがある。『人民日報』が壁いっぱいに貼り巡らされている。料理はなぜかおいしい。当時こんな立派なものを食べていたとは思われないが、その雰囲気だけは味わえる。ただし、野味類は避けたほうが無難であろう。「母子相会」という名前のきれいさで注文したのが運の尽き、サソリはまだよいとして、なぜかセミと芋虫が湯気を立てて登場した。どこが母子なのか、尋ねる勇気はなかった。こんなものをベンツに乗って食べに来る人はやはりどこかおかしい。

中国人民大学（人大）を中関村に向かって三〇〇メートルほど寄った場所に日本の味《原田屋餐庁》ができた。人大の《友愛亭》誕生かと早速行ってみた。うどんがメインだが、刺し身、天ぷら、寿司、トンカツ、と一通り定食になっていて、だいたい一二元と案外に安い。中国人が経営しているはずである。メニューに「トンカシ定食」とあった。天ぷらの卵とじ丼というのも初体験であった。とまれ中国人客には結構人気を博している。

中国第一歴史檔案館というアーカイヴ文書館の話題を一つ。故宮の西門である西華門から入るが、門をくぐる時はパスポートでも大丈夫なものの、やはり中国の権威ある機関の紹介状があったほうがよい。いずれにせよ係員に誰何される。彼（または彼女）は「来たことあるか」と必ず尋ねる。そんな時には笑ってうなずくのがよい。この関門を過ぎれば、あとはなんの問題もない。すぐ左に曲がり、天安門警備隊の特殊訓練を尻目に少し歩くと宮殿のような建物が出現する。その一番奥の入口から入り、受付でバッグを預けると外賓閲覧室に通される。担当者はともに応対は親切で感じがよい。まずは来訪リストに名前を書かされる。これを見れば最近誰が訪れたかがわかる。続いて「利用檔案資料人員登録票」を書かされる。担当者が記載から判断してその目録帳簿を出してくれる。文書名がわかっていれば簡単だ。しかるのち閲覧したいものを申請する。どういうわけか申請のための用紙はなく、口頭もしくは紙切れに書きつけて担当者に渡すだけでよい。申請したものが現物かマイクロフィルムかで待遇が異なる。現物であれば外国人に対してのみ外賓閲覧室で昼休みも続けて閲覧できる便宜をはかってくれる。開館日は月から金までで、通常は午後四時までであるが、夏場の暑いころは二時半で終了ということもある。昼飯はどうするかといえば、①食べない、②休憩室に簡易食料を持ち込む、③外に出る、の三通りが考えられるが、短期決戦の場合は絶対に①を奨める。体力に自信のない向きには②がよいが、中国産カップ麺の「康師傅」だけでは栄養が片寄る。お湯を入れて一五分待つだけで中華ピラフができあがる台湾製の「仙妻」はお奨め品である。飲み物も忘れてはならない。時間に余裕があれば③もよい。優雅に飲茶《やむちゃ》ができる素敵な店が近くにあるが、そこに入るともう戻りたくなくなる。帰る時には「また来るから」と必ず言っておこう。「来たことがある」という前例と「顔には見覚えがある」という記憶がパスポートなのである。

おまけとして潘家園旧貨市場のことに触れておく。二年ぶりで訪れたが相変わらずの盛況である。露天が店舗になり、若干洗練された感じがする。品物も洗練されてしまい、変なものが少なくなった。

彩陶や甲骨、銅鏡などは健在？だが、誰も本物とは思っていない。客の間をぬって「ジュースいかーすかあ」が巡回する。なんだか野球場にいるみたい。線装本は漢方書とお経以外にはほとんど見かけなくなった。契約文書はそれでもまだいくらかは出回っている。ただ一件文書は少なくなり、値段はかなり高くなっている。今回は小作料の計量マスに若干の魅力を感じたが、「夢から覚めたらただのガラクタよ」という禁欲主義的戒律に従った次第である。

4 近代化一直線――北京餐庁情報四編 1998

本編は一九九八年三月十一日から三月二十二日までの一一日間の体験に基づいて記したものである。この年の秋には江沢民が来日するなど、まだ日中関係は良好さを保っていた。

昨年夏から半年、再び北京を訪れる機会を得た。今回もまたわずか一一日間の短期滞在ではあるが、例によって北京最新情報を残しておきたい。

さすがの北京もわずか半年では変わりようがない……、と思っていたが、それは大きなまちがいであった。北京の新陳代謝は相変わらず激しい。中関村に通じる白石路の整備が完了した。人民大学前の雑踏と北京図書館前の工事現場が消え、その結果広くて立派な道路が出現した。だから……という順接の接続詞が通じないのが中国の常。道路が広くなったからといって交通渋滞は解消されない。むしろ、さらにクルマがふえたような気がする。安い、のろい、危ない、の三拍子そろったイエローキャブと悪名高かった面的（面包《パン》型の的士《タクシー》）はめっきり減ってしまったが、クルマそのものは決して少なくなっていない。三環路はもはやブッ飛ばせない「高速道路」と化している。渋滞を避ける手段

として、気の利いた運転手は裏道を走る。もっと気の利いた運転手は歩道を走る。オイオイ交通ルールは⁉

まずは海淀地区の探検から始めよう。海淀図書城は昨年の開店時から比べてなんとなく活気がなくなった。いくつかあった空テナントもまだ埋まっていない。一階の学術書店は学術書を置かなくなったばかりか、古本フェアなんぞをやっている始末。またもや経済、語学、管理の三大分類が幅を利かせるようになった。管理の本がよく売れるのは、それだけ人間を管理するのが難しいからなのだろうが、そういう意味では「民主主義」とは中国本来の自然の姿だったのではないかという気になってくる。

ちなみに北京で学術書を買うなら、いまや瑠璃廠よりも美術館裏の三聯書店がよい。もともと生活、読書、新知という三つの書店が合併した老舗の出版社で、われわれの業界ではつとに知られている。昨年、四フロアからなる大規模な学術書店をオープンした。歴史書に限っていえば北京で最も店頭書架が多いのではないか。もちろん日本への郵送もジーパンを履いた若い店員が気軽にやってくれる。もし無事届かなかったらわたしに連絡しろと電話番号を書いたメモを渡してくれる。電話をかけたらどうなるかは知らない。なぜならばその前に本が確実に届くからである。もっとも「慶應義塾」という宛名は困ったことに若い人で読める人は少ない。「庆应义塾」と書いて初めて理解してくれるのだが、これでは日本の郵便局が読めないのではないかという不安にかられる。ともあれ、近代的な書店である。四階の高級美術書売り場の側にはカフェテリアがあり、カウンターにおいてサイフォンでいれたキリマンジェロなりジャマイカなりが一杯一五元で気軽に飲める。

　海淀地区からいつのまにか逸脱してしまったので、もう一度こちらに戻ろう。この地区では大学の出版社が自前で営業部を開くことが多くなってきているようだ。北京大学出版社は以前からあるが、それに加えて、人民大学出版社、民族大学出版社、清華大学出版社、北京理工大学出版社と陸続と独立ビルを有して営業している。ただ、正直言って教科書販売店の感を免れない。北京大学が地主になっている店はさらにふえた。飯屋、眼鏡屋、菓子屋、洋服屋、いろいろあるが本屋はただ一件だけ。北京大学は今年創立一〇〇年を迎える。一八九八年の戊戌変法の時に京師大学堂が設けられて以来月日が流れ現在に至った。この一〇〇年間は北京大学にとっても中国にとっても何であったのかを改めて考えさせられる光景である。

　中関村の電脳街はさらに一層「アキバ」化した。ただし、家電はまったくといっていいほど見当たらず、ほとんどがコンピュータの販売である。この一帯を歩いていると一〇メートルごとに話しかけてくる人たちがいる。なかには子供を抱いた母親もいて……。顔つきや風体など、かつて北京飯店前にたむろしていたチェンマネにいさん（人民元の外匯券への兌換を求める輩）に近いものがある。彼らは口をそろえて「ムーシーディ、要るか?」という。木樨肉《ムーシーロウ》という料理はあるがどうも違うみたい。木《ムー》樨地《シーディ》は天安門事件の時に一躍有名になった地名であるが、不動産屋でもないみたい。とりあえず「不要」を三〇回ほど繰り返すことであきらめてもらうが、あとで聞いたらＶＣＤ（ビデオＣＤ）売りだとのこと。「Ｖ」は中国の人は「ウィー」と発音しがちなため、「ムー」といっているみたいに聴き取れることが判明した。たしかにＶＣＤ（ビデオＣＤ）の普及は中国ではさらに進んでいて、国内のライブや映画のみならず、洋画の種類も格段にふえた。電脳街の活況は他の店にも反映して、自醸ビールの店《猟奇門》をはじめとして続々と新しく変わった店が出現している。そして電脳街の終点には泣く子も黙る《香港美食城》海淀分店がある。この分ではさぞかし繁盛しているのだろうと思ったら、アイヤーつぶれている。改装中なのか、そこまではわからなかったが、ともかくなくなっていた。

なくなったといえば、《太陽村酒楼》。以前にその繁栄と没落ぶりを逐次レポートしたので先刻ご承知のことと思う。ついに茶の葉っぱを売るお茶屋に変身した。いつつぶれるか、いつつぶれるかと茶化していたら本当に「茶」になってしまった。

つぶれついでにいえば、《月亮山寨》の跡地を調査に行ってきた。新疆からの移民がたむろするこの一帯は一層ウイグル化が進んだようだ。しかし店はなぜか四川料理屋のチェーン店に変わっていた。店の構えから調度品に至るまで元のままであったのが懐かしくもあり悲しくもあった。ここで一句。

唐土《もろこし》の主《ぬし》なき寨に春宵《よわ》の月

図12　新東安市場

さて、横道ついでに北京の新名所に行ってみよう。まずは新東安市場。改修工事をすること五年以上を費やしてやっとのことでオープンした巨大マーケットである。かつては平屋バラックにあらゆる物をゴチャゴチャにつめこんだ中国伝統の庶民的市場であったものが大変身した。名前がプチブル的だと批判して「東風市場」と改名要求を出した紅衛兵世代がそのオーナーになっている。六階建ての三つのビルからなる店内は店舗がひしめき、不況を知らない客でごった返している。空中に浮かぶエスカレータなんて、なかなかにスリリングな乗り物にただで乗れる。

次にこれまたフロアが改装中であった北京飯店も工事が終了した。中央にあった喫茶店が《五人百姓》直営のうどん屋になった。たぬきうどん二五元は高いか安いか。友誼商店の支店が占めていたフロアは大珈琲庁に変身した。それでどうしたかといえば、それ以上なにもどうにもなっていない。要するに、もはや化粧しても始まらなくなっている老年の衰えは免れない。売り物の酒で注目すべきは二〇年ものの紹興酒である。二六〇元とこの手の酒では破格に高いが、味もきっとよいに違いない。ちなみに極品青島ビールが新発売になった。一本一五元で、青島で瓶づめにして三日以内に北京に着くという触れ込みがある。これが事実なら中国における流通革命である。ライバルの五星啤酒も負けてはいない。「九星啤酒」という銘柄を出している。星が四つふえた分、何が変わったのだろうか。

北京古玩城という骨董品デパートが北京の東南に昨秋オープンした。例の露天市の近くにあったバラック骨董屋群が改築されてデパートになったもので、周りに何もなかったところに「城」が出現した。なぜか一階が免税店になっていて、外国人観光客が団体で押し寄せるようだが、骨董品のほうはさすがにいろいろある。露天と違って怪しげなものが少ない。といっても骨董品そのものが怪しいのだが。一階から四階まで屋号を持つ骨董商店がびっしりつまっている。一見するとどれも同じように見えるが、店内に入って粘っこく物色し、この客はきっと買うと思わせたらしめたもの。店主はなぜか必ず低い声で「どんな物がほしいんだ」と尋ねてくる。こういう時には店頭にないものを挙げてみよう。奥からそれらしきものを出してくる。三〇〇〇元だと言ったらその三分の一からスタートしよう。努力次第では本当に一〇〇〇元になる。まあその間に何回か「やっぱり要らん」と言って店を出るパフォーマンスを繰り返さねばならない。いわばコンサートのアンコールのようなものなのだが、店主のほうもそれがわかっているとなかなか値を下げてくれない。このやりとりが病みつきになるとはまってしまう。ただし、自分から一〇〇〇元と言ったら絶対に一〇〇〇元で買わなくてはいけない。それがこの世界の掟なのである。買う気もないのに一〇〇〇元と言ってしまい、「ヨッシャ、持ってけ、ドロボー」と言われて目が点になった御仁も少なくない。

歴史博物館は展示内容の改装のためしばらく休館が続いていたが、やっと全時代を通じての展示を再開した。展示では農民反乱の「英雄」が「首領」に格下され、反対に洋務運動期の「買弁」が「企業家」に格上げされたことなど、「反革命」的なものが目立つほかはたいして目新しいものはなかった。鳴り物入りだっただけにどんなに変わるかと期待したが、歴史の見直しはそう簡単ではないらしい。客のほうもとなりの生誕一〇〇年を記念した周恩来に取られてしまっていた。

最近、白領ギャルなる女性たちが新風俗になっている。白領とはホワイトカラーという意味で、おもしろいことにバイリンと発音する。主に外資系企業に勤めるＯＬで、いつも白いブラウスにスーツをビシッと着こなしている新中国人層である。こうなると日本のＯＬと基本的に区別がつかない。京倫飯店にもこのたぐいの女性がフロントで活躍している。「お待たせいたしました。お客様のお部屋は本館〇階の×××号室でございます。ごゆっくりお過ごし下さいませ」。ウームすごい。日本語に乱れがない。敬語も正確だ。アクセントもそんなに変じゃない。こんな人がいるんだと感心して、ジロジロ見ていたら「……あのう、わたし、日本人ですが……」。世の中、先入観ほど恐いものはない。

さて、そろそろ本来の餐庁情報を書かねばならない。友誼賓館には値段は高いがそれなりにおいしいレストランがたくさん入っている。正面の貴賓楼には《雅仕庁》という広東料理店と《翠竹軒餐庁》という肥牛海鮮火鍋店（早い話が四川風激辛寄せ鍋の店）、《金玫瑰餐庁》という西洋料理店の三軒が、その裏の友誼宮には《聚祥園餐庁》（上海）、《万順居餐庁》（四川）、《聚秀園餐庁》（福建・広東）、それに《康乃馨餐庁》（西洋）の四軒があり、ほかに《蘇園餐庁》などいくつかある。これだけのレストランがよく維持できるなと感心する。このうち一人で気楽に食べられるのは《雅仕庁》、おいしい東坡肉《トンポーロウ》が食べられるのは《聚祥園餐庁》。筆者はなぜか《万順居餐庁》の回鍋肉《ホイクオロウ》にフェロモンを感じる。

民族飯店に今回初めて宿泊した。民族資本系のホテルは、設備の悪い反面、郷愁感じさせてくれる。筆者の泊まった部屋は「民族飯店」というデッカイ看板の「民」の字の真上、紅い火、青い火のネオンがきらめいて、ノスタルジックなのだ。このホテルに新しく開店した《金馬特土耳其餐庁》はお奨めである。洗練されたトルコ料理屋で、さすが「民族」を特徴とするこのホテルにふさわしい。牛肉の串焼きなど、なかなかのもの。中華料理に食べ飽きた留学生が奮発して女の子をデートに誘うにはとてもいい店だと思う。

《黒土地酒家》は地安門の近くにある。《向陽村食府》、《老三届餐庁》と並ぶ北京三大文革レストランの一つ。東北に下放された人々が、文革時代の『人民日報』を貼ったインテリアで、往時の料理を懐かしんで提供するという趣向で人気を博している。ただ少々期待外れであった。もう少しゲテモノ出すなら徹底してほしい。もっとも出てきたら逃げ出すであろうが。

恭王府に移転した《四川飯店》もおおいに期待していた分だけ肩透かしを食ってしまった。昔のクラシカルな構えとあの深みのある辛さが忘れられない。正直言ってちょっと味が落ちたのではないか。店の通路に要人誰それが来たという写真を貼り出すと、その店は確実に味が落ちる。これは中国のレストランの鉄則である。

前日の摂氏二二度から本日は二〇度をいきなり引いてのわずか摂氏二度。三月中旬に北京の街に雪が降る〜♪。こういう時には歌っているより《東来順飯荘》にシャブシャブを食べに行こう。本店は新東安市場に入る予定だが、仮店舗の本店なるものはいまは前門にある。しかしこの店も団体観光客がいっぱいで、雰囲気はイマイチである。

テレビコマーシャルで最近のヒット。シーン1では中年のおばさんが、客が来ても客の方を一瞥だにせずに自分の用事を続けている。応対もぶっきらぼう。シーン2では打って変わって客ににこやかに対応。そこでテロップ「笑笑笑笑、これでみんな素敵」。中国の人々も不愛想が好きではないことが初めてわかった。

今回のイチオシは《北京皇家国際倶楽部》。北京動物園の西隣にある築九〇年の堂々たる洋館である。なんでも西太后が休憩するために建てられたものだとかで、休憩室がそのまま保存されている。

図 13　三里屯男孩女孩酒楼

テラスに出ると動物園が一望でき、晩年の西太后と同じ気分になれる（そんな気分、なりたいか！）。文革以前には北京市長の執務室として使われていたという。現在はそれを改修し、多目的ホールになっている。その一階にレストランがある。正宗粤菜で、味もなかなか良く、しかも低料金。現在は秘密会員といっても、企業や政府関係の要人接待に使われている。ここのウェートレスは決してわめかない。耳元で優しくささやくのでゾクっとくる。「先生《シエンション》、要《ヤオ》嗎《マ》？」。もちろんビールをもう一本要るかという意味である。店では結婚式の披露宴会場にしていこうと考えているようで、豪華なそれ用のパンフレットを発行している。食事に利用する際は当日でもよいが予約が必要である。ガイドブックにはもちろん出ていないし、タクシーの運転手もあまり知らない。でもこの建物は九〇年間ここに建っているのである。

もう一つ特筆すべきは三里屯の酒巴街《チュウバーチエ》であろう。大使館街を北上した場所にいつのまにか洋酒バーが林立するようになり、北京のヤングエグゼクティブたちで深夜をにぎやかしている。最初に連れていってもらったのは日本の芸能人が経営する《爵士屋《ジャズや》》。こざっぱりとしたテーブルでカクテルなどが注文できる。ウェーターは全員中国人。日本人客も多いが、中国の若者も決して少なくない。

ウーム、世の中変わったんだなと納得する。翌日再訪しようとして道に迷い、ままよと思って入った店が《男孩女孩酒楼》。つまりBoys & Girlsだそうだ。店内に入ってびっくり。ウェーターは長髪のおニイさんたち、客は平均年齢二〇代前半、女性が過半を占めている。あっちではカップルがマンハッタンを分けあっている。こっちでは女性グループが煙草をふかしてコロナビールをラッパ飲みしている。その一角をわれわれ日本のオジサン四名が占拠してしまった。オジサンの一人がよせばいいのにとなりの女の子に歳はいくつだ、どこに勤めている。結婚しているか、など尋ねまくってシカトされてしまった。ともかくここは大陸かと疑う光景が味わえる。もちろん帰りには何時でもタクシーが常駐している。こんな店がこの通りにはいっぱいある。なにせ〝酒巴街〟なのである。

5　世紀末の北京――北京餐庁情報五編　２０００

本編は二〇〇〇年八月二十九日から九月十八日の二一日間の北京滞在体験に基づいて記したものである。この年の三月には台湾では民進党が勝利し、陳水扁が総統に就任した。また四月には法輪功が天安門広場でデモを行い、弾圧を受けるなど、世紀末の様相を呈していた。また、コンピュータの入力切替問題として「二千年虫」などという言葉が流行したが、何事も起こらなかった。

二年半ぶりの北京である。今回は二十世紀最後のミレニアム情報としてまた例によって個人的偏見に満ち満ちたあてにならない餐庁情報をお届けしたい。

北京に到着して最初に驚いたのは、首都空港がすっかり新しくなったこと。まずはきれいになり、あの特有の臭いがしなくなった。日本の空港にいるかのような錯覚に陥る。なんでも日本の資金援助が相当にあったとのことで、それを示す石碑がどっかに小さく建っているとかだが、中国の人は誰もそのことを知らないそうだ。なかでも驚いたのは自動兌換機。入国する手前の会場のあちこちに備えつけられている。恐ろしいことに人がいない。中国で人がいない自販機がかつてあったか。人がいないで誰が操作するのか。えっ、このわたし!?　機械の説明によれば日本円でも、米ドルでもＯＫ。でも信用してはいけない。きっと札が機械に呑み込まれてチャンチャンなんてことがあるに違いない。恐る恐る千円札を入れてみる。即座に計算して人民元が七五元ほど目の前に現れる。アイヤと思いつつ五千円札を入れてみる。ちゃんとその五倍が出てくるではないか。なんという現代化。いままでのギャップの大きさを改めて感じる。ただし二千円札はやめたほうが賢明であろう。

北京の街の交通渋滞は相変わらずひどい。なんでも面的（パン型タクシー）は暴力団が絡んだために一斉に摘発され、小公も一掃され、タクシーの主流は初乗り一・二元のシャレードに移りつつある。にもかかわらず車の数は変わらない。最近はマイカーの人がかなりいるとかで、いよいよ問題は深刻である。ちなみに現在北京大学の教授の月給は三〇〇〇～五〇〇〇元であるため、構内に乗りつけてくる先生方が少なくないという。そういえば、最近物が豊富になった超級市場《スーパーマーケット》で優に三リットルは入る白酒《パイチュウ》の二鍋頭《アルクオトウ》のボトルを三つも買っている御仁がいた。その量もさることながらどうやって持ち帰るのだろうか。やはり車で来ているに違いないが、どこに駐車しているのだろうか。それにしても、こんな大量のアルコールをいったい何に使うのか。ひょっとしたらガソリンの代わりなのではあるまいか。

王府井が銀座になった。従来、王府井は北京の銀座であるといわれていたが、納得できる日本人は少なかった。一等地を占めていた《麦当労》が立ち退き、道路が拡張されてホコ天が出現。大規模建設中であった東側のビル群が勢ぞろいし、ネオン輝く大都会通りに変身した。王府井の由来である井戸も復活し、通りのあちこちに老北京をしのばせる等身大の辮髪おじさんやリキシャマンの銅像があって、ますますややこしくなった。

新東安市場は少し庶民的になったようだ。ありていにいえば汚くなった。できたばかりの時はおつにすましていたが、メンテナンスのせいなのかなんなのか、すぐ古ぼけてくる。鳴り物入りで開店した《東来順飯荘》の総店もまるでデパートのお好み食堂のよう。でも、バラック雑貨市場であった往時の東安市場を考えれば、これも自然のなりゆきか。地下に北京老字号という昔の商店街を再現した一角が造られたが、映画のセットのよう。北京飯店は目下オリンピックに備えて?改修中。そのためホテル内のレストランや商店も休業中である。なぜか壁がピンク色をしており、銀座にラブホテルが出現する一抹の危惧がある。王府井近辺のレストランでは《香港美食城》、《萃華楼飯荘》、《全聚徳烤鴨店》などはますますのご発展。ハナ金の夜などは予約なしではずいぶん待たされることになる。中国美術館近くでひっそりと経営していた西洋料理の《凱旋西餐庁》は道を隔てた向かい側に引っ越して存続していたが、やはりひっそりとしており、今度来る時は多分つぶれているに違いない。九月十五日に北京飯店の王府井大街を隔てた向かい側に東方広場という大商店街が出現した、はずである。というのもオープンしたにもかかわらず店は通路のワゴン販売だけで、テナント店はまだほとんど営業していない。案内板を見るかぎり、「大商店街」のはずである。そのとなりの王府井書店もネオンが煌々と輝くだけだった。いずれにしてもまだ目下建設中である。

西単が渋谷になった。これは言いすぎである。しかし、デパートが三つも生まれ、そのほかにも巨大なビル群が建設中である。目下十字路が広い通りに一変し、ゴチャゴチャした建物があった場所は公園になり、民主の壁（中国の民主化を求めるグループが新聞を貼った壁）なども吹き飛んでしまった。

これにともなって西単にあった老舗餐庁が全滅した。ところが地下商場なんていうものがあり、中に入ると名古屋駅の地下街のようなものが出現。天窓設計のために地下三階まで光が届き、そこではアイススケートを楽しむ市民でにぎわっていた（なぜ秋にアイススケートなのか？）。四川料理の老舗《天府豆花店》を発見。しかし臨時営業のようであり、やがて地上に上がるものと見た。西単に出現した北京図書城はビルごと本だらけの大きな本屋である。海淀図書城を皮切りにして北京には大規模店舗の書店が次々と生まれ、いずれも盛況である。一般書の品ぞろえは豊富で、書籍は高価なのにもかかわらず購入する人、階段を利用して立ち読みならぬ「座り読み」する人、ぼろぼろになった「人体芸術」をこっそりめくっている人（なぜか男に限るのだが……）などで毎日ごった返している。ただ、専門書は少ないようだ。渋谷といえば西単でも茶パツ、厚底サンダルを発見。もちろん本物の渋谷ほど多くはない。茶パツ、顔グロ、厚底サンダルが当世ギャル三要素だとすれば顔グロはさすがにいない。どこかおとなしく、どこか品があると思うのは偏見か。ちなみに日本から戻ったばかりの五〇代の中国人女性に顔グロをどう思うかと尋ねたら、ひたすら首をブルブル振るだけだった。

中関村が秋葉原になった。これは本当である。以前からこの一帯には電脳の店が多く、そう言われていたが、正直イマイチの感がした。しかし現在では黄荘から一路電脳の店ばかりで、わけのわからない漢字が通りにあふれる。しかも、さらに大規模な電脳城が次々と出現している。広告に関羽信箱というのがある。「信箱」とはポストのことだが、「中国人独有的信箱」とあり、なんのことかと思ったらどうもEメールの会社らしい。関羽@yesky.com というアドレスが書かれていた。以前は海淀路といっていた中関村から白石橋までを中関村大街と呼ぶようになったのは資本の力か。

北京大学は一九九八年に創立一〇〇年を迎え、いろいろ新しくなった。とりわけ変わったことは北京大学の赤門として有名な西門の門衛のニイさんが外来者を誰何しなくなったことであろう。昔はまず簡単には入れてくれず、根掘り葉掘りうるさかったものだが、フリーパスになった。でも、それならなんのためにいるのだろうか。門前の獅子と大差がない。

キャンパスの中では北京大学図書館が新しくなり、大仏殿になった。百周年紀念講堂もそうだが、なぜあんな大仰な建物を建てたがるのか。

北京大学留学生宿舎である勺園は昔とあまり変わらない。また新学期を迎え、多くの留学生のゆく人くる人を毎年見続けている。ただ、食堂の中心は長い間使われていた《勺園留学生餐庁》から新しく建った正大国際交流中心内のレストランに移りつつある。その一つである珈琲庁は夜十一時まで営業する韓国人経営の食堂兼喫茶店で、日韓の軽食も好評である。永年、日本人留学生のために貢献してきた《友愛亭》は健在であるが、最近オーナーが他で稼げるようになったため経営熱心でなくなったとか。新学期が始まったというのにまだ店が開かない。その代わり同じ構内に《満腹亭》という小さな日本料理屋が開店した。定食屋だが、店の人は親切で、留学生でその存在を知る人が多くなれば繁盛するだろうが、その前につぶれるかもしれない。ころはちょうど中秋、未名湖で見る満月はまた格別である。湖畔のベンチで月餅を食べながらいちゃつくカップル、合コンで盛り上がっている新入生集団と、北京大学の学生も時代とともに変わってきた。

キャンパスの周辺でもいろいろ変化が激しい。東門を出たところの路地に万聖書店という本屋ができた。この路地は不思議な空間である。周辺に《千鶴》というお好み焼き屋があり、向かいにはシーバスリーガルの看板を掲げたバーがある。その一角に文系の専門書しか置いていない店がある。名前から推して、本来はキリスト教関係の本屋だったかもしれないが、妙に知的な香りを感じさせる。大学の南は目下四環路という高速道路建設中の関係から掘り起こし作業が続いており、つぶれた店も少なくない。中国書店は健在だが、海淀図書城は怪しくなった。レストランでは《長征飯荘》、《小長城酒家》、《鴻賓楼飯荘》海淀支店、《夢路餐庁》などはふんばっているが、《太陽村酒楼》はもちろん《高麗亭》、《波士頓西餐庁》、《東来順飯荘》海淀支店、《全聚徳烤鴨店》海淀支店など、近代発展の犠牲になったのも少なくない。もっとも、《東来順飯荘》ははるか頤和園近くに移転して経営しており、《漢江酒楼》はチマチョゴリのおネエさんの呼び込みが復活した。知らないだけで、他で営業している店はまだあるかもしれない。

さて、最初の四日間の宿にした友誼賓館とその周辺に話題を移そう。友誼賓館は北京西北にある老舗ホテル。大学のキャンパスのような広大な敷地を持ち、五〇年代にソ連の技術者たちの宿舎にあてた関係から、バスタブが大きく、ロシア語の衛星放送が流れるのは、その名残りである。ちなみにロシア語のCMは、なんというかNHKのアナウンサーが親父ギャグを言うのに似ている。ホテルの奥には専家（外国人専門技術指導者）の住む公寓というアパートがある。アパートといっても、あてがわれる部屋はだだっ広く、広大な書斎があり、その奥に広大な寝室があり、さらにその奥にこれまた広大な寝室が控えている。たいていは単身赴任で来ている人が多く、また貸しをしないかぎり、今日はこの部屋、明日はあの部屋と寝室を変えても退屈さは変わらない。

専家食堂というのがある。文字通り専家のための食堂のことだが、日本料理屋と韓国料理屋が対等な店構えで経営する敷地の二階にそれがある。ごく普通のレストランだが、西洋料理と中国料理がこれまた対等なメニューで並んでいる。ここのウェートレスの採用条件は外国語ができることではない。必要なのは走り回る悪ガキに顔色を変えない忍耐力と可愛くない赤ん坊をほめる寛容力である。

　ホテルそのものについていえばとてもきれいで便利になったという印象がある。日本で出しているガイドブックでは友誼賓館は四ツ星八〇〇元となっているが、それは主楼（貴賓楼）であって、奥の分楼では五〇〇元くらいになる。友誼賓館はホテルの中にホテルがいっぱいある典型的な国営のホテルである。水は出る。便器もつまらない。言うことなしである。ちなみに友誼賓館を知らないタクシーの運転手がいる。北京周辺の地方から出てきた運転手が多くなったためであろうが、運転手の話す内容も方言が強くてよくわからないのでそんな時には携帯地図が必要である。

　友誼賓館の前に開店したばかりの《金翅鳥酒楼》という店に案内してもらった。日本語で「キンシチョウシュロウ」と読むと怪しげな店のように聞こえるが、淮粤料理（江蘇と広東）を出す正統派の店である。大ウナギのぶつ切りを醤油にからめた紅焼《ホンシャオ》河鰻《ハーマン》などなかなかの美味であったが、印象的であったのはそこで出された「燕京王」というビールである。中国のビールはもともとおいしいのが多いが、これは特別。日本のドライビールとは一味違う本格的ドイツビールの味がする。燕京ビールは北京一帯に強いシェアを持っており、「燕京王」のほか最近ではドライ、淡麗、黒といろいろなビールを売り出している。ただ、青島ビールが北京の五星ビールを吸収合併して北京に進出するそうで、燕京ＶＳ青島のビール戦争が始まるとか。もっとも、瑠璃廠付近の《青島匯泉海鮮大酒楼》という山東料理の本場の店で「極品青島啤酒」を頼んだが、栓を抜くと周りのガラスの破片が栓にくっついてきた。取り替えてくれるものと思っていたらそのビンの口をきれいに拭いてきて、例によって「没事《メーシー》（問題ない）」とのこと。そちらは〝没事〟でも飲むほうは〝有事〟である。「極品」というのは〝悪〟の字が間に抜けているのに違いない。そんなわけで、今回は《金翅鳥酒楼》のウェートレスの感じのよさも手伝って、断然燕京ビールに軍配を挙げることにする。

友誼賓館周辺で変わったことといえば、人民大学の前が整備されてバラック的な店がなくなったことと、そこに《星巴克》（スターバクス）ができたことであろう。これは本来アメリカのコーヒーチェーン店だが北京でも本格が飲める喫茶店として市内にいくつか誕生した。「今天咖啡」、つまり「本日のコーヒー」は普通九元、中一二元、大（大マグカップ二杯分）一五元で少し高めなため、昼間はまだ外国人が多いが、夜になると若者たちのデートスポットに早変わりする。モバイルパソコンを持ち込んではしゃぐカップルや右手にマグカップ、左手に紫煙をくゆらしてインターネットを楽しむミニスカ、ロン毛のおネエさんなど、共産党幹部養成目的に創られたはずの人民大学の老教授たちにはさぞかし感慨深いものがあるはずだ。

今回長期滞在の宿にしたのは、護国寺賓館という西単の北、平安里にある一泊二〇八元の〝高級〟ホテル。セミダブルベッドの部屋に対する占有率が大きく、万事狭いのが欠点だが、ほかは良好。コインランドリーがついているが現在は故障中。まあこんなものである。朝食は食券をくれる。中国式お粥が幅を利かせ、一貫して不動のメニューを誇る。食券に漢族と回族の区別があるが、肉もなにもないメニューなのにどう区別するのか。不思議なことだがなぜかコーヒーだけは本物だ。だが、悲しいことに中国人からは見向きもされない。

ホテルのサービスに盲人保健按摩なるものがある。全身按摩五〇元、局部按摩二〇元とある。夜になると若い女性の声で按摩要らんかという電話が時々かかってくる。声の調子はまじめなので、〝全身〟が高いのか〝局部〟が高いのかがわからない。

ホテルは新街口に近く、周辺は庶民的なにぎわいを示している。そういえばなぜか床屋が多い。あれここも床屋、あそこも床屋、数えたら一〇〇メートルくらいに一〇軒以上。これは怪しい。いたーっ!! 髪をブルーとピンクに染め上げたおネエさんたち。化粧がどぎつく、体形ははっきりいってプロレスラー。ガンつけられては困るのでそそくさ逃げるが、怖いもの見たさでもう一度行ってみると、彼女たちはまじめに〝理髪〟していた。

変化の激しい北京だが、胡同《フートン》（横丁）は昔の情景を残している。夕方になると、涼みがてらに外の腰掛で過ごす爺さん、その横を飛び跳ねる子供たち。「大小便厳禁」という壁の落書きも昔のまま。小便はまあいいとして、通りで立ち大便をする輩がいるんだろうか。麻雀をやる人もふえた。ところで点棒がないが……。ローン！ オヨッ、人民元が飛び交った。社会主義中国で、しかも衆目の場で公然たる賭博が見られるとは。誰が言ったのだろうか、麻雀は健康によいと。たしかに老人を元気にはするんだが……。

護国寺賓館の近くになんと《吉野家》があるではないか。《吉野家》はかつて東安市場にあったが、しばらくなりを潜めていた。現在北京にはいくつか支店があるが、ここはその一つ。ただ、おじさんたちが黙々と丼にかぶりついている日本の雰囲気とは少々異なる。若い女の子たちが元気よく接客し、客はカウンターで注文したものにその場でお金を払ってテーブルまで持っていく。まるで《麦当労》である。メニューには牛丼（「牛肉飯」）のほか、角煮丼（「東坡丼」）、焼鳥丼（「煎鶏丼」）があり、同じ一〇・九元で食べられる。牛丼の味はご飯が少し固めであるほかはあの「ヨシギュウ」である。紅ショーガもちゃんとついている。でもなんだか物足りない。そう、生卵がない。中国人は机まで食べるくせに（ホンマかいな?）、生卵だけは苦手なのである。客も若い女性やカップルが多い。

現代北京のCM状況について少し触れよう。洋服がデパートで山のように売られている。高級ブランドからバーゲン品まで、北京の人々の消費意欲をかき立てる。「男人穿紳士、女人愛紳士」。これは「紳士」というブランドのキャッチコピーである。訳すと「男は紳士を着る。女は紳士を愛する」ということになる。女は紳士を愛するのであって、〝紳士〟を着た男を愛するのではないと見たが、いかがであろうか。

「農夫山泉」なるミネラルウォーターの広告もよく目につく。「農夫」は天然、健康、安全のシンボルで環境にやさしい語感を持つ言葉として最近もてはやされている。これが「農民」になると途端に、ダサい、暗い、貧しいに変わってしまうのだから、毛沢東も草葉の陰で泣いていることだろう。

「非常可楽」という飲物がよく売られている。杭州の娃哈哈《ワハハ》集団が作っているコーラで「中国人自己的可楽」がキャッチフレーズである。決してアメリカ帝国主義文化を無批判に受け入れているわけではなく、これは中華民族が生み出した固有の飲料なのだとでも言いたいのだろうが、アヘン戦争の時のアヘンを外国から輸入するくらいなら自国で栽培したほうがよいという議論に似ている。それにしてもこの味はコカコーラのパクリである。「非常可楽」はどう訳すのか。「大変楽しい」。ちょっと平凡。「とってもコーラ」。なんだかわからない。この「非常《フェイチャン》」は〝FUTURE〟をもじったものだそうで、Future will be better のコピーが添えられている。それを信じる日本人は少なくなったが、中国人はどうなのであろうか。この十一月一日には第五次全国人口普査という国勢調査が挙行される。あけてビックリ一五億なんてことがなければよいが。

さて、再び餐庁に話題を戻そう。今回のイチ推しは朝陽門の近くの《阿凡亭》である。この店は最近多くなった新疆ウイグル料理屋の一つ。ガイドブックには「要予約」とあったが、なぜか予約なしでも入れた。予約席とは異なり、真ん中の硬いテーブルにクロスをかけただけの席に案内される。ちょっとガタガタするのはやむをえないか。店は新疆風に調度され、ウェートレスも民族衣装に身を包む。運ばれてきた羊肉串《ヤンロウチュアン》（シシカバブ）、檸檬烤牛肉《ニンモンカオニュウロウ》（牛肉のレモン焼き）やピラフなど、なかなかに美味である。舞台が始まった。踊りや楽器演奏など、こちらも本格的で、なかなかいい店を見つけた……はずだった。出し物が終わってしばし休憩かと思った矢先、ロック演奏が始まり、それとほぼ同時に真ん中の席にいた客たちがそのテーブルの上に土足で上がって踊り出したではないか。まさにお立ち台である。へそ出しキャミソールのおネエさんやぴちぴちジーパンに髪を肩までたらしたそれ風のおニイさんも出てきた。だんだん数が多くなる。そりゃそうと、踊りの振動がわれわれのテーブルまで伝わってきて、食器が飛び跳ねる。あとからわかったことだが、店の名刺には、「歌舞表演」

「民族音楽」「新派新疆菜」のほかに「卓上狂歓」Table Dancingがあり、これもまたこの店の売り物なのだ。毎晩二時までこれが続くのだとか。「要予約」の意味を初めて理解した。

最近こんな店があちこちでできたようだ。その草分け的な場所の三里屯酒巴街で実地調査した。三里屯酒巴街は二年半前にようやく注目されはじめた飲み屋街。ネオンにはさらに磨きがかかっていた。懐かしの店《男孩女孩酒楼》に入ろうとしたが、ロック音楽ガンガンの薄暗い中で洋酒に興じる中国人で超満員。仕方がないので、他の店を探すが、どこもいっぱい。「だんな、一〇〇元でいいコいるよ」とのたまうそのスジの執拗な誘惑を振り切って《爵士屋》に飛び込んでホッとする。三里屯はもうすぐ六本木になるかもしれない。

酒巴街は三里屯に限らなくなった。動物園の近くにもこうした飲み屋街が出現している。そのうちの一つ《海帆酒巴》に入る。やはり薄暗い店内でカクテルを楽しむカップルでいっぱい。学生アルバイト風の生演奏がある。どういうわけか中国の最新ヒット曲とオールドアメリカンポップスが交互に演奏されて若干の違和感があるものの、周りはそんなことお構いなしで盛り上がる。往年の米軍キャンプなんてこんなものだったかもしれないが、客の大半が若い中国人なのだから、「ここはどこ?」という気分になる。やはり二時まで営業だとか。かくして北京の夜は更けてゆく。

ところで、今回は懸案であった火鍋に挑戦することができた。というのも、餐庁情報の読者の一人から「この情報に火鍋のことが書かれていない。ひょっとすると山本さんは火鍋を食べてないんとちゃうか?」との鋭いご指摘を頂いていた。いやはや、お恥ずかしい次第で(何が恥ずかしいのかよくわからないが）、たしかに火鍋を食べたことがなかった。火鍋とは北京に数年前からはやりだした唐辛子鍋なのだが、第一なかなか一人では食えないし、北京には有名な涮羊肉（羊のシャブシャブ）があるのでついついそちらのほうに行ってしまうというのが大きな理由で、これまで食する機会がなかった。だが、その機会は意外なところでやってきた。《北来順飯荘》を護国寺賓館すぐ近くで発見してしまったのである。《東来順飯荘》は有名な涮羊肉の店。《西来順飯荘》、《南来順飯荘》もそれぞれ白塔寺近くや大柵欄にある回民料理屋であり、それらの存在は確認していたものの、《北来順飯荘》だけは見つからなかった。その嬉しさも手伝って思わず単独で飛び込んだ。《北来順飯荘》もまた涮羊肉が中心の店だが、新しい売り物に肥牛火鍋があるではないか。ここで退却しては一生後悔する。そこで、悲壮な決意の下、火鍋に挑戦するはめに至ったのである。

やがて運ばれてきた鍋は地獄鍋。ケチャップをドロドロに溶かしたような液体に鷹の爪がおびただしく浮いてグツグツいっている。肥牛がきた。肥牛とは「肥料にするくらいの牛」ではない。最近出現してきた「脂ののった牛」のことで、「河北の近代的な牧場で丹念に育て上げ、イスラーム教の様式にのっとって処理した上質の牛肉」というだけあってうまい。でも辛い。また性懲りもなく挑戦。うまい。でも辛い。レタスはスープを吸ってさらに強烈である。口から火が出る、顔から汗が出る。北京の人はこれを湿気の強い真夏に食べて暑気払いをするというが、たしかに手荒なサウナである。唐辛子は血行をよくするので健康によいというが、本当だとはとても思えない。

よせばいいのに羊肉をもう一人前注文する。ウェートレスはこの外国人、いったい何考えてんだろうとけげんな顔で注文に応じる。何も考えてない。取材だ。《北来順飯荘》まで来て羊肉を食べなかったとすれば、やはり北京に初めて来て長城に行かないようなものである。羊肉はやはり美味であった。ああ、涮羊肉にしとけばよかったという思いが一瞬脳裏をよぎったが、ルツボと化した胃袋が「人生何事も経験である」と諭してくれた。

北京最後の夜、一人で何を食べようか迷っていた。そういえば今回一四泊した護国寺賓館の餐庁は朝飯ばかりで一日も夕食を食べたことがないのに気がついた。義理は果たさなければならない。実は燕京王があるのを見つけ、もう一度それを飲みたいだけのことであったのだが。料理については今晩は控えめにと思い、木樨肉《ムーシーロウ》を注文した。定番の豚肉ときくらげ、卵の炒め物だが、運ばれてきたものにはニンニクの芽が一緒に入っている。一人前注文したところで、それを無視するかの量が出てくる。出されたものは食わねばならないという妙な義務感があり、一皿全部平らげたのが運の尽き、あのニンニクの芽はなにか覚醒剤でも入っているのか。腹はギュルギュル、目はランラン、明朝六時半出発だというのに全く眠れない状況になってしまった。昨日火鍋で痛めつけた胃袋がさすがに文句を言ってきた。彼にはすまないとは思いつつ、「人生何事も経験である」と諭すのだった。

6　老字号の興亡——北京餐庁情報六編　２００２

本編は二〇〇二年九月八日から九月十六日までの九日間の北京滞在体験に基づいて記したものである。その前年、日本では小泉内閣が発足し、瀋陽日本領事館問題など、日中間にギクシャクした問題が起こりつつあった時代であった。他方、二〇〇二年十月には胡錦濤が総書記に就任し、新体制が開始された。筆者はこの年から北京のみならず、江南にも並行して行く機会が多くなった。

南京から北京までの国内機に乗ったのは一九八四年以来である。中国民航の空中小姐《スチュワーデス》は質実剛健を特徴としていた。年齢もまた質実剛健であった。当時の日本往復の国際線はみなそうだった。ところが、この国内線は文字通りの「小姐」ではないか。しかもみな美人である。国内線は中国の幹部が利用するためだとの説がある。それゆえ今度もまたひそかに期待したのだが、それはむなしく終わった。幹部の特権が減少したためか、はたまた安全性の方を優先するようになったのか、いずれにせよ、これまた改革開放の賜物なのであろう。ちなみに最近空中小姐をはじめとするステータスの高い女性は「小姐」と呼ばれることを嫌うそうだ。「小姐」は本来若い女性に対する敬称として一般に用いられていたが、使いすぎによるインフレが生じ、いまでは「ネエちゃん」くらいの意味になっているとのこと。では、なんと呼べばいいのかといえば、「女士」だそうだ。これではまた中国のスチュワーデスが質実剛健だらけになってしまうと心配するのは筆者だけだろうか。

さて、そんなことを考えているうちに北京に到着した。まる二年ぶりの北京、今世紀になって初めての北京である。オリンピックを控え、さらにどんな変化が北京にあるのだろうか。以下、新たな気持ちで北京餐庁情報を記録していきたい。

まずは王府井大街の最新情報から入ろう。ついに北京飯店が新装開店した。八カ国連合軍が北京を占拠した一九〇〇年に開業、新中国建国後は北京を代表するホテルとして君臨してきた北京飯店は、八〇年代においては外国人商社マンや留学生に多くの便宜を供給してきた。たとえば、未明に北京に着いても、ここに来ればソファーで眠ることができた。国際電話をかけたければ、ここに来ればかけることができた。海外向け小包を出したければ、ここに来れば出すことができた。日本食を食べたければ、ここに来れば曲がりなりにも食べることができた。洋食を食べたければ、ここに来れば中華風だったら食べることができた。水を飲みたければ、ここに来ればなぜかウィスキーの空き瓶に入った湯冷ましを飲むことができた。要するに、このホテルでしかできないことがいっぱいあった。それゆえ、外国人は北京に来るとまずこのホテルに来て、たまった用事を済ませるのであった。このように北京飯店はまさしくコンビニホテルであった。しかし、寄る年波、北京飯店も老いてきた。外資系の立派なホテルが北京中にたくさん建てられ、さしもの北京飯店も「これでよく五ツ星だといえるな」との陰口をたたかれるようになった。二〇〇〇年のオリンピックを見込んで整形を試みたが、見事失敗。しかし、再び巡ってきたオリンピックが彼女を奮い立たせた。そして、最後の賭けに挑んだのがこのたびの大整形手術だった。結果は……⁉　まあ、成功したのではなかろうか。フロントをはじめとして、オンボロさはずいぶんと解消した。ただ、憩いの場所であった珈琲庁がなくなってしまったのはまことにさびしい。ちゃんとした日本食が安く食べられた《五人百姓》はどこに行ったのだろうか。場所は全く違ったところに移ったとはいえ、《五人百姓》は健在だった。トンカツ定食六〇元も昔のままであった。この店はやはり北京飯店にはなくてはならぬ存在である。

さて、北京飯店の向かいもまた大変身を遂げた。《麦当労》を壊した跡地に築いた「東方広場」と称するショッピングプラザは二年前ではまだ完成したばかりで十分なテナントが入っていなかった。しかし、いまやまるで昔からあったかのように多くの高級店が軒を連ねる。《星巴克》のカフェやフジカラーのプリントスタジオも違和感なくそこにある。THE MALLS AT ORIENTAL PLAZA なんて横文字を見ると、ここが北京であることを忘れそうになる。トイレはもちろん「ニイハオトイレ」ではなく、トビラがある。それどころか、紙つき、洋式水洗なのである。清末の思想家厳復は一〇〇年前に、「ああ、今日の時世をみるに、恐らく秦以来これほどの激変はなかったであろう」と嘆いているが、厳復はいまの世に対してはいかなる感慨を抱くことか。

新東安市場も相変わらず繁盛している。吹き抜けのフロアでは超ミニスカートのキャンペーンガールが電化製品の売込みに精を出す。その上には「熱烈祝賀新東安市場栄獲九十年代北京十大建築」の垂れ幕が掲げられている。「九十年代北京十大建築」とは何か。新東安市場のほかに何を挙げるのだろうか。とにかく大建築がいっぱいあって即座には答えられない。中秋が近いとあって地階では月餅が盛んに売られているが、老舗の餐庁が店を連ね、さながらのれん街のようであった。時世の激変はさらに続いていく。

もっとも、王府井にはこうした状況下でもまだ生き残っている老舗が少なくない。書画の北京画店、印刻の承古斎、靴の同陞和、写真の中国照相館などはその代表格である、もと十大建築の一つであった北京第一百貨大楼はたしかに古いが妙な風格がある。他方、餐庁でも北京ダックの《全聚徳烤鴨店》、包子《パオツ》の《狗不理包子舗》、涮羊肉の《東来順飯荘》、山東料理の《萃華楼飯荘》などがんばっている店が多い。広東料理の《香港美食城》もこの本店は繁栄している。目の前の東安門大街には夕方ともなると美食坊夜市が一〇〇軒以上の屋台を連ねる。だから高い金を取る《香港美食城》で出すものが屋台と同じ味だったら、そりゃまずかろう。屋台といえども侮れないのが中国なのである。西洋料理の《凱旋西餐庁》は筆者の予想に反して大健闘している。時代の波に乗って生き残れる可能性を見つけ出したのは、なかなかたいしたものである。

『城市指南（CITIGUID）』（中国商業出版社、二〇〇二年）が出版されたことは注目される。北京の街の情報を包括的に伝えるガイドブックで、そのうちの『吃在北京』では約一二〇〇の餐庁の所在、費用、予約の要不要等の単なる情報を載せるだけでなく、それぞれについての味、雰囲気、サービスなどを辛辣にコメントする。たとえば、山東料理の有名な老舗として一世を風靡した《正陽楼飯荘》の記事である。一番左のホークマークは味を、家のマークは雰囲気を、ニコニコマークはサービス態度を、巾着《きんちゃく》は一人当たりの経費（元）を指す。また、★が一つは「耐えられる」、二つは「普通」、三

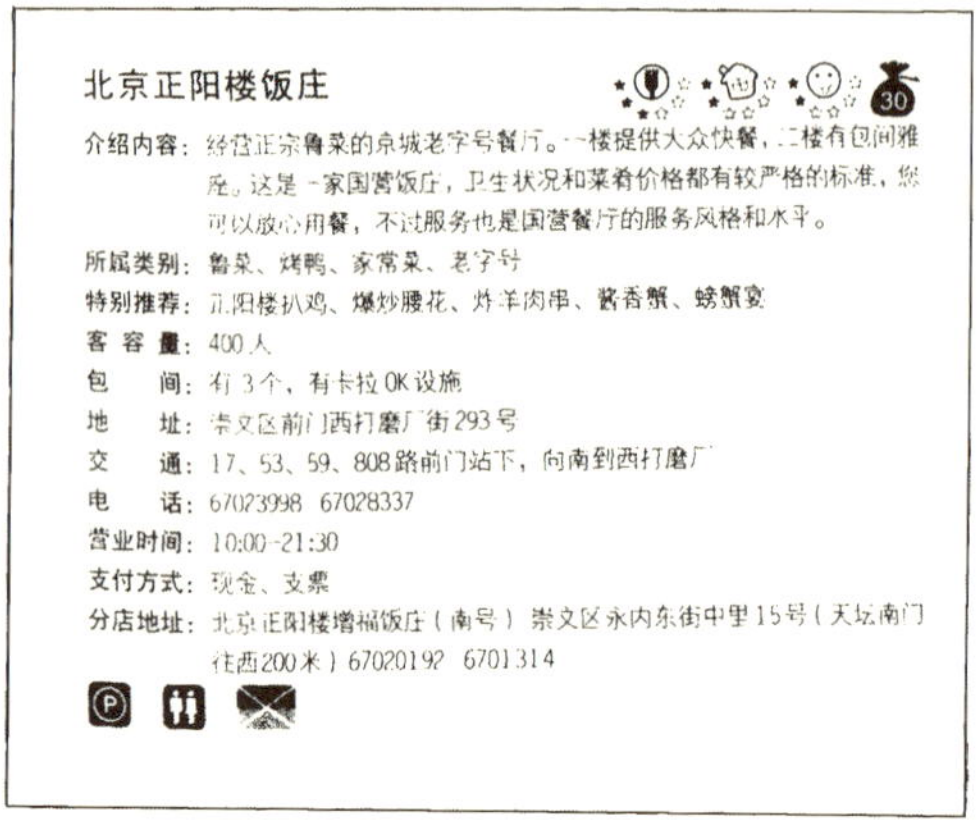

北京正阳楼饭庄

介绍内容：经营正宗鲁菜的京城老字号餐厅。一楼提供大众快餐，二楼有包间雅座。这是一家国营饭店，卫生状况和菜肴价格都有较严格的标准，您可以放心用餐，不过服务也是国营餐厅的服务风格和水平。
所属类别：鲁菜、烤鸭、家常菜、老字号
特别推荐：正阳楼扒鸡、爆炒腰花、炸羊肉串、酱香蟹、螃蟹宴
客 容 量：400人
包　　间：有3个，有卡拉OK设施
地　　址：崇文区前门西打磨厂街293号
交　　通：17、53、59、808路前门站下，向南到西打磨厂
电　　话：67023998　67028337
营业时间：10:00-21:30
支付方式：现金、支票
分店地址：北京正阳楼增福饭庄（南号）崇文区永内东街中里15号（天坛南门往西200米）67020192　6701314

図 14 『城市指南』のコメント

つは「良い」、四つは「とても良い」、五つは「きわめて良い」、そして六つは「完璧に近い」ということになる。ということは、《正陽楼飯荘》の場合、あまり良くないというわけだ。さらに次のようなコメントがつく。「この店は国営レストランであり、衛生状態と料理の値段にはともに厳格な規準があるので、安心して食事ができる。しかし、サービスもまた国営レストランの風格と水準である」。こういったミシュラン的なものが出ることは、これまで親方五星紅旗であった中国ではまさに画期的な出来事だ。

いまさら海淀・中関村の変化については書くまでもないが、建設途中であった北四環高速道路が開通し、電脳ビル群もついに完成した。それにともなってこの付近一帯の景観もずいぶんと変化した。北京大学の東南門周辺では大学の土地を借りて経営していたブティックとか餅屋とかの個人経営店が一掃された。同時に向かいの《小長城酒家》、《長征飯荘》、《必勝客》など七年前には繁盛していた店も消滅し、跡地は公園化されてしまった。海淀図書城一帯の店も大きく様変わりした。清真料理の老舗である《鴻賓楼飯荘》の海淀支店も店じまいしたようだ。

新世紀になった北京の街の印象を一口に言えば、服務員はより親切に、システムはより能率的に

なったということに尽きる。少なくとも二〇年前には「親切な服務員」と「能率的なシステム」は北京には存在しなかったのだから、これはもう「時世の激変」である。店に入れば「歓迎光臨《ホアンインクワンリン》（いらっしゃいませ）」、ものを買えば「謝謝《シエシエ》」は当たり前。二〇年前であれば三〇〇日で一度聞ければいいほうだった。郵便局では日本よりも民営化が進んでいる感じがした。どこでも海外向け小包が出せるようになった。出し方を教えてくれる前に局員が勝手にやってくれる。完了した時、「歓迎再来《ホアンインツアイライ》（またいらしてね）」と言われた。これは言いすぎである。写真の現像も実に簡単になった。一五元の現像代で六〇分待てば同時プリントができる。使い捨てカメラは三〇元で購入できる。街のあちこちにカメラスタンドがあって、若いきびきびした従業員たちが対応する。北京もまた近代都市になろうとしている。

今回は前述した通り、北京の老舗餐庁の現状を調査することに目的の一端があったため、食事は老字号の称号がつくところを主とした。S氏が取材に同行するはずだったが、あいにく体調を崩してリタイヤしたため、単独で実施しなければならなかった。餐庁調査の何が難しいかといって一人で何品も試せないところである。いやはや、いきなり戦力を欠いたとはいえ、文字通り孤軍奮闘し、それなりの成果はあったと思う。

最初の標的は北京飯店七階にある超高級餐庁として名高い《譚家菜》であった。清末官僚の譚宗浚の家伝料理をいまに伝えるこの店は日本でいえばさしずめ吉兆のようなものである。そんな店に一人で飛び込もうというのである。さすがに少々びびって、「夜はやっぱヤメトコ。昼だったらランチがあるかもしれない。まっ、いざとなったらクレジットカードがある」とあれこれ思いをめぐらしながらエレベータに乗った。だが案ずるより産むが易し。満洲女官の格好をしたウェートレスがにこやかに迎えてくれ、一人でもよいかの問いに「歓迎光臨」で店の奥に通された。だが、次なる関門はメニューである。おうおう、一品一〇〇〇元とか二〇〇〇元とかがあるぞよ。こういうものは見なかったことにして、次のページをめくると、なんと伝説のスープ佛跳墻《ホーチアオチアン》があった。しかも嬉しいことにサービス期間メニューとして「迷你《ミィニィ》佛跳墻」九六元という値段も量もリーズナブルなものがあるではないか。あまりのおいしさに修行中の仏僧も禁断の垣根を飛び越えてしまうということにその名が由来するこのスープは、恥ずかしながらその存在さえ知らなかったのだが、知ったからといって簡単に味わえるものではなかった。それを《譚家菜》で試せるのは超ラッキーというものだった。

次なる標的は《豊沢園飯荘》に定めた。一九三九年開業の正宗山東料理の店で、店名は清朝皇帝の豊年を祈念する場所であり、毛沢東の長期居住所だった場所に由来する。建国以来党と国家の要人に供する宴会場として使われてきたが、ある事件がその名を世界的に有名にした。それは二〇年以上も前のことになるが、王磊《おうらい》という大臣が高級公用車「紅旗」でこの店に乗りつけ、食事の代金を払わなかったのを、党員のコック陳愛武に暴露され、平謝りさせられたことだった。当時、こうした告発はきわめて珍しいことであり、その出来事は《豊沢園飯荘》がそれまで幹部たちのたかりの場であったことを如実に示す結果となった。ただ、それにもめげず現在は中外合資のホテルに成長し、餐庁はその中に含まれることになった。前述の『城市指南』では「実際のところ、《豊沢園飯荘》のサービス水準はその料理の味とかなりの差がある。これは恐らく国営態度の通弊なのであろう」と酷評されているが、ナマコの味はおいしく、店員の態度もそれほどではなかった。

もう一つぜひ紹介したいのは《烤肉季飯荘》である。什刹海に臨む風光明媚なロケーションに恵まれたこの餐庁はモンゴル焼肉の店として有名である。昔は大きな鉄鍋を囲んで自分で焼くやり方だった。七年前は修復中。それを知らずに探し回り、もっと怪しげな焼肉屋に入った覚えがある。現在は修復が完了し、立派な店になった。また、肉は店で焼いてくれるようになった。烤羊排《カオヤンパイ》という羊のバラ肉のあぶり焼きは絶品である。特級技師鄧首璽さんが作った滑溜木須《ホアリュウムーシー》（肉と卵のとろみ炒め）もおいしい。なぜ彼が作ったかがわかるかといえば、皿にその名を記したメモが付されているからである。服務員の態度もよい。雨にぬれて店に入ったところ、あいにく席は全部埋まっていたが、それならちょっと待ってといわれて、水槽の前にテーブルを出してもう一つ席を作ってくれた。この味とこの優しさゆえに今回の老舗餐庁の第一に推奨する。


さて、そんなわけで今回は新規開拓した店は少ない。とはいえ、探せばあるもので、その中から二軒の推奨店を紹介したい。

まずは《孔乙己酒楼》である。魯迅の小説の名に由来するこの店は古き時代の紹興を思わせるインテリアとおいしい紹興酒を供する店として二年前に開店して以来とりわけ日本人に人気を博してきた。夜七時に行ったところ、入口に置かれた大きな白磁の魯迅の胸像を見ながら三〇分待たされることになった。客は大使館員や商社マンなど日本人で満員。でも店員はみな元気で感じがよい。紹興酒は五年もの一斤で三〇元。独特の容器で登場する。一口飲めば全身にしみ込む。茴香豆《ういきょうまめ》をつまみにすれば、うらぶれた知識人崩れの孔乙己《コンイーチー》の心が少しは理解できるというものだ。などと感慨に浸っていると、留学生とおぼしき日本の若者数人が前に座った。そしていきなり飯を食べはじめたではないか。ここに来て紹興酒を飲まないでなんとすると思ったが、彼らは酒をおろか、飲み物をなにも注文しない。ただひたすら飯を食べている。「飲食合作」、そんな言葉はなかったかもしれないが、中国では食事の際に酒（または飲料）と飯はセットになっているものではないのか。彼らに文句も言えないので、くだんの感じのよい店員にそのことを告げたら、彼女いわく「そう言うお客さんは主食を注文しないじゃないですか。第一、一人で飲みすぎよ」と。まっ、物事はなんでも相対的なものである。

もう一軒は《龍爪居》である。故宮西華門付近に新しくできた軽食店で、「羊大爺涮肉」の大きな文字の看板が目印になっている。この店の支配人の名を「羊小君」というそうだ。彼は羊料理に御執心なので、この名をつけたとか。実際は麺とか餃子とかの軽食がおいしい店で、北京炸醬麵《ペイジンジャージアンミエン》（五元）はなかなかいける。現代的なセンスが感じられる店である。ちなみに、あるガイドブックにはこの店が紹介されているが、名前は「龍瓜居」になっており、地図には「能瓜居」として載っている。もちろんこれは龍の爪でないと意味がない。これではまるでこの店が「能ある龍は爪隠す」とでも言いたいかのようである。

この手のきわめつけはもう一つのガイドブックである。そこには若い女性の写真が載っており、「五福茶芸館北三環店のスタッフの实习生さん」として紹介されている。「实习生」を日本の漢字に変換すると「実習生」になる。なんか変である。別なページでは「スタッフの張さん」とか「スタッフの楊さん」とかで表現している。ということは「実習生」をひょっとしたら名前とまちがえたのではないか。なるほど胸には「实习生」という名札がある。それなら日本にだって春先には同姓同名の人がわんさかいるぞ。編集者は取材していてあちこちに同姓同名がいることに気がつかなかったのだろうか。

博物館の話を二つばかり述べる。一つは中国歴史革命博物館である。歴史評価が定まらないためか、全面公開が遅れている。歴史博物館の方で「珍蔵特展」をやっているにすぎない。革命博物館に至っては「中国蠟像（蠟人形）展」なんかをやっている始末である。この蠟人形展はそれなりにおもしろく、毛沢東と鄧小平はよく似ている。写真を撮ろうとしたらダメだという。それは蠟人形と一緒に撮ったプリクラのような合成写真を売店で販売しているからであった。選択肢は二つ。一つは毛沢東、鄧小平、江沢民の三人が本人を囲むもの、もう一つは本人の後ろに毛沢東と周恩来の二人が立つもので、いずれにせよ濃い面子であることに変わりはない。どうせなら毛沢東と劉少奇とか、ずらっと四人組なんてのもあれば人気を博すのであるが、そういう危険はあえて冒さないのだろう。一瞬触手が動いたが、土産にもって帰ったらみんなから馬鹿にされそうなのでやめにした。惜しいことをした。というわけで、歴史博物館と革命博物館は目下全く機能していない。

中国人民革命軍事博物館にも久しぶりに行ってみた。天安門事件の際に群衆に焼かれた戦車がまだ自慢げに展示されていることをひそかに期待したが、さすがにそれは撤去されていた。昔は人民解放軍が独自に開発した武器がほとんどなかったものだから、展示物はといえば日中戦争の際に日本軍から奪ったもの、国共内戦の際に国民党軍から奪ったもの、朝鮮戦争の際にアメリカ軍から奪ったものの三種類であった。まだゼロ戦の本物が展示してある。日本人の物知りがいて、ゼロ戦は海軍機だから中国戦線には参加しておらず、したがってこれは撃ち墜されたものではないと教えてくれた。ところがどっこい、わが研究室一の軍事オタク、東洋史の江畑謙介といわれる院生M君の話では中国戦線に加わったゼロ戦もあるという。専門家の話は傾聴に値する。

今回の根城にしたのは崇文門飯店である。北京駅に近い地下鉄崇文門駅のすぐ近くで、新僑飯店の向かいにある。いつもよく利用する友誼賓館は四ツ星で一泊四三六元なのにたいし、このホテルは三ツ星にもかかわらず一泊四八〇元。街の中心にあり、地下鉄でほとんどのところに行ける魅力は捨てがたい。このホテルには《馬克西姆餐庁》が入っている。「馬克西姆」を見て「マルクスのお手伝いさん」とはどんな店かと思ったが、マルクスは「馬克思」であって「馬克西」ではなかった。この店は〝マーカーシイム〟と発音して「マキシム」と読ませる。つまり、かの有名な《マキシム・ド・パリ》である。

北京の街に日本人の団体旅行者をほとんど見かけなくなった。瑠璃廠の外国人団体旅行者といえば欧米人ばかりである。バブルの時はどこに行っても日本人客であふれていたのに、長らく続く不況は中国の観光客層を変えてしまっている。これはまた中国にとっても痛手なのである。友誼商店のおばさん店員は筆者が日本人だと気づくと、次のように言った。「あなた、なんとかして景気をよくして日本人のお客いっぱい連れてきてよ」。景気を回復させるべき大臣は同じ大学に籍を置くとはいえ、筆者では断じてない。

7　ＳＡＲＳを乗り越えて――北京餐庁情報七編　２００３

本編は二〇〇三年十一月十九日から十一月二十六日までの八日間において北京に滞在した体験に基づいて記したものである。この年の春、中国では新型肺炎ＳＡＲＳが大流行し、中国への渡航が大幅に制限された。また、秋には有人宇宙飛行船「神舟五号」の打ち上げに成功し、中国のナショナリズムを一段と高めることになった。経済では年八・五パーセントの驚異的な成長率を示した。

二十一世紀になってから二度目の北京餐庁情報をお届けする。前回北京に行ったのは昨年の九月である。その間、ＳＡＲＳが大流行し、中国行きが足止めされていたわけだが、筆者も国内の仕事で足止めされ、個人としてはなんら支障なく、うれしい？ことに労働の日々が続いていた。ちなみにＳＡＲＳは中国語では「非典」という。「典型的な肺炎に非ず」ということがその由来だそうだが、いつものようにウィットにとんだ名訳ではないのが残念だ。それだけ中国に与えた影響が深刻だったということか。ちなみに一躍有名になったハクビシンはいまどこかで食されているのだろうか。日本でもフグの肝を好む命知らずがいるのだから、命よりも食を大切に思う中国人がいてもおかしくはない。

今回の主役は院生のＭ君である。Ｍ君は本年九月より北京師範大学に留学している中国古代史を専攻する博士課程生である。考えてみれば、卒業生をも含めた慶大出身の人たちを留学先に慰問したのは、これまで結構な数にのぼる。数えれば一二名、訪問先も北京、上海、天津、南京、台北、それにクアラルンプール、ソウル、ロンドンと、われながらよく出かけたものである。

十一月の北京は、予想に反して結構寒かった。日本はまだ秋である。ところが北京に降り立ってみれば、なんと摂氏二度。もう積雪を体験したようで、空港の片隅にはまだ溶けきっていない雪が残っていた。

今回、空港やその施設については特段変わったところはなかった。ただ、ＳＡＲＳ予防のためか、これまでフリーパスだった検疫のチェックが厳しかったのが印象的だった。ＳＡＲＳの痕跡は基本的になくなったといってよい。マスクをつけている人も見かけなくなった。しかし、「天寒病起、非典防！」なる横断幕は掲げられていた。さしずめ「天寒く非典肥ゆる冬」なのだ。オリンピックを控えた中国にとってはこんな病気、二度と流行してほしくないと思うだろう。

空港から市内までのリムジンバスはずいぶん便利になったが、バス代一六元は変わらぬ魅力である。タクシーを使ったら軽く一〇〇元を超えることを考えるとなんと安いことか。バスの中ではモバイルパソコンを打つ人、ケータイをかけまくる人、着メロにアメリカ国歌を奏でる人、この辺はご時世であるといえるが、「人民中国」もかくも変われば変わるものになってしまったかの感がある。

今回の宿泊の基地にしたのは崇文門内の新僑飯店。前回同じく崇文門の外にある崇文門飯店に泊まった時、すごく高級に見えた四ツ星ホテルである。スイスのノボテルとの提携ですっかりきれいになった。今回もまた家内から「怪しげなホテルに泊まったら承知しないわよ」との厳命を受けていたため、かくなる次第になったのだが、旧館はまだ一泊五〇〇元で泊まれることが判明した。なんとFAXが打てる。ということは、日本からもFAXが届く。某出版社から雨アラレのようなFAXが東シナ海を飛び越えてくる。「いやー、ちょっと外国に行ってたもんですから」はそば屋の出前同様に通じない世の中になってきた。新僑飯店にはなぜか特別の思いがある。二〇年前に留学した時、北京飯店とともにこのホテルは日本企業の駐在員の常宿であった。後年、常宿は国際飯店に移り、さらに長富宮飯店に移ったため、新僑飯店はいまではその機能を失ったが、その名残はまだあり、日本人には友好的で、かつ日本料理店がそれなりの役割を果たしている。また、この裏通りは東交民巷といって、かつて義和団が襲った大使館が軒を連ねていた。開発の進む北京にあっては珍しく往時の雰囲気を残す場所でもある。天安門広場や王府井に歩いて行けるのがとてもよい。

北京に着いたその日にM君と待ちあわせて、夕飯を食べることになっていた。その夜の気温も摂氏二度である。要するに寒い。寒ければ、行く店は決まっている。そう涮羊肉である。ならばなかなか行けない店がよいということになり、白塔寺前のシャブ通りにある《西来順飯荘》に行くことにした。《西来順飯荘》は一九三〇年創業の老舗餐庁であり、《東来順飯荘》と北京の涮羊肉の人気を二分する店である。ところが、店のあるべきところに店が存在しない。しばし徘徊したあと、その店はつぶれていたことがわかった。ちなみにその付近にあった同じく涮羊肉で有名な《能仁居》も姿を消していた。日本のガイドブックではまだ存在しているが、それに騙されると無駄足を踏むはめになる。

《西来順飯荘》はなくなってしまったし、《能仁居飯荘》もどこに行ったかわからない。でも涮羊肉を食いたい。その執念は、東や西がダメなら南があるではないかとの発想につながった。《南来順飯荘》もまた一九三七年創業の老舗であり、大昔に一度だけ行ったことがあるが、《西来順飯荘》とは対極で、北京市内のはるか南に位置する。そこにタクシーを飛ばしてわざわざ行こうというのだから、まあ、われながらよくやると思う。と、ナルシズムに浸っている間に店に到着した。往年の雰囲気とはがらりと異なり、すっかりメジャーな店となっていた。なにせ大きい。こんなに客席を設けて大丈夫かと思うほど、たくさんの席があり、しかもそれなりに客が入っている。この店、本来は清真料理店で、小吃がおいしいのであるが、初志貫徹、シャブシャブを注文することにした。羊肉ももちろんのこと、南来牛肉《ナンライニュウロウ》（一人前三六元）もまたなかなか捨てたものではなかった。北京でおいしいものにありつこうとすれば、まあこのくらいの苦労はまだ序の口である。

北京の街はさすがに建築ラッシュも一段落し、景観が激変するようなことはしばしばなくなったかのようではあるが、小異がないわけではない。地下鉄はさらに延びる予定である。道路も前に比べると格段と広くなった。道路拡張に伴う強制立ち退きも結構やっているようで、建国門外の貴友百貨店前に「中華人民共和国憲法では人権が保障されている」といった強制立ち退きに抵抗する垂れ幕がぶら下がっていた。ただ、交通渋滞は相変わらずで、最近ではマイカーを持っている人がふえた分、いくら道路を拡張しても、それに追いついてない。中関村から王府井までタクシーで九〇分、五七元を要した。またまた新記録である。早く中関村まで地下鉄を引かないと、北京大学は陸の孤島になってしまう。

もっとも人民の生活はさほど変化の感じられないところもある。地下鉄のシステムは旧態のままであり、一律三元の料金をたいてい三人はいる切符売り場に差し出すと、切符が手渡され、それをもって反対側の改札に行き、なぜか二人いる係員の一人にそれを渡すと、そのまま切符は握りつぶされてしまう。こんなことをいまだにやっている。均一料金であれば改札は無人化が可能であると考えるのは正真正銘の日本人である。でも無人化すると、その途端に計五人が失業してしまう。中国に来ると「合理化」とは何かを改めて感じさせられる。

北京の人もいまではずいぶん信号を守るようになった。以前は「赤信号、みんなで渡れば青信号」の論理がまかり通っていたが、最近は一変した。もっとも、気のせいか地下道が多くなったようだ。これはやはり信号を守らない人が死ななくてすむための配慮なのだろうか。はたまた善良なタクシードライバーに不幸な殺人の罪を犯させないための配慮なのだろうか。

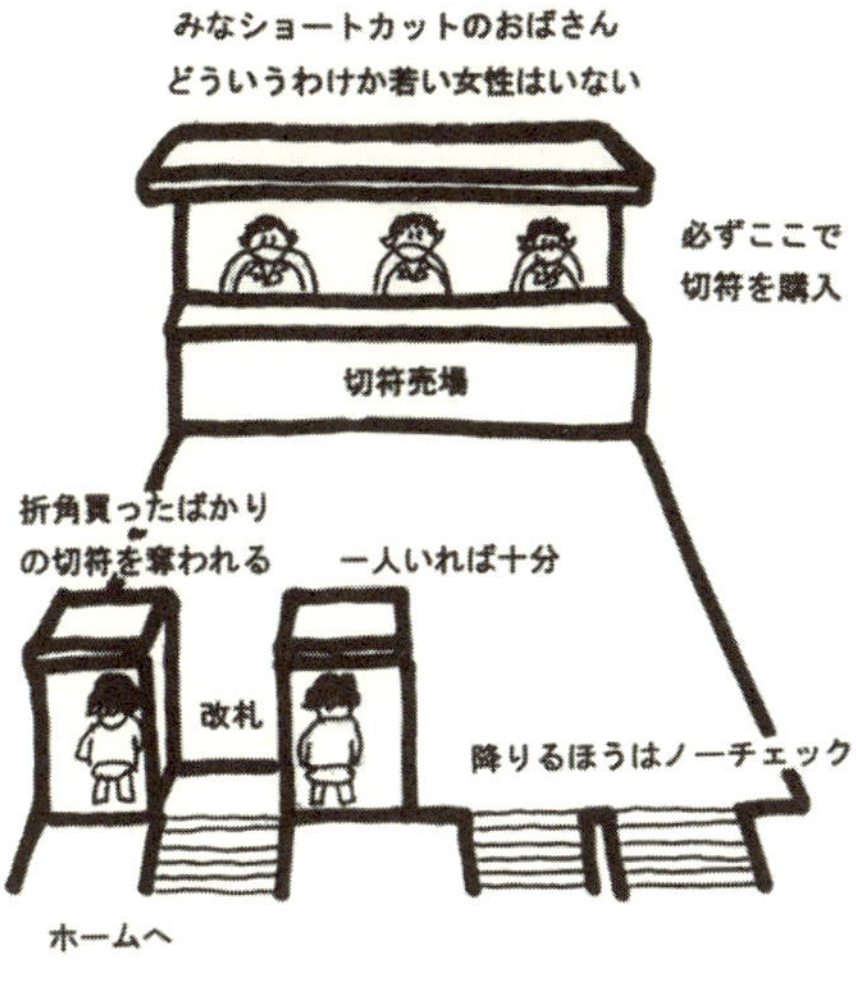
みなショートカットのおばさん
どういうわけか若い女性はいない
必ずここで切符を購入
切符売場
折角買ったばかりの切符を奪われる
一人いれば十分
改札
降りるほうはノーチェック
ホームへ
図15　地下鉄改札風景

王府井がますます美しくなった。その象徴である北京飯店はさんざん「老女の厚化粧」との酷評を受けながら、中国五〇〇〇年の回春秘薬と整体術の効あって、華麗なる五ツ星美女に大変身してしまった。さすがに客層も違う。若い女性はみな一八〇センチメートル以上の九頭身である。と思ったら、このホテルでミスユニバースの予選会が開かれているとのことだった。いくら北京飯店だといっても、そんなわけはない。

王府井のカトリック教会である東堂もリニューアルした。十七世紀に創設され、かつては立派な教会であったが、義和団に襲われ、紅衛兵に壊され、しばらくは閉鎖状態が続いていた。それがすっかり整備され、内側が一般公開されるようになった。

商務印書館も涵芬楼書店として生まれ変わった。商務印書館は一八九七年に上海で創業した書店の老舗であり、印刷業を主体としたことからこの名がある。のちに教科書やいわゆる硬派の出版物を主力に発展した。「涵芬楼」は当時付設され、上海事変で焼失した東方図書館の蔵書名にちなんでいる。一九八〇年代、この店はライバルである中華書局とともに王府井大街に仲良く軒を連ねていたが、ともに次第にみすぼらしくなった。今回の新装は北京にもう一つ硬派書店が生まれたことを意味する。

東安門大街の名物屋台もまた小ぎれいになった。もともとは漢族や回族のいかにも怪しげなオジさんたちが店を出しており、出し物も怪しげなら、客も怪しげ、だから屋台の魅力があったのだが、最近はどうも観光スポット化してしまい、なにからなにまでキレイキレイ。オジさんたちの身なりもよく、どうもヤラセのようである。ヤラセといえば王府井小吃街である。王府井大街の横道にこの入口があり、中に入ると庶民的な小物雑貨の店でいっぱいのゾーンがある。いわば銀座の横丁にこんな場所があるようなもので、シチエーションがきわめて不自然。あらら、なぜかイカ焼やタコ焼の店まである。王府井で買い物をした団体観光客が集合時間までの間にちょっと立ち寄るにはまことに都合よくできているのは不思議なことではあるまい。

今回もまた前回に引き続き餐庁は老舗を中心に攻略した。まずは《正陽楼飯荘》を紹介しよう。この店は一八四三年の創業にかかる北京を代表する、老舗中の老舗である。「焼肉シャブシャブの正陽楼、三杯の酒で憂いを晴らす。幾代かの興亡、この楼においてあるも、善悪どちらにしても大物になった者は誰もいない」とある竹枝詞（土俗を題材とした古民歌）にも歌われ、京師八大楼の代表格たる羊肉料理店であった。羊肉料理店はたいてい回族が経営することが多いが、ここは漢族が経営する山東風味の店である。そのためシャブシャブのスープにラードを用いるなど、大教（儒仏道教）の人々の歓迎を受けて発展したという。ところが、最近はどうも振るわない。前門大街の入口という、ロケーションとしては実に一等地にありながらパッとしない。二〇年前からその兆しがあったが、最近ではとみにひどくなった。

図 16　正陽楼飯荘

以前にも触れたように、中国のミシュランガイドである『城市指南』には、この店のサービスはやはり国営の風格と水準のままであると酷評されている（六編参照）。概観も写真のように新興の《美国加州牛肉面（麵）大王》に母屋を取られそうな勢いである。まさに「西風が東風を圧倒する」時代である。

しかして、実態はどうであろうか。二階に上がると一応はそれらしき店があり、老舗であることを全面に謳っている。ここでは上記の羊料理の他、北京ダックや山東料理もあり、いわゆる「京菜」がすべて食べられる。北京料理が一堂に食べられるのは都合がよい。北京ダックの味は《全聚徳烤鴨店》や《便宜坊烤鴨店》とはちょっと異なり、地味ではあるが老舗の味を感じさせる。で、サービスのほうはといえば、うううーっ、むべなるかな「国営」。最近の旅行ガイドブックでは見放された感がある「ちょっと危ない老字号」の代表店である。

同じ山東料理でも《萃華楼飯荘》の方は結構はやっている。一九三〇年の開業で、山東八大楼の筆頭に挙げられた。現在でもその地の利を生かし、コックも特級をそろえているため、味はとてもおいしい。今回ここでは、紅焼全家福《ホンシャオチュエンジアフー》と龍珠餃《ロンチュウジアオ》を注文した。前者はいわゆる八宝菜であるが、イカ、ナマコ、エビ、鶏肝、大腸……なぜか五宝しかない。だが味は醬油が利いた、いかにも山東の八宝菜といったものだった。後者はテトラ型の三角の蒸し餃子。まあ、こんなところか。

《来今雨軒飯荘》にはまだ行ったことがなかった。かつての社稷壇にあたる中山公園の中にあり、優雅な雰囲気を残すこの餐庁は、一九一五年の創業になる。店名の由来は杜甫の詩にちなみ、今雨（新しい友）も一堂に集う軒ということから来ている。現在は紅楼菜といって紅楼夢の宴会を模した料理を出すので有名である。一人ではもちろん紅楼菜に挑むべくもないので、昼間でもあり、滑溜肉《ファリュウロウ》と三鮮湯《サンシエンタン》を注文した。三鮮湯は八元と安かったにもかかわらず、イカ、ナマコ、エビなどが入った本格派のスープ。洗面器いっぱい来るのがタマにきずである。他のメニューに阿拉斯加《アラスカ》深海魚（一斤四八元）というのがあった。この食材は紅楼夢とどこでどう関係するのか。味については次回複数でやって来て再度確かめたい店ではある。

《松鶴楼菜館》は新橋飯店の近くにある蘇州料理店。蘇州の本店は乾隆年間の創業にかかり、いまに至るまで二二〇年以上の歴史がある。ただ、北京での開業は一九八四年と比較的新しい。この店のよいところは朝六時半から朝飯を食べさせてくれるところで、新橋飯店の高い朝飯に比べれば格段においしくて安い。水餃子などは二〇元で三二個も出てくる。朝からあまり無理をしないほうがよい。ウェートレスは？という質問はしないでほしい。わかってると思うけど、〝国営〟である。

北京老字号巡りはそれなりにおもしろいが、新規に店を開拓する努力も怠ったわけではない。今回自信をもって？紹介するのは二軒である。

まずはじめは《天華毛家菜館》。いわゆる毛沢東の好んだ湖南料理を出す店の一つであるが、先だって日本の新聞紙上で紹介されて日本人にも一躍有名になった。なんでも毛沢東のお抱えコックであった韓阿冨氏が会長を務め、毛沢東の娘や生活秘書など多くの関係者が絡んでいることが売りの店である。入ると金ピカの毛沢東の胸像を安置した祭壇がしつらえてあり、さながら神様のようだ。毛《マオ》氏紅焼肉《シーホンシャオロウ》や乾炸臭豆腐《カンチャーチョウトウフ》など、この店ならではのものが食べられるが、ウェートレスの態度がいまひとつ素っ気ない。『城市指南』には「料理は味わい深いが、それは服務員が親切であることの印象深さには及ばない」とあっただけに、やや期待はずれだった。ならばと思い、日本から持参した新聞の切抜きをウェートレスに見せた。その途端、旧知にでも遭ったかのように表情が一変して緩み、奥

図17　新紅資倶楽部のウェートレス

からは責任者が名刺を持って現れるなど、大騒ぎになった。M君と二人をマスコミ関係者と勘違いしたのかもしれない。断っておくが、この店ではサービスは急によくなったものの、それで勘定が安くなったわけではなかった。

もう一つは前回探し出せないままに終わった《新紅資倶楽部》である。清代の建てられた四合院を改造して一九五〇年代の中国共産党幹部宅風に仕立て上げたレストラン&バーで、「新紅資」（新しい紅い資本主義）なんて名をよくもつけたと思ったところ、なんでも一九八〇年代に中国に来たアメリカ人が経営者とか。昨年、好奇心が災いして散々探し回ったのだがついに見つけ出すことができなかった。今回は好奇心では負けていない、北京駐在のS夫妻とともに探索を再開した。

東四と十条とが交差する東四十条は堂々たる大通りであるが、その住所である東四九条は見つからない。よく見ると十条をちょっと戻ったところにものすごく狭い路地があるではないか。うっかりすると見逃してしまう。「東四九条」という立て札がなければ、この中には多分入っていかないであろうと思われる路地に分け入って、次第に心細くなったころ、でかいアメ車が停まっている場所にたどり着いた。しかし、店の看板もなにもない。そこの住所表記が「東四九条六六号」であることを見つけなければ、またまた見逃していたはずである。扉をたたくと、そこには別世界があった。いきなり解放軍の軍服を着たウェートレス同志が席に案内してくれた。たしかにすごい四合院である。ロイというオーナーの趣味が高じてなんとやらの類なのであろうが、よくもまあこんな家を見つけたものである。聞くところによれば、川島芳子の旧宅だったとか。メニューには「主席三鮮豆皮《チュウシーサンシエントウピー》」や「林《リン》彪飛機《ピャオフョイジー》」なんていう危ないものまである。ただし、味は普通の中華料理である。中庭の防空壕を現在ワイン貯蔵庫に使っているなんて、好きなようにやってくれという感じである。酒を飲むだけでもよく、一度は来る価値がある新趣向倶楽部といえよう。ちなみに近くの東四六条九号には同じ経営者による五室だけのプチホテルがある。一泊二〇〇ドルと高いが、五〇年代にワープできるそうだ。

北京は一時の「激変」からやや小康状態を取り戻したかのようではあるが、やはりそれなりの変化はある。昔の北京が変わってしまうのは仕方がないがやはりさびしい。

燕沙商場はルフトハンザが経営するデパートとして九〇年代後半には名を馳せていた。ここに来ると中国の土産がだいたい買えた。ところが、いつごろからか、ごくふつ～のデパートに変わってしまった。お土産販売の役割は王府井に復活した中国工芸美術大廈にバトンタッチしたといってよいだろう。

潘家園旧貨市場は相変わらずの盛況である。以前は日曜しか開かなかったのが、いまでは毎日になってしまい、まさに〝市〟が発展したものになってしまった。要するに農民の副業から立派な骨董の専業になってしまったわけである。それにしても午前四時から午後四時までという土日の営業時間がすごい。実働一二時間、掘り出し物は暗くて真贋がよくわからない午前六時くらいにはほぼ取引が終わっているのだろう。

三里屯の酒吧街もなおはやっている。最近では后海に新しい飲み屋街ができ、人気を奪われつつあるというが、なかなかどうして負けてはいない。ただ、さらに一層品が悪くなってきた。タクシーを停めると、まだ降りてもいないうちに一〇人くらいがどっと集まってきて、いっせいに「女の子安いよ」と叫びまくる。通りに出るとさらにますますひどくなる。ほとんど歌舞伎町と変わらない。誰だ、ここが中国の六本木と言ったのは。《男孩女孩酒楼》もいまや隔世の感がある。客のほとんどが中国人のカップル同士。だが、どうも健全な恋人同士というわけではない。生演奏は本格的。よく見るとボーカルは鼻ピアスをしている。「身体髪膚これを父母に受く。敢えて毀傷せざるは、孝の始めなり」なんて言っても「人民中国」では通じない。座っただけでさっきの食事代の二倍も払うこの店で時間をつぶす人々はいったい何者なのであろうか。

北京大学の勺園が留学生宿舎でなくなるとのうわさを耳にした。これは本当かどうか確かめねばならないと思い、早速出かけてみた。勺園の前では大々的な建設工事が行われている。購買部の店員の女性に真偽のほどを尋ねると、勺園の前の工事は別の建物の建設だが、近い将来、勺園は中国人の学生宿舎になり、外国人留学生の宿舎は学外に新しく建設する予定があるとのことであった。勺園よ、お前もか！

8　驚きの経済成長——北京餐庁情報八編　2004

本編は二〇〇四年九月二十六日から十月一日までの六日間北京に滞在した体験をもとに記したものである。この年、中国では胡錦濤国家主席が党中央軍事委主席に就任したほかはとりわけ大きな事件もなく、社会情勢は安定し、順調に経済成長を続けていた。

今年もまた北京に来てしまった。だからというわけではないが新しい情報をお届けする。顧みれば、一九九九年と二〇〇一年を除いて長期・短期のなんらかの用事で毎年いつかはこの街に足を踏み入れている。昨年はSARSなるものが猛威を振るったが、流行する前に北京を離れ、昨年は騒ぎが収まったあとに行ったため、おかげでその被害にも遭わずに済んだ。

北京は昨年から数えると約一〇カ月ぶりの訪問となる。今回は北京の主要図書館に収蔵されている伝統中国の裁判史料を調査する北海道大学の研究チームの一員として参加したもので、メンバーは最年長のTさんほか都合五名であった。また、Tさんの奥様で、中国の某図書館に勤務経験があるWさんが諸機関の交渉を引き受けてくれた。

図18　賽特飯店のマッサージ広告

北京首都空港から市内までは民航バスを利用するのが常であるが、今回は上記の理由もあって豪華にタクシーを利用した。昔は夜北京に着くと、怪しいおニイさんが近づいて来て、「何とか公司」と横に書いてある、どう見てもタクシーとは思われないライトバンなんかに無理やり押し込まれそうになったものだが、さすがにそういった類は影をひそめた。公安が厳しく取り締まっており、タクシーに乗る時には決まって演じられた客の割り込みや運ちゃんたちによる客の奪いあいなどの狂騒曲は跡を絶った。これもオリンピックを控えているおかげというべきか。

市内までは三〇分たらずで到着。かつてはタクシーでさえも優に一時間はかかったものである。これもまた高速道路が整備されたためであり、たしかに楽になった。ただし、この高速道路を携帯電話片手に時速一二〇キロメートルで飛ばすのだけは頼むからやめてほしい。

宿はすべて建国門外にある賽特飯店であった。あのヤオハンが北京に進出した時に建てたホテルで、現在は香港資本の経営に代わったと聞くが、日本人にはなじめる雰囲気がある。同じ経営のデパートが隣接しており、地下のスーパーでは食料品や雑貨がすぐに入手できる。部屋も悪くない。トイレもなぜかつまらない。明かりも豊富であり、仕事をする机もちゃんとある。衛星放送ではシスラーの年間最多安打にあと一本に迫ったイチローが映し出されていた。もちろんおネエさんからの電話攻勢に悩まされることもない。もっとも、部屋に置かれた按摩の広告小姐にはいかなる意味があるのか。これだけは十分怪しい。

到着した夜は霧が出ていた。なんだか昔の北京の香りがする。決して「香り」などといったたいい匂いではないが、しばし絶えていた匂いだけに妙に懐かしさを感じる。ところが、これは夜霧なんていうおつなものではなかった。夜が明けても同様にくすんでいる。たしか天気予報は晴れではなかったか。なのに太陽がボーッとしている。北京の十月といえば、「北京藍天」といって年間で最もすばらしい青空が見られるはずなのに……。そう、これがかの有名な北京のスモッグなのである。昨年は気のせいかもしれないが、まだましだった。

そういえば、車が一段とふえた気がする。高速道路はどんどん造られているが、それよりも車がふえるのではどうしようもない。昔、天安門前の長安街は幅八〇メートルもあるにもかかわらず信号がなかった。だが、悠然と歩いて渡れた。なぜならば、車が少ない、スピードがない、向こうに車が見えてもなかなかここまで到着しなかったからである。時は移り、信号の代わりに地下道が設けられた。道路を悠然と渡るとひき殺される時代になったからである。ところが、今回はなぜか悠然と歩いて渡れた。渋滞のため、車が前に進まなかったからである。こんなことで四年後に迫ったオリンピックができるのだろうか。これは誰もが抱く疑問である。「その時は機関単位ごとで使用する車の台数を制限するから大丈夫だ」とは運ちゃんの言。そういう問題ではなかろう。せっかく楽しみにしていた北京の青空を返してくれ！

今回はWさんのおかげで新規開拓の素敵な店の情報を多く提供できるというものである。

まずは、北京ダックの新興店《鴨王烤鴨店》。北京ダックといえば、《全聚徳烤鴨店》の代名詞のように思われているが、最近では多くの店がこの名物料理を提供するようになった。どこの産だかわからないアヒルを「北京ダック」と称している日本の中華料理店に比べれば、いずれも本場であることにまちがいはない。しかし、この《鴨王烤鴨店》は並みいる新興店の中で頭一つ上を行く。この店のダックの特徴は脂っこさを抑えた口当たりのよさにある。実際、一つ食べるともう一つすぐ欲しくなる。サイドメニューの広東風の野菜炒めもなかなかのものである。第一に一羽六〇元という値段も魅力的である。前掲の『城市指南』で味、店、サービスのいずれにも四ツ星をつけるだけのことはある。二七〇名を収容する広大な店内が客であふれ、大盛況を呈している。国際観光客御用達となっている《全聚徳烤鴨店》の地位は不動だと思っていたが、こうした牙城に迫る店が出てきた。

次の日、Wさんに案内された特筆すべき店は《眉州東坡酒楼》である。このあたりは亜運村といって、アジア大会の選手村跡地に最近北京の富裕層が住居を移しはじめ、したがって異常に発展しはじめた地域である。ネオンが派手である。おおげさな構えの店が多い。停まっている車種がまたすごい。そのまっただなかにあるこの店は収容客数二二〇名を誇る四川料理専門店である。特徴は本格的な料理の割に料金が破格に安いことにある。麻婆豆腐はたったの六元、担担麺に至っては二元という価格破壊。なにかのまちがいである。名物料理の水煮魚《シュイチュウユウ》が運ばれてきた。断っておくがこれは魚の水煮ではなく、辣油煮である。なにかあっさりしたものが食べたいと思い、注文してはまるケースが少なくない恐ろしい食べ物である。最初この上に鷹の爪がこれでもかという具合に敷きつめられて出てくる。もちろん辛くないわけはない。というか、恐ろしく辛い。なぜこんなものを四川人は好んで食べるのか、北京人は不思議に思ったそうだが、いまでは北京人も辛いもの大好き民族になってしまっている。すでに麻婆豆腐のみならず水煮牛肉《シュイチュウニュウロウ》（もちろん牛肉の水煮ではない！）を食したあとにさらに水煮魚を食べようとするわれわれも他人のことをとやかく言えない。ただ、辛い中に不思議な清涼感があり、一度食べるとまた食べたくなる魔性の味がそこにある。ちなみに、この水煮なんとかというメニューが日本では滅多にお目にかかれないのは普通の日本人にこの辛さがなじまないためなのだろう。ならば、それを嬉々として食らうわれわれは何者なのであろうか。

三日目は一転して《莫斯科餐庁》で西洋料理のフルコースとあいなった。この店は一九五四年開業のロシア料理の老舗で、北京展覧館の西側に付設されている。「莫斯科《ムースカー》」とはモスクワのことである。Wさんの子供時代、唯一開業していた西洋料理店であり、Wさんはお父さんとよくこの店で食事をしたとのこと。中国の人たちにとってもノスタルジアを感じさせる店なのだ。重厚な白亜の大理石がくまなく敷かれた店内では時代を感じさせるウェートレスがメニューを運んでくる。一人前二〇〇元のコースは、オードブル、ボルシチ、魚のグラタン、ビーフステーキ、アイスクリームのデザートであり、なぜか白く四角い日本風の食パンがついてくる。味はさほど洗練されてはいないが、ソ連との蜜月時代の雰囲気をそこはかとなく感じさせる。それにしても量は半端でない。大柄なロシア人はこれくらいでないと満足しなかったのであろうか。

四日目の夕食の選択は筆者に委ねられた。京菜（北京料理）、川菜（四川料理）、俄菜（ロシア料理）と来たので、別な地方の料理もいいかなと思った。そういえば、《無名居》が現在の場所に移ってから

図19　無名居の獅子頭

まだ行ったことがなかったのを思い出した。《無名居》は周恩来が国賓を宴に招く際に起用したコックが開いた店で、江南の味を主体とする周恩来好みのきわめて上品な味つけを基調としている。久しぶりに味わった料理は砂《シャー》鍋《グオ》獅《シー》子《ツ》頭《トウ》（エビや鶏肉のすりみ団子スープ）をはじめとしてどれもみな変わらぬ奥深さがあった。江南菜だけあって、この季節、陽澄湖のカニがメス一匹九八元で提供されていた。金さえあれば北京で本物の上海ガニが食べられるようになったことを示すものである。幸い皆さんこの店を気に入っていただいたようであり、筆者としても面子を保つことができた。感じがよい上に美人ときたウェートレスがアテンドしたのがさらなる相乗効果をもたらしたようである。一緒に写真におさまってもらった。ただし、写す側が緊張のあまり手ブレを起こし、写真がピンボケになり、まことに残念ながらここに掲載できない。

以上が今回の夜の〝ディナー〟である。もっとも、正確に言えば初日には北京ダックのあと、二次会と称して性懲りもなく東直門の繁華街に繰り出した。東直門一帯は「鬼街」といわれ、庶民的な食堂が軒を連ねてにぎわいを呈している。《六本木》なんていう怪しげな飲み屋もあるが、ここでもまた四川系の料理が主流をなしている。そのうちの一軒《川小妹子》という小野妹子みたいな名前の店に誘われるままに入ってみた。「秘《ミー》制《チー》麻《マー》辣《ラー》小《シャオ》龍《ロン》蝦《シア》」という真っ赤なメニューが目に飛び込んできた。怪しい。辛そう。〝秘制〟にはなぜか隠微な響きがある。果たしてどんな味か。みなの好奇心は異常な高ぶりを見せた。しばらくすると洗面器一杯にザリガニが唐辛子で真っ赤に染まって登場した。さすがに看板料理だけあって、他にない味だったが、「麻辣」はすべての食材の味を一つに統一してしまうキライがある。かりにイセエビでもきっと同じ味になると確信する。店を出る際、もう一つの自慢料理に「麻辣蛙仔火鍋《マーラーワーツアイフオグオ》」なるものがあることを知った。唐辛子スープの海の中に蛙が三匹そのままの姿で平泳ぎしている。まあ、よほど食うものに飽きたら挑戦してみたいと思う。

話の順序が逆になったが、朝食のことについて書く。朝食はすべて賽特飯店の近くの二軒の店で済ませた。一軒は《渝品楼餐庁》といった。「成都小吃」の看板のもとに軽食を出すチェーン店で、麺類やワンタン、ビーフンなどが簡単にかつ安く食べられた。筆者が坦坦麺《タンタンミエン》を注文したら、ほかの人からは朝からよくそんなものが食えるなという顔をされてしまった。いいのだ。朝は食欲だ。元気をつけなければ中国では生きていけない。

もう一軒は《僑苑酒家》といった。一見ヨーロッパのカフェのようだが、朝は定番の粥、包子、油《ヨウ》条《ティアオ》などを提供する。この店に従業員募集の広告が出ていた。この中で、「伝菜員」「配菜」「打合」は何を意味するのだろうか。「伝菜」は注文をとることか。ならば、「配菜」は料理を出すことか。「打合」がよくわからない。『漢語大詞辞典』によれば、「そそのかす」とか「あおる」とかの意味があるようなので、そこから推測すれば「よびこみ」なんかになるのかもしれない。少なくとも「洗碗」(皿洗い)よりは地位が上のようだ。人手が余っているのであろう。それぞれ給料にどれくらい差があるのか、ぜひ知りたいところである。

次に昼食のことについて書く。昼食に関しては、調査の関係もあって、沙灘近辺の名もない店で済ませることが多かった。その中で《湘愛湘菜館》は五四大街にある湖南風味の店。最近、湖南料理の店はすべからく毛沢東にちなんで毛家菜の看板を出しているが、この店も例外ではない。毛家菜とは毛沢東が好んだ湖南の田舎料理を指す。毛沢東と何らかの関係がなければ店を出してはいけないことになっているはずだが、このころでは湖南料理＝毛家菜の様相を呈してきた。同じ湖南出身の大儒者である曾国藩があの脂ぎったコテコテの紅焼肉《ホンシャオロウ》なんか食べるはずがない。公衆便所がとなりにある店なんて見たことがない。なんてぶつくさ言いながら結局入ることになったのだが、店内は広く、意外なことに清潔で、値段の割に美味ときたため、最後は「毛主席万歳」になってしまった。湖南の田舎料理は四川料理同様、唐辛子をふんだんに用いるが、四川料理と違って「麻」、つまり山椒のしびれ感覚がなく、その代わりにニンニクとラードによるしつこさが身上である。江青は毛沢東と食事のことでしばしばトラブったそうだが、いくら美味とはいえ毛沢東の顔も三度、上海の映画女優がこれを毎日食わされたとあってはたまらないであろう。これればかりは江青の気持ちもわからぬではない。

昼食で唯一行った有名店は《大三元酒家》であった。この店は北京では珍しい広東料理の老舗として知られている。北京では本来濃い味が好まれ、薄味の広東料理はあまり人気がなかったようだ。そのため老舗は北方系に限られ、《大三元酒家》は孤軍奮闘の感があった。しかし、最近では広東料理店も珍しくはなくなった。というか、やれフカヒレだとか、アワビだとかを売り物にする新興の高級料理店が幅を利かせるようになった。そのため、この店も厳しい状況に置かれている。昼食にこの店を選んだのは、中国国家図書館分館の近くに適当な店がなかったからにほかならない。四人で入ると、真四角のテーブルに通された。一瞬雀荘にいるような気分になった。久しぶりの店内は明るく清潔で、老舗の割には「うらぶれ感」がなかった。年配客の中には日本語を話す人たちが多かった。思うに、日本で募集する北京フリーツアーなどのガイドブックにこの店が紹介されることが多く、濃い北京の味が苦手な高齢旅行者が好んで訪れる代表的な店なのであろうか。値段はかなり高いが、味は落ちていない。日本人に好まれる店として命脈を保っているのかもしれない。

餐庁情報以外で語り残したことを以下にまとめる。といっても、別段突拍子もないものはない。強いて挙げれば、左のようなペアルックか。一着を二人で着る画期的なアイデアだとは思うが、日本では絶対はやらないと断言できる。

図20　中国版ペアルック

友誼商店はいまなお営業しているが、最近とみに国営ぶりを発揮してきたように感じる。客も心なしか少なく、店員は手持ちぶさたである。だったら少ない客を接待したらよさそうなのだが、それにたいしてもあまり熱心でない。要するに商売っ気がないのである。この点、いまどきの民間のデパートの店員は大違いである。買う気のまったくない客をあの手この手で攻めまくり、ついに陥落させてしまう。われわれとしては干渉されないのが一番であるが、無視されるのもなんだかさびしい。八〇年代を象徴する「友誼商店」という名称が消えるのもそう遠くない気がする。

今回訪れた唯一の観光地は景山公園であった。景山は故宮博物院の北側にある小高い丘で、上に登ると故宮が一望できる。しばらく来たことがなかった。今回も意識的に来たわけではなく、夕方時間が余ったからにほかならなかった。観光地だけに、輪タクの客引きが多い。「オレたちはここに来て、いまから景山に登るのだ！」と何度言っても、輪タクに乗らないかとしつこく迫ってくる。「そんじゃまあ、景山に登ってもらおうか」とのどまで出かかったが躊躇した。本当に登りかねないからである。

景山のふもとに明朝最後の皇帝である崇禎帝が首をつった場所がある。現在そこには立派な石碑が建てられている。

「崇禎帝は一人の宦官だけに見取られて自殺したそうだが、その宦官は当時の儒教官僚の誰よりも忠義の臣だったわけだ。当然殉死したんだろうね」

「それならばその宦官を顕彰する石碑があるはずだが、ないね」

「ひょっとしたら、この宦官は殉死しなかったんじゃないか」

「え!?　どういうこと？」

「つまりだ。彼は、皇帝が死んだことを見届けて、その場を立ち去ったということだ」

「だから？」

「皇帝の服は高く売れるだろう。彼はきっと死体から衣服を剥いで持っていったのだよ」

「なるほど。わかんないもんだねえ」

断っておくが、右の会話は一般観光客にあらず、いずれも実証研究を重んじるれっきとした歴史研究者の間で交わされたものである。かくして「忠臣」は冷酷で貪欲きわまりない「宦官」になってしまったのだが、果たして真相はいかに。実はこの宦官、名を王承恩といい、崇禎帝が自殺したすぐあと、みずからも首をつって殉死したことが『明史』の列伝に記されている。また北京郊外にある明十三陵の崇禎帝の墓の横に彼の墓が設けられている。三六〇年前の「忠臣」にたいし不謹慎な言動があったことをお詫びして訂正し、ここに名誉回復することを誓いたい。

一日時間が空き、フリーになったので、北京大学で研修中の同僚Yさんを訪ねることにした。Yさんは日本儒教を研究する教育学者で四月から交換訪問教授として単身北京で暮らしている。宿舎は筆者が一九九四年に七カ月間住んだ勺園五号楼であり、Yさんの部屋の真上に筆者の部屋があった。一人暮らしには贅沢なというよりはっきり言って無駄に広い部屋の様子は一〇年前と少しも変わっていない。変わったといえば、Yさんはパソコンの回線を使ってテレビ電話で日本にいる家族とコミュニケートしていることである。Eメールは無論存在せず、せいぜいテレホンカードで日本と交信するのが関の山だった一〇年前に比べるとこの方面の発展は目を見張るものがある。

北京大学でもう一つ変わったこととして挙げねばならないのは構内にコンビニができたことだろう。「物美便利超市」といい、生活物資から、輸入食料品、果ては薬まで売っている。もちろん北京大学のロゴ入りグッズもしっかり備わっている。北京大学はこれまでおびただしい数の外国人留学生を勺園に住まわせてきたのに、どうしてこのような店ができなかったのか不思議である。これならば、わざわざ街の中心に行って買出ししなくとも済むのだが、以前一時間で行けた街の中心までいまは交通渋滞のために二時間近くかかることを思えば、こういった店も時代が生んだ異端児なのかもしれない。

さらにもう一つ変わったことは、中国人学生食堂が新装になったことである。その昔、中国人学生の生活環境は劣悪だった。なかでも食堂は暗く汚くじめじめしていた。だから、飯時になると彼らは洗面器のようなホウロウの食器二つを食堂に持っていき、ご飯とおかずをもらってくることが常だった。もちろん、外国人留学生の食堂に比べれば格段に安かったが、外国人留学生はあまりそこでは食欲が湧かなかったようだ。それが時代は移り、いまや中西食堂も顔色ない立派な食堂に変身した。カウンターにはなんと山東、江蘇、福建、四川、広東など、地方によって選べるメニューがおかれ、全国各地から集まってくる学生の好みに合わせる料理が提供されていた。

北京大学歴史学系が今年で一〇五周年を迎えることを示す横断幕がキャンパスに掲げられていた。北京大学の先生方も最近ではマイカー族が多くなったと聞く。いくたの歴史を見守ってきた北京大学もこの一〇年間の変化にどう対応しているのだろうか。

本日は十月一日、国慶節である。スモッグのせいでどんよりしていた空も、今日ばかりはカラっと晴れ渡った。だが残念。本日はどうしても帰国しなければならない。

今回は王府井にまだ一度も行っていないことに気がついた。北京に来たら、まずは王府井である。王府井が「中国の銀座」だといわれて久しい。ちなみに前述の『地球の歩き方』⑥中国自由旅行（初版本）には次のように書かれている。「王府井の街は北京のショーウィンドー、つまり北京銀座だ。地方から上京の客、外国人観光客の街だ。北京飯店の東側から北にのび華僑大廈で終るが、その間、

図21　北京市百貨大楼の変遷

北京第一百貨店や毛皮などを売る高級品店、外国メーカーの時計店などがあり、上海、広州以外ではこれほど外国製品や高級品のある街はない」。だが、二〇年前は通りも狭く、店も少なく、日本人は誰一人としてこれを「銀座」とは認めなかった。それが近年なが～い工事の後、大変身を遂げ、「銀座」になった。安物バラック市場であった東安市場（文革中につけられた「東風市場」をもとの名に再び改名）の場所には「新東安市場」を併せた馬鹿でかいデパートが造られた。

その向かい側の北京市第一百貨大楼も不気味な変身を遂げた。老朽化した老舗のデパートは時代とともにさびれる一方だったが、昨年、彼女に何が起こったのかは知らないが、ニューヨークのサックスフィフスアヴェニューなみに真っ赤なリボンを身にまとってしまった。まあ、お世辞にも似あっているとはいえず、「やめたほうがいいのでは」というのが正直な印象だった。今回はそうした評判を気にしたのか、リボンはなくなったが、ドデンと増築、おまけに尖塔までつくようになった。気のせいか、建物は「わたしゃまだまだ向かいの東安ネエさんなんかには負けないわよ」と訴えているようである。

中国四〇〇〇年を誇る回春の秘薬はまた一つ罪なことをしでかした。北京オリンピックはこのような婆さん対策をどう考えているのであろうか。

9　正陽楼の運命──北京餐庁情報九編　2005

本編は二〇〇五年十二月二十六日から十二月三十一日までの六日間の北京滞在の体験に基づいてまとめたものである。この年の春、中国では各地で大規模の反日デモが起こり、さらに秋には小泉首相の靖国神社参拝問題がこじれて日中関係は急激に悪化した。また、日本国内では建築偽装問題が話題となった年でもあった。中国の経済成長率は九・五パーセントに達した。

年の納めに北京に行くことにした。一年二カ月ぶりの北京である。といってもさすがにそれほど懐かしい気がしない。気温も零度とかで、さほど寒くない。今年は東京の方がよほど寒い。二〇〇八年にオリンピックを控えているせいもあって、またまた建築ラッシュである。思わず、鉄筋は……と疑いたくなるが、そこは高度成長の中国。日本のようなケチなことはしないだろうと信じたい。

車の多さには驚かされる。タクシーが新機種に変わったがさらに数がふえた。マイカーは言うまでもない。道路ができると車がその倍ふえる状況が改善されないかぎり、どうしようもない。

天安門の東側にある中国歴史博物館と中国革命博物館が統合されて中国国家博物館という名前に変わっていた。近ごろなんでも「国家」という名前をつけたがるのはなぜなのだろうか。「国立」とは微妙に意味が異なるように感じる。その門前に巨大な電光掲示板が設置されていた。そう、北京オリンピックまであと九五四日のカウントダウンを示す看板である。ちょっと待てよ。これって一九九五年に香港返還までのカウントダウンで用いたものの使い回しじゃないのか。だが、よく見ると新調したものであった。疑ってかかったのは香港返還掲示板が二〇〇〇年のオリンピックの誘致に失敗したため使えなくなった電光掲示板の使い回しだったという〝実績〟のせいである。

ホテルでタクシーを拾い、「中国国家図書館に行ってくれ」と告げたのだが、一向に通じない。北京図書館〝ペイトオ〟と言ってようやく通じた。いくら「中国国家図書館」と言っても北京の人々には「北京図書館（北図《ペイトオ》）」の名称が浸透しているのが現実なのだ。

図22　北京の渋滞

通じたのはよいが、しばらく走ってから運転手に「北京図書館に行くなら、まず地下鉄で西直門まで行き、そこからタクシーを拾いな」と諭された。してその理由は、と尋ねると周りを見ろと言う。道路は車の洪水であった。所要時間約一時間半。ちなみに翌日、運転手の言う通りにしたら四五分に短縮された。地下鉄がもうすぐ北京大学の近くの中関村にまで延びるという。それまでは北京大学とか中国国家図書館には行くなということか。

なお図書館の前に奥林比克飯店という立派なホテルが

あったが、いまは貸しビルに変わっていた。「奥林比克」とはオリンピックの意味。二〇〇〇年のオリンピックを当てこんで建てられたホテルで、ギョーザがおいしく昼飯にはちょうどよい施設だったが、肝心のオリンピック開催まで生きながらえることができなかったのはザンネンである。

今回は新規開拓に重点を置いた。しかし、やはり一人ではなかなか「おためし」ができない。そんな時に便利なのは、北京に留学している工作員の面々である。今回はそのうちの二人に協力をお願いした。

初日まず赴いたのは《北京宮正味酒楼》。ここはかの有名な私房菜《厲家菜》の親戚が経営しているといわれる北京料理店である。《厲家菜》とは宮廷料理の伝統をいまに伝えるという評判の超有名店で、何年も予約で埋まっており、筆者もまだ行ったことがない。入口にはなんの看板もなく、ただ「羊房一一号」とあるだけだ。でも、知る人ぞ知る店なのである。だったらその親戚でも悪くない。なにせ「正味」なのだ。そこでつきあってもらったのは、中国人民大学に留学中のSさん。北京に来てからまだ四カ月たらずだが、二年間の留学計画で、将来「日中友好の架け橋」となる仕事を目指して頑張っている。この餐庁も《厲家菜》にならってわかりにくいところにある。何!?、北京市長寿会？　国家林業局林産工業規格設計院？　表に看板がなければとても入っていく気がしない奥にある。概観はきわめて地味であるが、中は派手。近ごろこんな店が多くなった。宮廷料理はちと高めなので、厨師推奨の北京家庭料理なるものを三品ほど注文した。……きっと宮廷料理に力を入れているのだろう。家庭料理ではこの評判の実態を知ることができなかったのは残念である。ここでの収穫といえば、メニューに杏仁豆腐を発見したことである。杏仁豆腐というデザートは日本ではおなじみであるが、中国には滅多にない。一説では日本で生まれたものとか。この店にあるからといってその説が覆るわけではない。日本からの逆輸入かもしれない。でも、北京のメニューにあることが確認できた。

燃焼しきれないまま店を出たが、なんか物足りない。そういえば、この近くにあの《阿凡提》があったではないか。五年前に訪れた際、卓上ダンスの方が印象的だった例の新疆料理屋だが（五編参照）、まだ健在なのだろうか。店を入ると超満員。五年前と変わらぬ熱気であふれていた。北京にある二一六二軒の餐庁を大衆の立場から「公正」に評価したという『二〇〇五北京餐館指南』（上海文化出版社、二〇〇五年）によれば、「ほとんど毎晩爆満」とある。「爆満」とは満員の意味だが、ここでは別な意味でこの表現がふさわしい。またまた卓上ダンスが始まった。大晦日には大パーティーをやるそうだが、勝手にやってくれ。ただ一つ、難点といえば自家製紅葡萄酒はグラス三五元と高いだけで、二五年前のプウタオチュウの味がしたことである。

もう一人の協力者は、北京大学に留学している院生のJさん。筆者の学生ではないのだが、主観的かつ勝手に工作員に任命している人である。やはりこの季節、北京に来れば涮羊肉を措いてない。シャブシャブはやはり一人では食べにくい。そこで二人で赴いたのが《満福楼》。北京には涮羊肉の専門店は《東来順飯荘》だけでなく、有名な店がいくつかあるが、ここもその一つ。ただ、これまでに行く機会がなかった。この店の特徴は、一人ひとりに鍋がつき、好きなだけ入れてシャブシャブすればよく、ねらった肉を他人にかっさらわれる心配がない。また、衛生的というのが中国の人々には評判がよく、超満員の盛況である。内モンゴル産の「特級鮮羊後腿肉」（新鮮な羊の後足の腿肉）二〇〇グラム一八元が自慢であるが、やや水っぽい。冷凍ものの方が食べやすく感じる。シャブシャブは肉よりもタレで決まる。二八種のスパイスの原料は秘伝であり、その中身はついにわからなかった。

もう一晩、Jさんにつきあってもらった店は《金山城》。北京に来たら同様に一回は行きたいのが頭が痛くなるほどの辛味が効いた四川料理である。北京における四川料理ブームは依然として続いており、《麻辣一〇〇％》《麻辣誘惑》《辣婆婆》などおどろおどろしき店名が軒を連ねる。それに比べて《金山城》はすぐには四川料理とはわからない名であるが評判の店である。金山は何から取った名称か。四川にそういった地名がないわけではないが、どうもそうではないらしい。経営者の号か？

さて、肝心の料理である。この店も超満員。幸いあまり待たずに席につくことができた。味も正宗四川であった。若干の欠点は量が多いことである。この辣子鶏《ラーツジー》など、二人でも食いきれない。それに唐辛子の量が半端でない。前掲『二〇〇五北京餐館指南』には「涕泪交々流れ、大量の餐巾紙を消費しなければならない」というだけのことはある。やはり四川料理も一人ではダメなのだ。


勝手に工作員に任命した一人にGさんがいる。Gさんは北京留学中に知りあったSさんと結婚し、そのまま北京駐在夫人になってしまった人であり、北京では有力な情報通である。S夫妻とは一昨年に《新紅資倶楽部》につきあってもらった。そこで今回もきっとオモシロ店を教えてくれると思って電話した。意外なことに中国人の女性が電話に出た。お手伝いさんかもしれないと、こちらの事情を説明しようとするといきなりガシャンと切られてしまった。そりゃないだろと、もう一度電話をすると、今度は罵声が飛んできた。いくらなんでももうちょっとなんか言ったらよいと思う。番号は間違っていないのに……。S夫妻は北京を引き払い、帰国していたことを知ったのは年賀状を見た時だった。

そんなわけで以後は単独行動を余儀なくされた。じゃあ、何を食べるか。モンゴル焼肉の《烤肉季飯荘》のことはすでに六編で紹介した。ならば《烤肉宛飯荘》を紹介しないわけにはいかない。伝えられるところではイギリス名誉革命の前々年に当たる一六八六年に宛という名の回民が始めた焼肉店が最初だとかで、なんと創業三二〇年を誇る老舗中の老舗であり、ライバルの《烤肉季飯荘》とは「南宛北季」と並び称される。復興門内大街にあったが、移転してしまい、しばらく行方不明になっていたが、南礼士路に新装開店した。前掲『二〇〇五北京餐館指南』は国営にやや偏見があり、「国営にしては」とか「やはり国営」という表現が多い。《烤肉宛飯荘》についても例外でなく、「雰囲気はまだましだが服務態度は明らかに国営であり、注文は服務員を〝捕まえ〟なければならず、注文が済んでも〝忘れないでくれ〟と祈らなければならない」と辛辣である。そこまでひどいわけではない。たしかに注文をなかなか取りにこないが、それはそれでせかされなくてよい。味も悪くない。羊肉もおいしいが、この店は牛肉がよい。

国営といえば、餐庁情報でもその危機を指摘した《正陽楼飯荘》がついにつぶれてしまった。前門こと正陽門前の一等地に位置するこの店は一六〇年近くの歴史を誇る北京を代表する老舗であったが、名声だけに頼ったのか、次第にさびれてきつつあった（七編参照）。前門の商業区も再開発されることになり、いくつかの店が壊されてしまった。《正陽楼飯荘》もついにその仲間に入ったということか。

図23　つぶれた正陽楼飯荘

「さらば前門。最後の二時間を偲んでくれ」と走り書きしたポスターが遺されていた。筆者もこの店を偲んで詠みにけるに、

　春正陽の花の宴、めぐる盃かげりさし、京菜、烤鴨《カオヤー》、涮羊肉《シュアンヤンロウ》、昔の光いまいずこ

北京の老字号がまた一つ、……消えた。

感傷に浸っている間に食い続けなければならないのが、餐庁情報の宿命である。もう一度、四川料理に挑戦することになった。しかし、一人で行く店は限られる。ならばいま話題の《俏江南》なんていかがであろう。「美しい江南」という名前からは想像できない正宗四川料理を提供する店ではあるが、伝統的な店と異なるのは店内にワインや洋酒が並び、ボックス席が主体で、そのエレガントさがカップルに評判の店である。なぜそんな所に行くのかって？　早い話、一皿の量が二人前以上でないからである。しかし、味のほうはなかなか、どこかこう気品を感じさせる。ちょっと値段が高いのが欠点だが、デート用には最適である。

さあ、お腹がいっぱいになったので、王府街を一巡りすることにしよう。王府井のにぎわいはいつものことだが、それでも店がさらに高級になっていることが感じられる。北京市百貨大楼は可愛いリボンを身にまとってしまった。年をわきまえろと言いたい。

いい年といえば、北京飯店も負けてはいない。だが、こちらの方は整形手術が成功し、とても一〇〇歳を超えた婆さんには見えなくなった。王府井を歩いていると消防車が集まってきた。よく見ると北京飯店の隣のビルが燃えている。火事と喧嘩は江戸の華というが、北京の人々の野次馬ぶりも同じである。ただ北京飯店は全く動かない。よく独り暮らしの老人が焼け死ぬことがあるが、この火事がボヤで収まったのは幸いというべきか。

北京飯店には昔馴染みの《五人百姓》が入っている。もう二〇年になる。だが、新装になってから一度も入ったことがなかった。ならばこの機会にトンカツ定食を食べることにした。《五人百姓》では必ずトンカツ定食を食べることになっている。なぜならば、その昔、《五人百姓》の前身だった《日本菜部》で久々に食べたトンカツの味が忘れられないからである。六〇元は高いが、味噌汁とサラダがつき、おまけに食後のコーヒーまで含んでいるので日本の感覚でいえば妥当なところだろう。和服を着た服務員は日本人のように見えるがみな中国の娘さんである。背広を着た会社員は日本人のように見えるがみな中国の青年である。本日は十二月三十日。日本の会社はとっくに仕事納めなのである。

国貿で久しぶりに買い物をした。国貿とは一九九五年にオープンした中国版の貿易センタービルで、その地下は一大ショッピングセンターになっている場所である。この一角は一〇年来衰えを知らず、ますます高級感を増している。その中の一つに「皇錦」という店がある。名前の通り、高級でシックな絹製品を扱う店で、セレブには評判の店である。二組の結婚祝いを探すのが目的だったが、ちょうどよい品があいにく一組しかなかった。こういう時、昔であれば「没法子《メイファーツ》（しかたがない）」と客よりも早く店員がのたまわったものだが、ウソかマコトか一時間後に来てくれという。半信半疑で一時間後に再訪問してみると、なんと二組がそろっているではないか。こういうことは日本では当たり前かもしれないが、中国では感動ものなのである。北京も次第に普通の都市に変わっていく。

国貿にアイススケート場ができ、家族連れがスケートを楽しんでいた。ちょっと前なら北海公園でみな木の手製スケート靴を履いて滑ったものだが、最近の暖冬と北海から中南海に侵入しようとする不届き者のせいで、そうした光景をトンと見なくなった。北京も次第に普通の都市に変わっていく。

変わらないのは地下鉄の服務員である。上海はとっくに自動改札化したというのに、北京では相変わらず人動式である。基本的に七編に紹介した方法で、切符売り場で三元を払うと切符を一枚くれ、それを約一〇メートル離れた改札口でそれを渡すという、まことに前近代的なものである。違うところといえば、郊外に行く路線がふえた分、五元の切符が誕生したことくらいか。服務員はもとより無愛想である。胸につけられた服務員証の顔とはゼンゼン違うじゃないか！　これはこれでホッとするから不思議なものである。

またもや大晦日の帰国になってしまった。日本人のあらかたは帰国したのか飛行機には空席が目立つ。毎年こんな生活をやっている。来年もきっとこうなるのだろう。

帰りの機内食で麺が出た。ただ麺の半分はウドンなのだが、もう半分がいつもと違うように感じる。

なんだか黄色い。そう、これは中華麺である。ちなみに筆者の家の近所に日中友好の店がある。なんのことはない和食と中華の献立をそろえている店なのだが、こういう日中折衷メニューはない。こんなところに日中共同運行の気遣いがうかがわれる。日中関係がギクシャクしている昨今、このようなにげない配慮が案外大切なのではないかと感じた次第である。

10　鳥インフルエンザを乗り越えて——北京餐庁情報十編　２００６

本編は二〇〇六年九月十二日から九月十七日までの六日間北京に滞在した体験に基づいて記したものである。一九九四年より書き続けてきた北京餐庁情報が本編でついに十編目の大台に乗った。この年は中国でも鳥インフルエンザが流行した。

上海から帰国して一〇日で再び中国に行くことになった。今度は諸々のしがらみから単独で中国国家図書館で調べものをするためであったのだが、例によって日本の航空会社の運賃が一七万円台と法外に高い。ただし、複数でチケットを購入すると一人分は一二万円ちょっとに減価するという。そのからくりはいまもってわからない。そんな話を家族にしたら、大学生になったばかりの長男が一緒に行くと言い出した。彼は第二語学で中国語を履修していることもあって、中国に多少の関心がある。もっとも彼は北京に過去二度来たことがある。いずれも一九九四年の六歳の時なのであまり覚えていないようだが、その時は天安門広場で凧を揚げ、北京大学の未名湖でスケートをやり、北京飯店のスイートルームに一泊した。どちらかといえば親父がやりたいことをすべてやったのである。「覚えている?」と聞くと、断片的には記憶があるらしいが、結局はっきりしない。そこで一人で行くのも二人で行くのも費用はたいして変わらず、ならば記憶の復活、中国語の練習、単なる試験休みの暇つぶし、等々の目的によって一緒に行くこととなった。

北京の車の量とスモッグはますますひどくなってきている。首都空港から北京駅までリムジンバスで前回は三〇分であったが、今回はなんと一時間半もかかった。とくに三環路に入るまでにものすごい渋滞がある。北京の人にいわせると、北京の街全体が巨大な駐車場だとか。果たしてオリンピックの時はどうするのか、乞う御期待である。

宿はいつものように崇文門にある新僑飯店にしようとした。日本国内から予約すればよさそうなのだが、習い性となって、いつも飛び込みで部屋を取るし、いままで断られたことはなかった。なのに今回は「没有《メイヨウ》（ない）」である。久しぶりのメイヨウコールである、と思ったが、あとでおおぜいの西洋人客がここに泊まっていて本当に部屋がないことがわかった。まあそういうこともあろう。だったら向かいの崇文門飯店に行けばよい。ところが、なんとここは改修中。ホテルの前にたむろしていた怪しげなおニイさんが、「だんな、このホテルどう?」と写真を見せる。君子危きに近寄らずである。しかし子連れでは内心ちょっと焦った。ふと前を見ると、そう、北京ダックの老舗である《便宜坊烤鴨店》が入っている哈徳門飯店があるではないか。たしかに立派なホテルである。外国人も結構泊まっている。しかもテレビ&冷蔵庫つきのツインは四〇〇元台と新僑飯店よりも安い。ということで、今回の宿は新僑飯店の斜向かいにあるこのホテルとあいなった。

到着した十二日のその日に東単のＪＴＢに赴き、長城・十三陵ツアーを申し込んだ。もちろん筆者が行くのではない。筆者は一九九四年の長期滞在の時、度重なる北京訪問客の案内のために七カ月間に六回も行き、もう行きたくない。息子はかつて一度行ったことがあり、その動かぬ証拠写真もあるのだが、せっかく北京に来たのだからもう一度、目に焼きつけるのも悪くはない。ただ、中国語を少しかじったとはいえ、単独で行くのは心もとない。筆者には中国国家図書館に行く仕事がある。エーイままよ、日本語ツアーにしよう、というのが一連の行動の背景である。

夕方ＪＴＢは閉店したばかりであったが、店を開けて対応してくれたのはさすがである。でもその費用を尋ねると八三〇元とめちゃくちゃに高い。なんでも客一人に対して乗用車と日本語のガイドがマンツーマンでつき、昼食を含み、送迎は宿泊ホテルまで来てくれるとのことである。背に腹はかえられないため契約した。翌朝、黒塗りの車でＶＩＰが長城に旅立っていった。ちなみに北京大学でも長城・十三陵ツアーを募集しているが、料金は一五〇元である。もっともこちらはバスの団体だし、もちろん中国語ガイドしかつかない。昼飯を含むかどうかもわからない。

さて、到着の日の夜は工作員、つまり北京に留学している学生諸君の集いを《四川楼》で開くことになった。《四川楼》とは旧《四川飯店》のことであり、いまでも看板は昔のまま「四川飯店」となっている老舗である。旧《四川飯店》については、それまで北京には四川料理の店が一軒もなかったことから一九五五年に周恩来の命で開業したという由来がある。筆者が二四年前に留学したころ、外国人でも入れる数少ない餐庁の一つであり、筆者は北京に来るたびに立ち寄ったものだった。《四川飯店》が恭王府に移ってからはこの店は会員制になり、一般には開放しないと聞いていた。それがまた復活しているという。同じ《四川飯店》でも、こちらの店で食べた料理が数段優ると信じていた。懐かしさも手伝ってぜひもう一度行きたいと思った。工作員の集会にはちょっと贅沢だったが、それも仕方あるまい。店内に入ると、内装は多少の変化はあるものの、当時の雰囲気のままであった。しかも服務員の態度も昔のままの国営だった。彼女たちは当時は赤ん坊だったはずなのに……。しかし、注文した怪味鶏《クワイウエイジー》、水煮牛肉《シュイチュウニュウロウ》、麻婆豆腐《マーボートウフ》はいずれも厳しい辛さだった。担担麵《タンタンミエン》はそれにさらに追いうちをかけた。こんなに辛口だったのかなあ。会員制になったのもなんとなくわかるような気がした。

九月十三日朝、長城に赴く息子の高級車を見送ったあと、筆者は仕事に出かけた。中国国家図書館には前回の運ちゃんの教え通り、地下鉄で西直門まで行き、そこからタクシーを拾った。まっすぐ西に行き動物園を通過してちょっと右折するともう到着である。これが金額を別にすれば最短かつ最速で行く方法である。中国国家図書館は基本的に変わってはいなかったが、門前が大修復中で、正面からではなく、左手の脇門から入ることになる。だから、いつもの歩道橋の下で車を降りると延々遠回りになってしまう。

登記手続きで変わったところといえば、整理券制度を導入したことだ。いままでは客がカウンターにドッと押しかけ、声の大きな順に手続きが完了した。これに慣れてしまうと、整理券によるやり方がかえって非能率に思えてしまうから不思議である。筆者と同様にこの制度に戸惑っている日本人と思しき人がいた。よく見るとY大のAさんではないか。Aさんは筆者が一九九四年に北京大学に七カ月滞在したほぼ同時期に北京師範大学に留学されたいわば「同志」なのである。十編完成記念のためによくぞ日本からわざわざ来て下さったと一瞬感激したのだが、Aさんは別の研究チームの一員として一足先に北京に来たのだという。まあ、そんなものである。それにしても北京は案外狭い。

息子も長城から無事帰ってきたので、その日の夕食はAさんと一緒にすることになった。ならば懐かしついでに《能仁居飯荘》はいかがであろうか。当時白塔寺の前にあった羊のシャブシャブの店で、味も雰囲気もよく、中森明菜風の女主人が「飾りじゃないのよパクチは〜アッハーン♪」と唄いながら店を取り仕切っていたのを思い出す。二人だけで行くと決まって寒い通路とか便所の前とかにある狭いテーブルに案内されたものだった。現在は地図にある場所に移転しているはずだった。少なくとも昨年に発行された地図には《能仁居飯荘》が宣武門東の場所に載っていた。しかし、その場所には別な店が鎮座していた。じゃあ《能仁居飯荘》はどこに行ったのか。その店の人に聞いても一向に要領を得ない。よくある話だが、く、く、くやしぃ〜〜!

九月十四日、北京大学を久しぶりに訪問した。というか、午前中国家図書館での仕事を手伝わせた息子をK君のもとに送り届けるためであった。北京大学は新学期を迎え、活気に満ちていた。さすがに人民服を着た学生はいない。また、いかにも優等生といったメガネ秀才ももはや希少価値となった。その代わり、ヘソ出しジーパンの女子学生など、さしもの北京大学生も日本のそこいらの大学生とあまり変わらなくなった。

北京大学の構内はちっとも変わっていない。北京大学の赤門こと、西門には必ず門衛がいて、自転車で外に出ようとすると必ず門の前で自転車を降りなければならない。それでも、最近は形骸化して片足で地面を一度蹴れば門衛は文句を言わない。しかし、自転車に乗ったまま突破をはかる横着な学生はいる。そういう時には門衛は烈火のごとく怒る。

K君は北京大学で留学生活を始めてまだホヤホヤであった。宿舎は勺園一号楼だった。筆者は勺園一号楼の中に久しぶりに入った。二四年前、初めて北京に来た時この宿舎にまず数日泊まり、汽車の切符の入手を待って山東大学へ向かったのだった。部屋の構造も昔のまま、共同のトイレと洗濯場も昔のまま、留学生の雰囲気もまるで変わらなかった。違う点といえば、シャワーを浴びる時サンダルが要らなくなったこと（昔はなにか履かないと足元の汚さのあまりに病気になった！）と廊下に冷蔵庫を置いていることである。なぜかは知らないが、冷蔵庫は外に置いてよいらしい。部屋が狭いのでみんなそうしているようだ。だが、中身が勝手に食われないのか、他人事ながら心配である。往時はもちろんそんな光景はなかった。冷蔵庫はブルジョワの持ち物だった。ただし、ブルジョア留学生のシンボルと見られた企業派遣留学生はまれに持っていた。われわれ無産者は彼に秘密裡に接近した。もちろん目的は彼の冷蔵庫の中で冷えている青島ビールであった。しかし、企業派遣留学生はおおむねケチンボだった。それゆえ、われわれはさらに彼に接近した。「よかったらマージャンしませんか」。無論その目的は青島ビールを接収するためである。こうした行為にたいしてわれわれはなんら良心の呵責を覚えなかった。「革命無罪」とはなんと素晴らしい言葉か。そんな思い出に駆られながら、現在の勺園の留学生にはもはや無産者がいなくなってしまったことに一抹のさびしさを懐いた。

夕食はK君へのお礼を兼ねて北京大学の近くの東北料理の《向陽屯食府》に行った。《向陽屯食府》

も懐かしい。文革期の下放村を再現したインテリアと食べ物を売りにしたレストランだが、食材は虫が主流。そんなわけで、今回もゲテモノを期待した。店があったこのあたりは高速道路が走り、すっかり景観が変化しており、最初見つけるのに難儀したが、蛇の道はへび、〝向〟の字のネオンに誘われてたどり着いた。店もまた面貌を一新していた。文革系のインテリアはそのままだったが、かなり洗練されたものに変身していた。料理もゲテモノは影を潜め、東北野菜料理を主体とするこぎれいなものに変わっていた。店にはその専属と思しきネコが客から料理のおすそわけをもらっていた。丸々と肥ったその様子は下放との落差を感じざるをえなかった。とはいえ、味は昔のまま。ウェートレスもなぜか東北訛りが抜けず素朴なままであり、まあお奨めレストランといってよい。

九月十五日、息子はもう一人の女工作員Tさんの案内で潘家園旧貨市場の骨董市に出かけ、中国画の大きな掛け軸を買ってきた。一応は手で描いたもっともらしい絵なのだが、一一〇元（三〇〇〇円）だという。まあ蓼食う虫も好き好きだからいいのだが、息子はなぜか大満足であった。もっともこの掛け軸、帰国した翌日にはわが家の愛犬の餌食となって破られる運命にあったとはこの時はまだ誰も予想していなかったのだが……。

筆者はこの日もまた国家図書館に出向いていった。さて、昼飯である。また快餐庁では能がない。第一読者が許さない。てなわけで思いついたのはとなりの紫竹院公園の中にある《聴鸝館飯荘》であった。北京で《仿膳飯荘》と肩を並べる宮廷料理の老舗で、本店は頤和園にある。同じ宮廷料理でも《仿膳飯荘》が光緒帝（皇派）の料理なら、《聴鸝館飯荘》は西太后（后派）のそれである。第一、

「鸝の鳴き声を聴く館」というネーミングが素敵である。「鸝」とはチョウセンウグイスのことで、西太后はこの鳴き声を好んだという。紫竹院公園の中に支店ができたとは聞いていたがいまだ赴く機会がなかった。ならば入ろう。餐庁情報を書いて身についたのはどんなレストランにもビビらずに単独で入れるようになったことである（なんの役に立つのか⁉）。店内は意外と庶民的。メニューにはもちろん宮廷料理のフルコースもあったが、一品二〇～三〇元のリーズナブルな家常菜も用意されていた。ここで筆者は珍しく鍋貼餃子（焼餃子）を注文した。中国で餃子といえば普通は水餃子をいい、焼餃子は滅多にないし、さほどおいしくない。また「食い遺しにもう一度火を通す」という感覚か、焼餃子は中国の人々にはあまり人気がない。でもこの店の焼餃子は一味違っていた。色も淡白なら、ショウガの利いた味も淡白で、なかなかの美味。一二元という安さも嬉しい。国家図書館に来た人はぜひ一度おためしあれ。

その夜はTさんへのお礼を兼ねて后海に出かけた。后海はもともと運河の船着場として造られた什刹海の北側の池を指すが、当時から景観がすばらしく要人の住居がたくさん並んでいた場所である。近年は三里屯に代わってバーやレストランが並ぶトレンディなスポットとして注目を集めている。その中の《茶馬古道》という雲南料理のレストランを選んだ。その理由はTさんの専門地域が雲南だったというよりは、その店名が気に入ったといったほうが当っている。最近はどうもこんなことで店を選んでしまう。さすがは后海にあるレストランだけのことはある。予想をはるかに超えた洗練された店で、South Silk Roadという横文字が添えられている。「茶馬古道」とはそういう意味だったのか。店は大繁盛。店の前のテラスも満員。それはそれで結構なことなのだが、従業員はめちゃくちゃ忙し

図24　北京オリンピックグッズ

く、ペイ族の衣装をまとったウェートレスたちは不機嫌そうだったし、料理がなかなか運ばれてこなかったのはまことに遺憾であった。ただ、料理は印象的だった。キノコを使った料理に呉三桂《ウーサンクイ》干《カン》巴《バ》菌《チュン》というのがあった。呉三桂とは清朝を北京に招き入れた明の将軍のことで、のち雲南王になった人物である。このどこが呉三桂かは知らないが、めちゃくちゃに辛く、しかし意外にうまいものだった。周りのカップルもきっと熱く辛く燃え上がっているのだろう。となりの席で本当に炎が立ち上った。料理に燃料を入れすぎたためである。

九月十六日。仕事のほうは無事終了し、本日は最後の日とて息子の街歩きにつきあうことになった。ホテルのある崇文門外一帯は大きなショッピング街があり、買い物客でにぎわっている。呼び込みのテノール歌手も頑張っているが、日本の感覚だと若干場違いな雰囲気である。それでもデパートのどの売り場も人でいっぱいである。

その中で唯一閑散としているのはオリンピックグッズ売り場である。オリンピックを盛り上げようと最近専門グッズの店が北京のあちらこちらに開店した。しかし、時期尚早、しかもグッズが安くないとあってイマイチ客足が伸びていない。「いま買っとかないとなくなってしまいますよ」と店員は言うが、誰もそれを信じない。五大陸を象徴する五体のぬいぐるみ、正直あまり可愛くないのだが、まあ仕方がないのでお土産に一つ購入した。金を払おうとすると、払う場所は別だという。中国では伝統的に収銀台という別な場所で金を支払い、その伝票を持ってもとの売り場に戻り、商品を受け取ることが慣習となっている。これは使用人である店員に金銭の授受をさせないために考え出された方法で、いつのころから定着したかはわからないが、社会主義になってもなくならなかった慣習である。それがこのような近代化したデパートでまだ生きているのが実に不思議である。収銀台に行くと長蛇の列。そこで金を払ってもとの閑散としたグッズ売り場で再び商品を受け取るまでに一時間を要した。なんかこう、北京は変化しているようで変化していない。

図 25　吉野家

予想外の手間取りで、昼飯を食べる時間になってしまった。《吉野家》の牛丼が食べたいとの要望に応えてこのデパートにある店に行くことになった。そういえば、狂牛病の発生のためにアメリカ牛が疑われてから《吉野家》に行ったことがない。別に狂牛病が怖いからではない。もしそうならアメリカでステーキや焼肉を食べない。豚丼を食べたくない。かといって高い金を払ってまであえて牛丼を食べたくない。ただそれだけの理由であったが、結構時間が経ってしまった。中国の《吉野家》のキャッチコピーに、

「新鮮が口に入れば健康が手に入る」とある。中国の人々は日本の現状を知っているのだろうか。中国牛の牛丼は並で一〇・九〇元、大盛+飲料+サラダで二三・九〇元。決して安くはないが、久しぶりに忘れていた味に再会した。ちなみに帰国するとすぐ日本で《吉野家》牛丼復活のニュースを報じていた。ということは、われわれは一般日本人に先駆けてヨシギュウを口にしたことになるわけだ。

最終日の朝は首都空港で取らなければならなかった。首都空港で食べる朝飯……これは中国の朝食の中では例外に属すとでもいえるほど高くてまずい。ここでは《星克巴》が一番無難なのである。

北京の土産物にはいつも困り果てる。値段が手ごろなお菓子類がきわめて貧困である。パンダチョコレート。あのホワイトチョコとブラックチョコとを組み合わせたアイデアはすばらしい。しかし、チョコレートがおいしくない！　天津甘栗なんとかかんとか。これまたアイデアはすばらしい。しかし、純正甘栗以外はおいしくない。北京の伝統菓子は日本人にはさして受けない。ならば、この季節においては月餅しかましなものがない。その月餅もやたらに甘かったり、やたらに大きかったりで、第一たくさん買ったら重くてしょうがない。どうして中国は品よく、小さく、おいしいお菓子系のお土産をもっと開発しないのであろうか。

さて、これで今年は北京も最後……。んなわけがない。この後、一〇日もしないうちに再び北京首都空港に降り立ったのである。

11　トイレ大変身――北京餐庁情報十一編　2006

本編は十編に続いて二〇〇六年九月二十五日から十月一日までの七日間北京に滞在した体験に基づいて記したものである。帰国して八日後に再び北京を訪れたのはさすがに初めての体験だった。

九月二十五日、定刻十三時三十分に北京首都空港に到着した。なんと八日ぶりの北京である。いくらなんでも北京が八日間でどう変身するというのか。到着直後は小雨模様だったが、しばらくすると晴天に変わった。いいかげん秋になってもいいのだが、天候はまだ夏のままである。同じくリムジンバスで街の中心に向かう。車の渋滞も八日間では変わりようがないが、まあそこそこで北京駅に着く。今回の北京はいつものメンバーによるいつもの研究プロジェクトである。したがって泊まるホテルも崇文門付近にあらず、これまたいつものように建国門外の賽特飯店である。なお、今回はこのメンバーに十編で登場した工作員K君が加わる。

さてリムジンバスを降りると、いつもなら崇文門の方に行くのだが、今度は反対である。そう思ってキョロキョロしていると、ズボンの左ポケットに違和感を覚えた。すわっ、スリか。これは筆者にして初めての体験である。シュワッチ！　筆者の機敏な動作はその人物の手首を捉えていた。でもよく見るとその先に持っていたものは中国の某航空会社の宣伝チラシだった。ちゃんとした航空会社がいかがわしいチラシを配っていてよいのだろうか。

賽特飯店まではたいした距離ではなかったが、荷物もあることとてタクシーを拾おうとした。そしたら四〇元だという。どう見ても一〇元内の距離である。旅行者と見て吹っかけているのは明らかだ。あまりの高さに愕然とし、それならばとて地下鉄で建国門まで行き、そこから歩くことにした。おかげで暑さも手伝って汗だくだくになってしまった。もっとも考えてみれば、四〇元といえども日本円に換算すれば初乗りの七〇〇円くらいである。これを安いと見るか、地下鉄＋汗だく三元を安すぎると見るかは、意見が分かれる。

到着した日の夕食はWさんご推奨の《渝信川菜》においてであった。現在北京にはこの店のほかに三店、さらに上海と重慶にチェーンを持つ四川料理店で、上海店にはメンバーが昨年すでに訪れたことがあった。飛び切り辛く、かつおいしい料理で評判の店であり、ややマイルドな（単にその辛さに馴れただけ！）の水煮魚など、上海店に負けず劣らずだった。本場の四川料理は「辣」よりも「麻」の方が強く、食べすぎると舌や唇がしびれたようになる。その感覚がまたよいのだが、これはもう病気である。みな口々に「シィ〜ビィレ〜チャッタヨウ〜」と叫んで店を出た。

ちなみに今回の朝飯は五日連続でホテルから徒歩三〇秒の《渝品楼美食》で取った。名前からして四川系であり、家常川菜の店なのだが、早朝から営業していて客の入りもよい。驚くのは「渝品楼小吃」と称するメニューの多さである。これが朝っぱらからすべて用意されている。包子、湯、麵、米線、蓋飯となんでもそろっており、最高一二元だが、六～八元で十分朝飯になる。四人がみな思い思いに注文する料理を聴いて耳で覚え、即座に合計金額を伝える〝神業〟のウェートレスがいることも驚きである。筆者はここで注文したのは皮蛋痩肉粥《ピータンショウロウチョウ》、鶏蛋炒飯《ジータンチャオファン》、鶏蛋西紅柿麺《ジータンシーホンシーミエン》、川味涼麺《チュアンウェイリアンミエン》、餛飩《フントン》の各種であったが、いずれも美味であった。

図 26　地下鉄切符

九月二十六日は中国科学院文献情報中心に赴いた。地下鉄の一三号線が開通してから初めてこの電車に乗った。科学院に行くには「五道口」で降りるのが一番よい。一三号線自体は北京市の中心と郊外を結ぶ通勤電車なのだが、五道口だけは国際色が豊かである。なぜならば、この近くの北京大学、北京語言大学、清華大学の留学生たちが街に出る時、みなここを利用するようになったからである。しかし、どの大学からも歩いてくるには少々遠く、たいていは自転車を使うという。もう少し、便利にならないのだろうか。

通常の地下鉄線から一三号線に乗り換えるための方法がおもしろい。通常の地下鉄運賃は三元均一であり、何度も紹介したようにその切符は改札を入った瞬間に奪われてしまう。しかし一三号線に乗り換えることを予定している場合は上のような切符を五元で購入することになる。改札では必ず半券を奪い返さなければならない。二号線で西直門駅に到着すると、なぜか外に出てしまう（そもそも改札がない）。そして地上に出てぐるっと歩かなければならない。たしか乗換えだったよなあ。しばらくすると、また改札がある。一三号線は新しいこともあって駅も立派。なんと日本式の自動改札機が設置されているではないか。だが、待てよ。この切符で大丈夫なのか。その不安は、改札の前にいたおばさん、いや服務員がその切符をもぎ取り、ウラにコーティングした新たな切符を渡してくれた時に解消した。つまり、この切符を自動改札機に入れろというのだ。賢明なる読者諸氏が言いたいことを、さらに賢明なる筆者は理解している。しかし、これが中国なのだ。

九月二十七日、社会科学院法学研究所を出て昼を食べる場所を探したが、なかなか決まらない。五四大街の便所のとなりにある湖南料理の店は健在だったが、まあ一度行けば十分だ。といっているうちに王府井に到着。結局決まらなかったので、まあなんでもいいからと《餛飩侯》に入ろうとした。この店はワンタン専門店だが由緒正しい老字号。一食の価値はある。ところが、その日の朝にワンタンを食したTさんが突然難色を示し、結果、その向かい側にある《香港美食城》に行くはめになった。その昔、北京に広東料理店がそうたくさんなかった時には、一番おいしい広東料理店だった。現在もなお点心類はそれなりにおいしく感じるし、羊城炒飯《ヤンチエンチャオファン》はとてもうまい。でも、われわれが《香港美食城》に行ったことを知ると、Wさんは「あんな高い店に行ったの!?」と即座に非難した。最近では地元の評判は芳しくないようだ。

久しぶりに中国で床屋に行こうという気になった。断っておくが、あの怪しげな床屋ではない。なぜ床屋に行きたくなったかといえば、単純に髪の毛が伸びたからである。帰国するとすぐまた仕事が待っており、行くヒマがない。それに高い。こういう時は中国で済ませるに限るのだが、その選択はたしかに昔はちと怖かった。安い、汚い、危ないの三拍子がそろった路上床屋はいうまでもなく、普通の床屋でも信用できない。第一、どっちが主目的の店なのかが区別できない。そんなこともあって安全策はやはりホテルの中なのだ。幸い賽特飯店にもＢＡＲＢＡＲがあった。ここでも従業員はやはり若い女性だったが、特段隠しメニューはなく、理髪とあいなった。まず洗髪し、しかるのち理髪、そして再び洗髪の行程をともなう。最初に座ったまま入念に洗髪する意味はどこにあるのだろうか。こういうホテルでは、昔「不要剪得太短（短く切らないで）」と「不要刮臉（顔を剃らないで）」は絶対必要な中国語会話だった。いまでは前者はまあロンゲのイケメンが街にうじゃうじゃいることを考えれば必要ないかもしれないが、後者はまだ役に立つ。とくに外国人が泊まるホテルでは絶対である。ひげそりなし、理髪のみで、しめて一二〇元。高いといえば高い。

さて、男前になって北京ダックを食べにいこう。筆者は関西の生まれである。関西では散髪したてのヤツを見ると（「散髪」という言葉も関西ではまだ生きている）、「オトコマエーッ」と叫んで後頭部を張り倒す習慣があるが（恐ろしい習慣である）、幸いなことにメンバーは全員関西生まれでなく、こんなアホをする人は一人もいない。よかった、よかった。ならば元気よく北京ダックを食べにいこう。

北京ダック遍歴は、《北京大董烤鴨店》を避けて通れない。なぜならば、日本のガイドブックでは軒並みその味をほめているからである。まだ若いコックさんが始めた新興店だが、その評判はたしかによい。「实习生」の名札をつけた若い小姐が担当についた。どうして若い小姐には実《シー》さんがあっちこっちにいるんだろうか⁉（六編参照）。この実さんもその一人だが、ニコニコして明るい感じのよいお嬢さんで、マニュアル通りの言葉を真面目にわれわれに伝える。

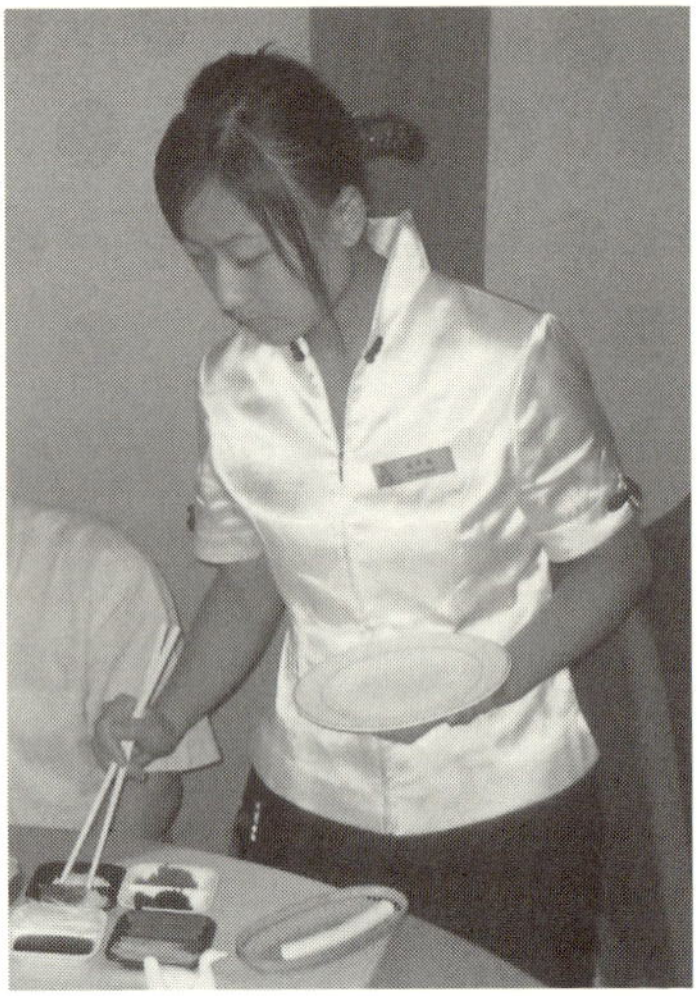
図 27　大董烤鴨店の実さん

「一一八元の特別ダックを一羽たのむ」

「魚料理はどうですか?」

「われわれはアヒルを食いにきたのだ」

「では、あわびはどうですか?」

「われわれはアヒルを食いにきたのだ」

「フカヒレもありますよ」

「おいおい。われわれはアヒルを食いたいと言うとろうが」

よく見るとこの店には日本人観光客が多い。このマニュアルだと、北京ダックを食べにきた日本人は同時にアワビとフカヒレを注文することが多いことになる。アヒルの食べ方の説明にもマニュアルがあるらしい。彼女はすごく真面目に一つ一つ説明してくれる。ネギだけでなくニンニクを入れたり、ほかの薬味を入れたりするのは新鮮である。肝心の味はといえば、たしかにおいしいんだが、少し物足りない。妙にあっさりしている。わかった。日本から来た観光客が初めて北京ダックを食べるにはちょうどよい味なのである。《全聚徳烤鴨店》では脂っこすぎるようだ。ガイドブックは誰のために書かれているのかを考えなくてはならない。でも、あっさり味が好みであればちょうどよいかもしれない。実さんがアンケート用紙を持ってきた。彼女の明るさと誠実さに免じて最大級の賛辞を記した。それを見た彼女、ルンルンと跳びはねながらレジに向かったが、少しも負けてくれなかった。

九月二十八日、中国国家図書館分館、つまり北海公園の西、文津街の旧北京図書館で工作した。清朝の京師図書館に始まり、北平図書館を経て、北京図書館となり、かつてはここに一括して図書が収蔵されていたが、白石橋に大きな新館が建設されてからは、普通本古籍と地方志、家譜のみを収蔵する古籍図書館となり、かつてのにぎわいは過去のものになっていた。しかし、この建物は全国重点文物保護単位（国宝）の認定を受けた。今年六月に指定されたばかりのようだ。

夕飯工作はメンバーの好む江南料理の名店《無名居》において実施した。この店は釣魚台の特級コック呉家安を総料理長に招いて開いた店で、メンバーは一昨年訪れたことがあった（八編参照）。Wさんは予約を取る時、漂亮《ピャオリャン》（きれい）な部屋であることにこだわった。われわれはついでに漂亮なウェートレスにもこだわってほしいと内心思った。前回のウェートレスはたしかに漂亮だったからである。叫花鶏《チャオホアジー》、清湯獅子頭《チンタンシイツトー》など、どれをとっても変わらぬおいしさが維持されていた。こういう時には、みなが「好吃死了《ハオチースウラ》」、つまりおいしくて死にそうと叫ぶことになっている。メンバーの一人から「じゃあ、その下は何か」という問題提起があり、慎重に協議した結果、次のようになった。二位「頂好《テインハオ》（マイウー！）」、三位「不錯《ブウツオ》（グー）」、四位「还好《ハイハオ》（まあまあ）」、五位「还可以《ハイカアイ》（マッいいか）」、六位「好《ハオ》（フツー）」、七位「不太好《ブウタイハオ》（たいしたことない）」、八位「不好吃《ブウハオチー》（うまくない）」、九位「狗不理《コウブリイ》（マジィ）」。漸次劣化して、七位くらいから悪くなり、九位に至ってはあの《狗不理包子舗》にちなんで「狗《いぬ》も食わない」というのが大方の一致するところであった。ただ、さらに「狗不理」の下もあるのではないかとの重要提議がなされ、これまた慎重に検討した結果、「K君でも食べない」という「シャオリン不理」がよろしかろうという結論に達した。

九月二十九日、本日はフリータイムである。各自勝手に行動することになった。本日は快晴である。スモッグもなく本来の北京の青空である。それゆえ筆者は午前中天安門から前門、大柵欄を経て瑠璃廠を散策することにした。

国慶節を目前に控えた天安門広場は人でいっぱいだった。毛主席紀念堂を垣根で囲ったり、オリンピック関係の小山を造ったりで、さしもの広場も狭く感じる。天安門の毛沢東と対峙する位置に孫文の肖像を置くのはどういう意味を含んでいるのだろうか。国家博物館前のオリンピック時計の時間もあと六七九日九時間二六分三六秒になってしまった。あともう少しと見るべきか、それともまだまだ先と見るべきか。

前門から大柵欄一帯は大修復中である。前門にあった主だった建物はほとんど壊され、《正陽楼飯荘》をはじめとする名だたる老字号もなくなってしまった。大修復のあと、やがては復活してもっと立派になる店もあろうが、《正陽楼飯荘》はどうなるかわからない。大柵欄付近の胡同ははとんど整理されてしまった。これではどこに何があったのか全くわからぬではないか。このあたりの道路拡張はもはや胡同の復活を許さない。瑠璃廠に抜ける一帯はまだ辛うじて昔の面影を留めていた。ただ、ハナ垂れ小僧はどこかに行ってしまったし、縁台で将棋を指す下着姿のヒマなおじさんも多分どこかで働いているのだろう。一番変わったのはトイレだろう。昔は住居なのかトイレなのかいまひとつ区別がつかなかったのだが、トイレの方が格段にきれいになったのは、これもまた近代化の波なのか。

さて、そうこうするうちに昼飯時になった。といっても一人である。なぜか急に店に入って注文するのが面倒臭くなった。おおぜいで食べ続けていたせいなのだろうが、急に一人になるとなかなか店に入る勇気がなくなる。そこで賽特飯店に隣接する賽特デパートの地下で何か買ってホテルの部屋で食べることを思いついた。デパートの地下はヤオハン時代同様に多くの舶来食料品であふれている。さらに韓国の食品も多く、一〇年前に比べてかなりバラエティに富んだ感がある。しかし、日本のデパ地下との決定的な違いは惣菜が充実していないことである。原材料はたしかに売っている。冷凍食品もまあある。しかし、すぐに食べられるものがない。火腿《フオトイ》（中国ハム）はあっても量が半端でない。カップラーメンもイマイチ。パンはダメ。こんなことでなかなか決まらないため次第にいやになってきた。ふと見ると、小客桟：自熱方便套餐木須肉飯なるものがカップ麺の横で売られている。なになに、火を用いず、電気を用いず、熱湯も要らないらしい。おまけに中国人民解放軍総後勤部軍需装備研究所という堅い所で作っているとのこと。ということは、かのナポレオン戦争の時に発明された缶詰のごとく、軍需物資なのか。火を使わず暖かい木須肉《ムーシーロウ》（肉ときくらげとタマゴの炒め物）をご飯にかけて食べる中華丼をこのようなかたちで発明するとはさすがに中国である。気に入った。今日の昼はこれで決まりだ。早速指示書通り、箱を開け、ハッキンカイロのような袋をおかずと米のレトルトパックの上に載せ、その上から油のような液体を注入した。するとあら不思議。みるみる袋は熱くなってきた。待つこと

図 28　自熱方便套餐

一五分で完成だそうだ。人民解放軍が発明した中華丼だ。きっとおいしいに決まっているという妙な期待感があった。しかし、信じた筆者が馬鹿だった。第一コメが硬くてどうしようもない。おかずだけでもと思ったがこちらも同様に食えたものではない。こんなもの誰が買うのだろうか（アンタが買ってる！）。迷うことなく「シャオリン不理」の称号を贈ろう。改めて日本のインスタント食品の優秀さを再認識した。

九月三十日、瀋陽経由で北海道に帰るメンバーを見送った日の午後には潘家園旧貨市場に行かねばならなかった。というのも愛犬に掛け軸を破かれてしまったくだんの息子からもう一度買って来てくれとのリクエストを受けたからである。絵を売っている場所で箱に入ってまとめて売っていたという。そもそも二〇元の絵とはどんなものか興味があった。もっとも掛け軸を買うなんて経験したことがなかったのである。

潘家園旧貨市場はいつも通り盛況だった。今日はとくに国慶節前日の土曜日ということもあるのだろうが、市場そのものは年々発展している。しかし、年々ドロボウ市のような雰囲気が薄れ、観光地化してきたし、売っているものもマンネリ化が否めない。

掛け軸は息子が話した通り、いろいろな絵がいっぱい売っている一角にあった。いままで関心がなかったせいもあり気がつかなかったが、伝統的な中国の山水画よりもむしろ現代絵画のようなものが多い。また油絵が結構売られている。きわめて写実的なものが多いが、なかにはモダンアート的なものもあって、じっくり見るとなかなかおもしろい。中国の農村や少数民族の風俗などを素材にしたものには趣がある。もちろん人体芸術もこのジャンルには欠かせない。

ところで、掛け軸である。箱なんかないし、掛け軸をまとめて売っている店もない。そこで、軸を店に掛けるのに忙しいおニイさんに、その軸いくらか尋ねてみた。六〇元だというので四〇元まで値切ったが、それ以上はダメだという。じゃあ、もう一本買うからまとめて五〇元にしろというと、二本ならまとめて七〇元ならとのたまう。したがって二本まとめて六〇元で手打ちとなった。予算オーバーである。しかし、一本だけ買っていってまたイヌに破かれる可能性は大いにある。ということは予備も買っておいたほうがよいというベクトルが働いたのである。

今回潘家園旧貨市場の門を入って左側にコンクリートビルが建っていることに気がついた。そこでは四人の著名な収集家による文革グッズ交易会が大々的に開催されていた。骨董市場は古いものがひとあたり落ち着いてきたが、代わりにいままで中国人にとって珍しくもなんともなく、結果二束三文と見なされて文革グッスが金目になるものとして注目を浴びはじめている。棄てるに棄てられず、もてあましていた景徳鎮謹製白磁の毛沢東などが高値で売れるとあって一部では歓迎することしきりなのであろう。ならば北京大学の巨像も金になるかもしれない。もっともいまどこにしまってあるのだろうか。

交易会とあって出品店も一つはバッジ専門、一つは毛沢東著作専門、一つはポスター専門、一つは新聞・雑誌専門と分業化が進んでいる。毛語録の異本などもあって、近い将来この分野の本も書誌学の対象になるのではないかと思ってしまう。時間があればもう少しじっくり見たかった店ではあったが時間が来たらさっさと店じまいしてしまった。

十月一日、本日は中華人民共和国建国五七周年に当る国慶節である。この国は今後どのような発展の仕方をするのであろうか。

テロもまた中国が抱える頭の痛い問題である。北京首都空港も他の空港同様手荷物検査を厳しく行っている。そういえばS氏は上海から《全聚徳烤鴨店》謹製の北京ダックの真空パックを土産に持って帰るといっていたが、首都空港では鳥インフルエンザの関係で持ち込み禁止であった。果たして成功したのであろうか。

今回は久々に手荷物検査でチェックを受けてしまった。別段やましきことはしていない。やましきものは持っていない。なのにバッグを開けろという。係官はバッグの中をかき回し、一つの品物を取り出した。それは土産として賽特デパートで買った乾麺だった。係官はそれに付随している液体油をじっくり見ながら、それは何だとせっついているもう一人の係官に元気よくこう言った。「タンタンメーン！」。アメリカやイギリスに比べれば中国はまだ平和である。

12　段ボール肉まんを乗り越えて──北京餐庁情報十二編　2007

本編は二〇〇七年九月二十二日から九月二十六日までの五日間北京に滞在した体験に基づいて記したものである。この年はオリンピックの開催を翌年に控え、段ボール肉まん事件をはじめとする北京の食の不安が取りざたされた。

二〇〇七年初の北京餐庁情報をお届けする。例によって北海道大学の研究プロジェクトの一環なのだが、このたびは趣味が高じてナンとやらで、ついに老字号調査が主目的の旅になってしまった。老字号はなにもレストランに限ったことではない。北京は古い街、ここには薬屋、漬物屋、絹屋、靴屋、写真屋、文房具屋など、清末から民国初期にかけて開業した異業種の屋号がそのまま使われている店が多い。そのような伝統店がなぜ発展し、人民中国の成立や文革の混乱を経て現在に及んでいるのかを長いスパンで究明しようとするもので、やり方次第ではあまり手がつけられてない清末民国期の都市史研究として画期的なものになることは請けあいなのだが、誰もそれを信じてくれない。「どうせまたみんなで食いまくるんでしょ。いいわねえ」との声がいろいろな方面から聞こえる。ただし、断っておくが、われわれの飲み食い代は当然のことながら経費にはカウントされない。したがって、断じて「ただ飯」を食うわけではない。また、プロジェクトそのものはきわめて真面目なものであり、断じて「物見遊山」ではない。しかし、これもまた誰も信じてくれないのが悲しい。そういった偏見・誤解はきっとわれわれの研究成果が世に評価された時に解けるものと信じたい。

北京行きの飛行機は成田からの中国国際航空（CA）。例によって全日空との共同運航便であったが、客室乗務員は日本人が一名いるだけだった。気のせいか、客も圧倒的に中国人が多い。そんな中でも後部座席は日本人のおばさん二人組だった。

おばさんA「あら、この飛行機、全日空との共同運航便なのね」
おばさんB「じゃあ、全日空のマイレッジ、使えるんじゃないの⁉」
おばさんA「あなた、CAの安チケット買ったんでしょ。だったらダメよ」
おばさんB「でもおんなじ飛行機よ。なんで？」
おばさんA「ダメなものはダメなの」
おばさんB「そんなのわかりゃしないわよ。あ、ちょっとおネエさん！」

ということになり、おばさんBは出発前の忙しい時に唯一の日本人客室乗務員を捕まえて交渉を始めた。結果はご推察の通りとなったが、憤懣やるかたないおばさん、「ほんと、最近全日空もサービス悪くなったわねえ」とのたまわった。日本のおばさんは健在である。

機内食にウェットナプキンがついてきた。一見なんの変哲もないものだが、よく見ると、「おてふき　お手をお拭き下さい」とある。「おてふき」とはそもそも「お手をお拭きするため」にあるのできはないのか。だったらこんな注意書き、なんの意味がある。やはりCAだ、と思って斜め向こうの席に座っていた日本人のおじさんを見たら、そのナプキンで顔はいうまでもなく、首筋までも拭きはじめたではないか。そこまで想定するとは、さすが全日空との共同運航便だ。ともあれ、日本のおじさんもまた健在である。

今回の宿にしたのは、建国門内大街にある好苑建国商務酒店というホテルだった。全国婦女聯合会に付設する建物で、北京駅からも近く、東に行けば国際飯店、西に行けば東単がすぐの一等地。それなのに一泊六三八元(一万円余)は安いといえる。恐らくは公共機関の宿泊所がホテルに発展したからだろう。服務員の態度も立派、コーヒーの値段も立派だった。人民解放軍の幹部が会合を開くに至ってロビーに紅いジュータンが敷きつめられ、服務員の態度がさらに立派になったのは、このホテルの歴史に由来するためなのか。

朝食はすべてこのホテルに設けられている《唐宮海鮮舫》というレストランで済ませた。広東料理と海鮮が主の店だが、点心も悪くなく、値段の割にはおいしいとの評判がある。われわれはもっぱら白粥、ピータン粥、トリ粥と粥をメインに点心類に挑戦し続けた。いままでこのグループの朝飯は安さ追求だっただけに路線変更といわれても仕方がない。でも、さわやかな朝は朝飯のうまさにも左右される。

さて、今回の話題はなんといっても前門大街の大修復である。前門とは東西の崇文門・宣武門を含めた内城の三つの門の正門に当たり、正式には正陽門という。この南側は前門外と呼ばれ、古くから

図 29　修復中の大柵欄

商業区として栄えたため、北京の〝浅草〟の異名を持っていた。異名にふさわしく、衣料雑貨や食品などの庶民的な店や老舗餐庁が集中する独特の雰囲気があった。その大通りが最近大変身を遂げようとしている。

主役である前門、すなわち正陽門はこれより少し前に改修を終え、きれいになったと言っておこう。ペンキの色のせいか、おしゃれになった分だけ風格がなくなったような気がするのだが……。まあそれも仕方がないのかもしれない。それはいいとして、その南一帯はいつのまにかすべてが壊され、目下工事中の状態になってしまった。そこには巨大なついたてが設けられているため、中が見えない。例の《正陽楼飯荘》をはじめとして、《全聚徳烤鴨店》《都一処焼売館》《老正興飯荘》など、有名な老字号がみななくなってしまった。第一、通りに足を踏み入れることができない。かつてここにあった《便宜坊烤鴨店》の看板だけが取り除かれないままむなしく残っていた。この状況がどこまで続いているのかを確かめるべく、珠市口大街に出ると、工事現場入口に出くわした。ということは、つまり前門大街の北半分はすべて壊してしまったのである。ついたてにはたくさんの完成予想図が描かれていた。果たしてこの絵のごとく、アカ抜けたきれいな通りに変身できるのであろうか。また、こんなに大規模に壊してしまってオリンピックに間にあうのだろうか。

　他方、大柵欄の東側の通りは、小変身ながら少々きれいになった気がする。十八世紀に通りの入口に大きな木の柵を設けたことにその名が由来する全長三〇〇メートルばかりのこの通りは前門とはまた違った下町的な雰囲気を多く残している。大柵欄が通常営業していることを示す、きわめて庶民的な手書き表示にしたがって中に入っていくと漬物の六必居醤園（一五三〇年創業）、絹布の瑞蚨祥綢布店（一八九三年創業）、茶の張一元茶荘（一九一〇年創業）、薬の同仁堂薬店（一六九九年創業）、履物屋の内聯陞鞋店（一八五三年創業）など、そうそうたる老舗が建ち並ぶ。とりわけ大観楼電影院がきれいになって復活したのはうれしい。ここは一九一三年に中国映画が最初に上映された場所として知られていたが、しばらくはさびれ放題だったからである。

図30　大柵欄のドナルドダック

　とはいえ、大柵欄はもと色街、やはり変なものもまた健在である。中老年服装店では背広に混ざって人民服が売られていた。年寄りにとってはやはりまだ人民服に愛着を感じるのであろう。ただ人民服を着せられたマネキン、どう見てももちと若すぎるのではないか。呼び込みのドナルドダックも変である。これもきっとデズニー本社に許可を取っていないに違いない。

通りから少し横道に入るとやたらと「保健」の看板が目立つ。一見すると薬屋のようであるが、雰囲気はなんだか怪しい。とくに「成人保健」と断っている店がとりわけ怪しい。早い話、精力剤と大人のおもちゃの店なのだ。その店の一つがこんな看板を出していた。「猛男専用：三槍一炮　只需一粒　勢不可擋」。後半は「只《た》だ一粒を需《もと》むれば、勢い、擋《さえぎ》るべからず」ってくらいだからなんとなくわかる。問題は「三槍一炮」である。「槍」は本来ヤリの意味だが、現在は口径二〇ミリ以下の銃を意味し、それ以上の口径を持つ「炮」と区別されている。ということは……。後は読者の邪念と妄想に委ねたいと思う。「保健」の日本語の訳語はやはり「ヘルス」が一番だと思う。

図31　三槍一炮

肉まん屋もまた健在である。今年はとくに北京の肉まん屋が日本で注目を浴びた。アンの中に本当に段ボールを入れたのか、はたまた放送局のヤラセだったのか。真偽のほどは不明だが、北京の肉まん屋はどこも繁盛している。北京に来る前に日本に留学している中国人留学生に真偽どっちだと思うかと尋ねてみた。彼らいわく、「どっちもありうる」とのことだった。そこで北京の肉まん屋に突撃インタビューを試みた。彼からは「段ボールなんか入れたら店はあがったりになっちまうよ」との答えが返ってきた。たしかに食に関するかぎり中国庶民の舌は肥えているし、口コミのネットワークはもっと恐ろしい。いったんそんな事実がバレたり、うわさでも流れたりすれば、その店はたちまち閉古鳥が鳴いて閉店に追い込まれる。だから、そんなリスクを冒すようなことをあえてしないとは昔から聞いていた。だからこの店も繁盛しているだろう。反面、露天の羊の串なんて食うもんじゃない、文字通り「どこの馬の骨かわかったものじゃない」ことも昔から聞いていた。中国政府がこれを放送局のヤラセだといち早く決めつけたのもいろいろ憶測を招いた。放送自体はヤラセだとしても、「実態」は厳然として存在するからだというものだ。実は、牛肉偽装なんて可愛いものだということを印象づけるためにたくらんだ日本の業者による陰謀だとのUSO放送も流れた。いずれにせよ重要なことは、たとえそんな事実があったとしても、北京の肉まんにすべて段ボールが入っていると思わないことだ。まあ、いかにも怪しげな店では肉まんを食べないほうが無難であることはいうまでもない。大柵欄はまだ変態が完了していないと見た。

修復ついでにいえば、前門までとはいえないものの、王府井もまたオリンピックに備えて化粧直しを始めた。北京飯店はかなり以前に修復を完了したが、その裏、すなわち王府井大街沿いはまだこれからである。その間、ボヤなどを出したりしてお騒がせだったが、たいそうおおげさなついたてを設けて工事に着手した。さて何ができあがるのだろうか。新東安市場も新建設からはや一〇年、この機に大修復が施されている。それでも一応は営業を続けているところが涙ぐましい。

今回は老字号調査なので昼食・夕食のほとんどを著名老舗餐庁で取ることになった。やはりこういった料理はおおぜいで食するのが望ましい。以下、その成果と課題?である。

二十三日の昼食には《泰豊楼飯荘》に行った。一八七四年創業にかかるこの店は一三〇年あまりの歴史を持つ山東料理の老舗で、解放前は京師八大楼の一つに数えられていた。解放直後の一九五二年に閉店したが、宋慶齢らの支援の下に一九八四年に復活。以来固有の役割を果たしてきた。実はここを訪れるのは初めてだった。料理はともに正宗山東料理で、味はなかなかよい。客の入りがイマイチだったが、時間とともにいっぱいになったため、それは心配無用だった。服務員たちも老舗の割にはきびきび働いている。よく見ると黒いスーツを着た年配の女性が一人で差配している。昔の国営店にはよくいる一見とても怖そうなおばさんである。二見しても、やはり怖い。服務員たちがキビキビ働いているのもそれなりの理由があるというものだ。

その日の夕食には《砂鍋居飯荘》に赴いた。一七四一年創業にかかるこの店は《泰豊楼飯荘》の倍以上の歴史を誇る「砂鍋菜」という土鍋料理で有名な庶民料理の老字号である。解放前は京師八大居の一つとして名を馳せていたが、一九九四年暮に新装開店した。そういえば筆者はなんと一二年ぶりの訪問である。建物は一二年前のまま、入口にシンボルである大土鍋が置かれているのも昔のままである。砂鍋白肉《シャグオバイロウ》というブタばら肉と白菜の煮込みをピンクのタレをつけて味わう方法も変わっていない。最初に訪れた際、その味にいまひとつ感激せず、続編では酷評した。なのに今回は結構おいしくいただくことができた。やはりこういった料理もおおぜいで数種類の鍋をつついて初めてうまさを感じるのであろう。

二十四日の昼食にはメンバーたちの四川料理好きともあいまって、昨年工作員たちと訪れた旧《四川飯店》、すなわち《四川楼》を再訪問することになった。もはや胡同とはいえないほど広くなった通りに面して「北京中国会」と看板がかけられ、いよいよ会員制クラブらしくなった。会員になればどんな料理が体験できるか、興味津々であるが、短期訪問ではどうにもならない。でも一般のテーブルでも十分に「《四川飯店》の四川料理」が楽しめる。麻婆豆腐、蒜泥白肉《スワンニィバイロウ》、夫妻肺片《フーチーフェイピエン》、坦坦麺などの定番を注文したが、みなはるか往時の留学時代に食べた四川飯店の味を思い出したようだった。全員〝麻《マァ》〟のために唇がしびれてしまったため、コーヒーが飲みたいと言い出した。近場の《星克巴》が思い浮かばなかった。すると、誰かが言った。「ここにもあるんじゃないの?」。まさか、ここは老字号の四川料理店であるぞよ。そんな夷狄が飲む〝泥水〟なんかあるはずがないじゃないか。そんなことを言っている最中、彼は服務員を捕まえて尋ねていた。服務員いわく「あるよ」。しかもこのコーヒー、なかなか本格的なもので、料理のあとの飲み物として不思議とよくマッチしていた。《四川飯店》も「改革開放」まっただなかである。

その日の夕食には筆者の提案により《来今雨軒飯荘》を選んだ。この店は中山公園内にあって、独特の雰囲気を醸し出している老字号であるが、二〇〇三年に一人で訪れた時には名物の紅楼菜など、試すべくもなく、次回おおぜいで来た時に再挑戦を期した料理屋だった(七編参照)。ところが、店内に入ると客が誰もいない。おまけに奥からかったるそうに出てきた服務員は七時半で看板だという。七時半! あと三〇分しかないじゃないか。でも、仕方がない。ありあわせでいい。そんなわけで、「客のいない老字号には入ってはいけない」という戒めを破ってここで夕食を取るはめになった。服務員が面倒臭そうに厨房に入ると、コックたちの「ええっ――」という声が聞こえた。今日は客が来ないからもう帰ろうとしていたことがミエミエである。やたら早く料理が運ばれてきた。しかし意外にもしっかりした味であることは二〇〇三年と変わりはなかった。惜しむらくは服務員たちの〝国営〟ぶりが一段と進化したことである。七時半になると服務員が一人ずつわれわれに「再見《ツアイチエン》」と言って帰っていく。われわれも思わず「歓迎再来《ホワンインツアイライ》（またのお越しを）」と言ってしまう。「そして誰もいなくなった」らよかったのだが、料金を受け取る服務員だけはしっかり最後まで残っていた。

二十五日の昼食には《烤肉宛飯荘》の焼肉料理を選んだ。当初、そのライバル店の《烤肉季飯荘》に行く予定であった。というのも、この人数だったら焼鍋を囲んで自分たちで肉を焼いて食べるコースが実現できるからであった。ところが、Tさんが電話で予約したところ、一卓三〇〇〇元以上食べなければダメだとのことで、それは〝法外〟との意見の一致を見た。《烤肉季飯荘》は個人的に高く評価する店であるが、そんなところで値をつりあげているのは遺憾である。というわけで、だったら《烤肉宛飯荘》に行こうということになった。昼とはいえ、店は大盛況で、烤羊肉・烤牛肉ともに美味であった。そのため今回は《烤肉宛飯荘》に軍配が挙がった。

さて、その日の夕食には《同和居飯荘》でしめることになった。一八二三年の創業にかかり、《砂鍋居飯荘》とともに京師八大居の一つとして現在まで生き残っている山東料理の老字号として有名な店である。この店をとりわけ有名にしたのは三不粘《サンブチャン》というデザートである。卵黄と緑豆粉と砂糖のみを材料とし、皿、箸、歯の三つにともにくっつかないことからその名がある。当日は中秋、四時半に行ったにもかかわらず満員で席がない。とはいうものの、そこは金の力。われわれが日本人だとわかると、一卓九〇〇元食べれば特別ルームの「雅座」を用意するという。一卓九〇〇元は決して安くはない。しかし、《烤肉季飯荘》の三〇〇〇元に比べればはるかにリーズナブルであり、せっかくここまで来たにもかかわらず他の店を探すのは面倒だということもあいまって、一同「好《ハオ》」の結果になった。相対的に弱体化したとはいえ、日本経済の力もまだ見捨てたものではない?! ということで、九〇〇元以上注文しなければならなくなった。途端にわれわれの気も大きくなった。この店の名物料理に貴妃鶏《クイフェイジー》というニワトリの丸焼きがある。「あ、いいねえ。それお願い。値段? 気にしない。二時間かかる。いいじゃないか」。結局、貴妃鶏は売り切れており、食卓に運ばれてこなかった。代わりに葱爆海参《ツォンバオハイシン》(ナマコとネギの炒め物)はどうかって? 何?、三八〇元、いいねえ」。なんて普段ならば絶対にしない会話ののち、なんとか九〇〇元以上を食したのであった。一皿八〇元もする三不粘を注文したのはいうまでもない。しかも酔狂にも二皿も。あれやこれやで大にぎわいのうちに中秋の夜宴は終了した。

帰国する日、一つだけ心残りがあった。それはいまはすっかり跡形もなくなってしまった前門の《正陽楼飯荘》の行く末であった。前門大街大修復のため二〇〇五年暮に閉店に追い込まれた老字号は前門大街修復の暁には復活するのか否かという問題だった。ところが、市内の地図を見ていて、ひょんなことから《正陽楼飯荘》が天壇の南門近くにあることを発見した。ひょっとしたらつぶれたといってここに転居したのかもしれない。午前中時間があったのでわざわざタクシーで現地に赴いた。たしかに「正陽楼」との屋号を掲げる店が存在した。しかし、妙に古ぼけていて、昨日今日に引っ越してきたとは思われない。服務員が言うには、この店は正式には《北京正陽楼鸞慶飯荘》といって、まちがいなく《正陽楼飯荘》の味の伝統を継ぐ店であるが、一九六七年にこの地に店を出し、以来家庭料理系を主体にやっているとのことだった。推測の域を出ないが、文革が始まって本家が機能しなくなったため、市の中心から遠く離れたこの場所で細々と経営したのがその始まりだったのではなかろうか。じゃあ、本家はどうなのか。彼女は表情を変えずに次のように言った。「つ・ぶ・れ・た」。かくて《正陽楼飯荘》に復活の望みは絶たれた。

まだ時間もあるし、せっかくここまで来たんだから、ついでに《新豊楼飯荘》の様子もうかがっておこうという気になった。《新豊楼飯荘》は民国初年に開業した北京を代表する山東料理の老字号であったが、一九三〇年、コックの引き抜きによって《豊沢園飯荘》ができたため、一九四九年に営業停止に追い込まれた。しかし、一九八四年に復活し、宣武区白広路大街に店を出しているはずだった。《豊沢園飯荘》はいうまでもなく珠市口に店舗を構え、近年はホテルをも兼ねた成功老字号であるが、だったらそのもとはいまどうなっているのだろうか。まあ、単なる好奇心から地図にある場所を目指して再びタクシーを飛ばした。一抹の不安が見事に的中した。同じ番地に建つビルは上海料理の老字号《美味斎》の屋号を掲げていた。服務員の話では、たしかにここに《新豊楼飯荘》はあった。しかし、四年前に《美味斎》に代わったということだった。じゃあ、《新豊楼飯荘》はどうなったのか。彼女は表情を変えずに次のように言った。「つ・ぶ・れ・た」。かくて《新豊楼飯荘》もまた姿を消したのである。

13　もうすぐオリンピック――北京餐庁情報十三編　2007

本編は二〇〇七年十二月二十五日から十二月三十日までの六日間の北京滞在記録である。二〇〇七年二度目の北京である。いよいよ北京のオリンピックの開催が来年に迫ってきた。なにかとその開催が危ぶまれる中国の社会状況であるが、加えて都市と農村との貧富格差が問題化してきた。北京なんかにいるとあまり感じないようだが、農村の生活はまだまだ貧しく、オリンピックどころではないのかもしれない。

九月以来の北京である。したがって街にはあまり変化がない……と思ったらおおまちがい。北京は一〇年ぶりでまたあちこちが掘り返され、日々その容貌を変えつつある。

昨年秋からの変化といえば、地下鉄五号線が開通し、雍和宮から東四、東単を抜けて崇文門、天壇に通じるルートが開けたことだろう（昨年、駅そのものは完成していたが、車両は動いていなかった）。車内はもちろん、プラットフォームもずいぶんアカ抜けてきた。料金もまた一律二元に改定された。これまでは環状線が三元、五道口に通じる一三号線に乗り換えるためにはさらに二元を追加しなければならなかったことに比べれば、〝改正〟というべきか。もっとも西直門から地上に上がり、妙に厳重な柵の通路を歩いて乗り換える方式は全然変わっていない。そうそう、多くの駅で乗客の進路を妨げ

図 32　カバーのかかった地下鉄改札機

ている物体を最近よく見かける。なぜかどれもピンクのカバーに覆われていて中身が見えないが、これが自動改札機だということは想像できる。いつ実用化されるのだろうか。思うに、この機械が機能するようになった時でも、きっとおばさんたちがその傍らに立っているに違いない。

　地下鉄一三号線は街の北側をグルッと回って反対側の東直門で終点になる。なぜか東直門の駅も修復中である。筆者は二号線に乗って雍和宮を過ぎ、次の停車駅である東直門で降りるつもりだった。しかし車内放送は、「次は東四十条」と告げている。一瞬聞き違えたかと思ったが、たしかにそう言っている。さては急行か。いや待て、ターミナル駅で急行が停まらないはずはない。？？？が残るまま、地下鉄は東直門を通過していった。なぜ修復中だと地下鉄が停まらないのか。ちなみに筆者の近所の横浜駅なんぞは二〇年この方ずっと修復中であるが、そのために閉鎖されたなんて話は聞いたことがない。国柄の違いというものはこんなところにも現れるのだろうか。

　今回は中国国家図書館と北京大学で用事を済ませることが主目的だったので、少しでも図書館に近くアクセスがよい友誼賓館を宿にしようと思った。五ツ星の友誼賓館でも主楼である貴賓楼以外の部屋は案外安い。昔はよく利用したが、街の中心までの交通渋滞はひどく、最近はごぶさただった。空港からはシャトルバスでホテルの前まで連れていってくれる。今回ここまでは昔同様、なんの問題もなく事が運んだ。

ところが、である。フロントで部屋はないかと尋ねると、「没有《メイヨウ》」という答えが返ってきた。安い部屋はないということである。中国のホテルでメイヨウコールを聞いたのは本当に久しぶりだった。ウソでしょう⁉　このシーズンオフに誰が泊っているというのか。いまどきのホテルマンたちがバリバリの国営精神で武装されているはずがない。昔ほどけんもほろろではない。しかし、どう粘っても「無から有」が生じない。あとでわかったことだが、本当に部屋がなかったのである。翌日、このホテルでは全国ナンチャラ会議と称する大会が開かれ、おびただしい人数の参加者がここに宿泊していたのだ。この押しつまった忙しい時期に会議など開かなくてもいいじゃないかといっても、ここは歳末のない中国なのである。

じゃあどうすればよいか。貴賓楼の特別ルーム一泊九六〇元なら空いているという。九六〇元というと、現在一元が一七円なので、しめて一万六三二〇円になる。中国のホテルで単に「寝るだけ」のためにこの値段を出すのは筆者のような者にとっては考えられない。しかし早くチェックインして中国国家図書館で入館手続きがしたい。近くに友誼賓館以外の適当なホテルが思い浮かばない。おまけに重い荷物もある。こういう時は精神勝利法に限る。そう二泊したと思えばいいのだ。そしたら一泊は八一六〇円だ！　とはいえ、悔しいことには変わらない。しぶしぶチェックインすると、フロント嬢は言う。「プールとアスレチックジムの使用が無料ですよ！」と。「要らんわい。でも朝飯はついているんだよね？」「申しわけございません」「……」。

部屋に入ると、筆者のこれまでの友誼賓館のイメージを一変させる立派な調度品が目に飛び込んできた。ちゃんとした書見机にはファックスが鎮座し、もちろんインターネット、衛星放送、ワイド液晶テレビなどがすべてそろっている。蛇口が陶器でできている。バスタブとシャワールームが別個に存在する。ならばこれを使わない手はない。早速シャワーを浴びようとしたが、お湯を出す装置がどこを探しても見当たらない。どうせなら簡単なものにしてほしい。

貴賓楼とは「貴《たか》い部屋に平気で泊まる賓客」のための建物だということが初めてわかった。そこで、ここは一泊だけにし、いつものように新橋飯店に逃げ込んだ。新橋飯店では会議もなく、無論団体客もなく、すんなりとチェックインできた。最初からここにすればよかった。早速ルームランプをつけた。ブブブとうなったかと思ったら、すぐ事切れた。九六〇元出せば二泊できるホテルの悲しさがここにある。

中国国家図書館は目下正面入り口が大工事中である。しかし善本室は一向に変化がない。いまなおカーボン紙を使った複写で請求カードを複数作り、館員がそれを見てマイクロフィルムがあったかどうか別のノートで確認するというシステムは全く変わっていない。ただマイクロフィルムは黙っていても係員が取りつけてくれる。十六時四十五分閉館という規定は文字通り十六時四十五分で閉館する意味に変わった。これは画期的である。機械化が実現しても人が変わらないのが地下鉄ならば、中国国家図書館はその逆になりつつある。

北京大学図書館の古籍善本室に行ったのは久しぶりである。外部の者が入館するには紹介状が必要だとか、八月は善本を見せないとか、規定がうるさくなったとかで、ついつい足が遠のいていた。だが今回はここにのみあるものを見なければならないことになり、かくなる次第になった。前回といってもかなり前だが、紹介状を持たないで入館しようとしたことがあった。

館員「中国国内の紹介状が必要です」
筆者「そんなものは持ってません」
館員「ならダメです」
筆者「どうしてもダメですか」
館員「どうしてもダメです」

ここで善本室主任が登場。

筆者「○×主任、私のこと覚えてますか?」
主任「おや、あなたはたしかシャンベン先生！　そりゃ覚えてますよ」
筆者「実はカクカクシカジカなんです」
主任「いいわよ」
筆者「紹介状、要らないんですか?」
主任「要るけど要らないの。私が知ってればいいのよ」
筆者「……」

ちなみに筆者は一九九四年の秋ほぼ二カ月間毎日善本室に行き、この主任と顔を合わせていた。その甲斐もあって前回は「紹介状を上回る人間関係が無から有を生じさせる」という中国独特の価値観に救われた。しかし、今回はまた同じ手が使えるかどうかわからない。無駄足になるのもいやなので、そこはそれ「立ってるものは親でも使え」「留学しているものは他大学の院生でも使え」の格言？もあることとて、またまたK君にご足労いただくことになった。

まずは正面入口。なんと地下鉄よりも早く自動改札機のような機械が取りつけられており、入館のための磁気カードがなければ通過できない。もっとも、不在と思った係官が長が〜いトイレから帰ってくると、パスポートと引き換えに臨時入館証をすぐに発行してくれたので、第一関門は無事通過した。しかし、第二関門は本陣の善本室である。主任はすでにリタイヤされたか、見当たらない。K君が親しい館員の中年女性に筆者が自分の知り合いで、うんたらかんたらと説明してくれた。

館員「いいわよ」

K君「紹介状、要らないんですか？」

館員「要るけど要らないの。私が知ってればいいのよ」

K君「……」

こちらは機械化されても人は変わらない、いい意味での典型のような気がした。

北京大学を訪問したその日は朝から雪になった。街の中心から北京大学に行く方法はこの二五年間でずいぶん変化した。二五年前であれば、北京飯店からしか頼めないハイヤーで一挙に大学まで行くか、すしづめバスに乗り、動物園前で恐怖の乗り換えを行い、さらに北京の横須賀線という異名を誇った三三一路線バスで延々一時間を要するか、二つに一つしか手段がなかった。それがいまや地下鉄で西直門まで行き、一三号線に乗り換え、五道口からバス、自転車、タクシーのいずれかを選べばよいに変わった。そのうち地下鉄が北京大学まで直行するのであろうが、しばし五道口はターミナルとして繁栄するに違いない。筆者はこの日、若干急いでいたためタクシーの選択を試みた。

五道口から北京大学までタクシーを拾う客は多かろうと思うのだが、なぜか駅の降り口にはタクシー乗り場はなく、当然タクシーも常駐していない。やっとこさ拾ったタクシーのおばさん運転手が交通警官に捕まった。なんでも一時停止を怠ったらしい。さあ、どうするか。筆者は早く大学に行かねばならないことを忘れてかたずをのんで見守った。というのも、一昔前ならば、おばさんであれば大声でわめき散らし、群衆を味方につけたからである。リンゴ売りのおばさんが売り物のリンゴを道路にぶちまける光景を何度となく見たことがあった。ところが、このおばさん運転手、「ひええ、どうか目こぼしを。どうか目こぼしを～」の一点張りである。「謝って済むなら番所は要らぬ」は中国でも同様である。ましてやここでは通じまいと思った。ところがどっこい、警官の方で根負けして「もういいから行け」と釈放してしまったのである。その後、運転手は筆者に次のように言った。「これが私のいつものやり方なのよ」。リンゴ売りのおばさんと運転手のおばさん、方法は異なるとはいえ、したたかさは同じであることを改めて感じさせられた。

タクシーは北京大学の東門で停まった。かつてはなにもなかった場所にいまやたくさんのビルが建ち並ぶ。例の新しい留学生宿舎である「北京大学留学生公寓」も東門を出てすぐのところに完成間近だ。勺園が留学生宿舎でなくなる日が近いとあっては、昼は昔懐かしい《勺園留学生餐庁》で食べないわけにはいかない。K君にまだ営業しているのかと尋ねると、「営業しているけど、留学生はよほど金に困らないとあそこには行かない」との答えが返ってきた。たしかに留学生用のゾーンは縮小されていたが、飯票という食券を買ってカウンターで料理を選ぶやり方は昔のままであった。ご飯一椀と野菜炒め一皿でしめて三元（五〇円）である。昔は一元だったから、その間に三倍になったとはいえ、価格破壊であることに変わりはない。味はどうだったかって？ "A whale is no more a fish than a horse is" という英語の構文を覚えておられるだろうか。これにならえば、「《勺園留学生餐庁》が餐庁でないのは、学食が餐庁でないのと同様である」となる。

筆者が北京大学に行った日は福田首相が講演する日と重なっていた。福田が安倍に代わって首相に就任すると、中国のインターネット上では「のび太が首相になった」という話題で大いに盛り上がったという。のび太を老けさせるとたしかにこんな顔になるかもしれない。しかし中国では「のび太」を「康夫」といい、名前も同じということが大反響を生む大きな理由だったようだ。なぜ「のび太」が「康夫」になるのかわからない。もっとも、ドラえもんの登場人物は中国語の翻訳では勝手な名前を使っている。筆者の手元の資料では、ドラえもんは「哆啦A夢」ないしは「機器猫」、「スネ夫」は「小夫」だ。そして「のび太」はなぜか「大雄」である。まあ、なんでもいいのだが、中国の若者が日本の首相に親しみを懐いてくれれば万事安泰である。

さて、餐庁情報である。今回は短期間であったが、新規開拓にこれ努めた。例によって一人で入りにくい店にはK工作員、つまりK君の協力を仰いだ。

まずは《口福居火鍋》。筆者は北京の羊肉を結構食べ歩いてきたつもりだが、北京は広い。シャブシャブ鍋は大きい。まだまだ入ったことのない店は多い。ここはそのうちの一つで、北京の正宗味を維持する老舗である。かつての「シャブ通り」白塔寺前の太平橋大街を少し南下すると場違いな場所にネオンが輝いている。店構えは素朴だが、店内は客でいっぱい。羊肉もつけるタレである料子《リアオツ》が味を左右する。涮羊肉の場合、ほとんどがゴマダレだが、調合した中身は秘中の秘である。この店の料子のうまさは《東来順飯荘》と互角と見た。肉は一皿二五〇グラム三〇元前後。値段の割にはおいしい。中国の人たちの餐庁人気には安さも大事な要素である。「まずい店」には高かろうと安かろうと行かない。「高くておいしい店」にも自分で金を出してまでは行かない。きわめてわかりやすい。中国でおいしいものを食べようと思ったら、やはり市民でごった返す店が一番なのである。

翌日はおなじみの《俏江南》である。東方広場店にはまだ行ったことがなかった。一人で入りやすい新派四川料理店として北京や上海に多くの支店を持つ店だが、あまたのカップルに囲まれて一人で食っているのは筆者ばかりである。個人的にはこの店の蒜泥白肉というゆでた豚のバラ肉にすりつぶしたニンニクをかけた冷菜が好きだ。しかし、このニンニクは強烈だ。だいたい中国の生ニンニクは日本よりもパワフルである。そういえば、北京に出立する前日はクリスマスイブだったので家族でニンニク料理の店に行ったことを思い出した。さらにそういえば、昨夜は《口福居火鍋》で店が自慢する涮肉三絶、つまり羊肉と調料とともに糖蒜というニンニクの砂糖漬けを結構食べたことを思い出した。だったら今宵はニンニク三連発ではないか。これでは当分ドラキュラは近づいてこないが、普通の人間も近づいてこない。

三日目はさすがにあっさりしたものが食べたくなり、正宗山東料理の《東興楼飯荘》に足を運んだ。東直門大街を中に少し入った場所にある。そう、前述の理由から地下鉄で東直門で降りようとして降りられず、東四十条から寒い中を歩くはめになったのだが、電飾いっぱいの豪華な店がここにある。この店は一九〇二年の開業を誇る老舗で、かつては京城八大楼の筆頭に挙げられるほどの名店として栄えたという。現在の店は一九八三年に再建されたものだが、戦前に評判の高かったいくつかの料理を復元している。味はすばらしい。店には〝国宝級大師〟として陳玉亮氏の写真が掲げられている。なにせ〝国宝〟である。貫録が違う。

四日目はK工作員を誘って《利群烤鴨店》で北京ダックを食べることになった。実はこの店、中国人民大学で留学を終えて帰国したばかりの女工作員がぜひ一度行くべきだと強く推奨した店だった。「ぜひ一度」といわれれば行かねばなるまい。でもヒトクセありそうだし……、そうだ工作員を用心棒として連れていこうということになった。この店はまだ日本のガイドブックには紹介されていないはずだが、『北京美食地図』（広西師範大学出版社、二〇〇七年）には、「前門の胡同の四合院中にひっそりたたずみ、大きな間口も華麗な装飾もないが、奥にしまいこんだ風格はいかにも私房菜の格調があり、濃厚な老北京の風情は親しさだけでなく目新しさも感じさせる」と絶賛している。この店は実は西洋人によって〝発見〟され、アメリカのテレビで紹介されたことから一躍有名になったとのことである。たしかにわかりにくい場所にある。前門東大街といっても広い。第一、その中の「翔鳳胡同」なんてどこにあるんだ。探すのにちょっと自信をなくしかけたころ、よもやこんな所にはあるまいと思う路地に明かりがともっていた。近づいていくと、よもやこんな所にはあるまいと思う壁に落書きがあった。"LIQUN"とは「利群」ではないか。そういえば絵はアヒルにも見える。ということでようやく探し当てた店はまことに汚い四合院の、まことに不思議な空間だった。一人前二四〇元のセットで、北京ダックとそのほかの料理が運ばれてくる。一六年前から店を出しているそうだが、外国人が来るようになったのは最近だとか。なるほど外国語のエキスパート店員をそろえている。あとから外国人が来るは来るは、狭い店内があっという間に満員になった。たしかに話題性満載の店である。もっとも『二〇〇七北京餐館指南』（上海文化出版社、二〇〇七年）は次のようにボロクソだ。「あまたの外国人は多分みな旅行雑誌の紹介を見てやってくるのだろう。北京ダックの味はまあまあだが、人気が出るなど考えられない。なんでこんな高い金を出さねばならないのかとも思う。服務員もダメ、店長もダメ。恐らくは外国人に甘やかされて廃れてしまったのであろう」。なんと味は一七点、環境とサービスに至ってはそれぞれ五点と七点と超辛口批評である（満点は二七点）。かく毀誉褒貶相半ばする店だが、どっちが正しいか、自分の目と舌で試したいと思う方にはぜひお奨めする。

図33　利群烤鴨店の案内

いま中国で飛ぶ鳥を落とす勢いの《味千拉麺》のラーメンを一度は食べなければならなかったので（誰がそんなこ

図34　味千拉麺

と決めたか⁉︎)、東方広場の店に入ってみた。店内満員である。女性の二人連れが圧倒的に多いが、一人で食べている人も結構いる。メニューは定番のとんこつラーメンのほかに、「麻辣なんとか」や「東坡かんとか」といった中国ならではの具の入ったものがある。このほか居酒屋風のつまみメニューも豊富で、日本酒が一合二八元で飲める。またデザートメニューも充実している。女性客に人気があるのもこんなところにあるのかもしれない。とんこつラーメン(一六元)の味は、ややあっさり目ながらコクがあって結構おいしい。日本でこれを食べれば倍の料金はするであろう。ラーメンに焼餃子をつける客がいる。日本にやってくる中国の人たちには日本の焼餃子の評判は最悪だ。「細長い皿にわずか六個で六〇〇円。なんちゅうかほんちゅうかだ」と。でも安ければ彼らは文句を言わない。というより、この焼餃子は日本料理だと思っているのかもしれない。とまれ、ますますのご発展で、東方広場の地下にはさらに《麻布十番》というハイソ系日本料理を出すほどに至っている。

今回の朝飯は少しケチってコンビニでカップ麺を買って済まそうと当初は考えていた。中国を代表するカップ麺として一〇年以上の歴史を誇る「康師傅」の、なかでも代表的な「紅焼牛肉麺」をスーパーで購入して久しぶりに食べてみた。うーむ、おいしくない。「康師傅」の発売当初は結構いけると思えたが、この一〇年の間に日本の技術がさらに向上したようだ。中国と日本では「麺」に対する意識が違うと痛感する。中国では麺はあくまで主食であり、麺自体やそのスープを究めるという感覚はない。他方、日本ではそば職人同様にラーメンだけに異常に命をささげる店長が多い、したがって中国人にとって日本のラーメンはあくまでも日本料理なのだ。

最後の夜は今回もまたこだわった。最近北京に駐在する省政府または自治区政府が接待用に直営する餐庁（駐北京弁事処餐庁）の全貌が明らかになった。その昔、社会科学院のある先生に四川料理の《川弁餐庁》に連れて行ってもらったことがあり、店は素朴だが味はとびきりうまかった記憶がある。これはいわば藩邸であり、幕府要人を接待するための機関なのだから、地元の選りすぐりのコックをそろえているからなのだろう。そんなわけで、今回はその一つである新疆駐京弁の《西域飯荘》にターゲットを絞った。なぜ新疆かって？　普通の中華料理に飽きてきたからにすぎない。ただ役所の中にあるため一人で行くと怪しまれる。そこでまたもやK工作員に同行を求めた。場所は動物園の南の三里河路の新疆ウイグル自治区政府駐京弁事処といういかめしい構内にある。衛兵に「かたじけなくも夕餉を所望されたし」と告げるとあっさり中に入れてくれた。奥にはホテルがあり、新疆の要人を宿泊させていることがわかる。そこにはきれいで立派な餐庁が付設されていたが、《西域飯荘》はその奥の建物だった。この餐庁は要人ではなく用人のためのものであろうが、薄汚く庶民的である。ただ本物の新疆料理が楽しめる長所はある。周りの客に外国人が見当たらない。どう見てもウイグル人だ。壁にはなぜかサンタクロースの「偶像」が飾られ、Merry Christmasと書かれている。いつから宗旨替えしたのか⁉

図 35　オリンピックを待つ電光掲示板

本日は十二月二十九日。二〇〇七年もいよいよ終わりだ。年が明ければオリンピック。天安門広場東側の中国国家博物館前の大看板はオリンピック開催まであと二二三日九時間五四分三四秒であることを告げていた。国際世論ではいまだに北京オリンピックの開催を危ぶむ声が根強くある。心配事は数あるが、なかでも最も危惧されるのは大気汚染である。クリスマスの日、北京は妙に暖かかった。曇っているのかと思ったら、そうではなかった。星は全く見えない。月はボーッとかすんでいた。街には霧が立ち込め、視界が利かない。なんのことはない、スモッグが街全体を覆っており、保温効果をもたらしていたにすぎない。昼間は昼間で一向に晴れない。と思ったら実は晴れているのである。しかし、太陽光線は鈍く、昼なお暗い。これは結構深刻な事態なのではなかろうか。いまマラソンの選手たちは高地トレーニングに励んでいるそうだが、北京オリンピックの場合、あまり空気のよい場所で練習しないほうがむしろよいのかもしれない。

　ところで、なにゆえ開会式を二〇〇八年八月八日に設定したのであろうか。「八」という末広がりの数字が三つ重なるからだというのだが、ほんと、マジでこんなことが理由なのだろうか。十月一日の国慶節前後の北京は「藍天」という形容がふさわしく、その美しさは他に比べようもないくらいだ。

他方、八月上旬の北京ははっきりいって最悪である。清朝の皇帝が承徳（熱河）の避暑山荘を夏の離宮としたのは、夏の北京が満族皇帝には耐え切れなかったこともその理由の一つである。おまけにこのころは雨季とも重なり、ジメジメムシムシで不快指数はピークに達する。開会式の日はなんとしても晴天にすべくロケット実験が行われたことが報じられていたが、そんなことにカネをかけるくらいなら、なぜあと二カ月開催を遅らせて快適に開催できる日を選ばなかったのか。縁起の良い日は十月にだっていくらもあるはずだ。

東京タワーにはいま2016という数字が輝いている。二〇一六年に東京で再びオリンピックを開こうとのキャンペーンである。二度目のオリンピックが東京にとってどれほどの意味があるのかよくわからない。だが、四三年前のオリンピックは東京のみならず、日本全体にまちがいなく大きな影響を与えた。

一九六四年十月十日は土曜日だった。日本の気象統計史上最も降水確率が低い日という理由で選ばれたこの日は、風水でもなければ縁起かつぎでもない、きわめて合理的に選択されたものだった。そのためもあってか、朝から澄み渡った晴天になった。当時の公立中学は土曜といえどもちゃんと授業があった。しかし、先生も生徒もなぜか落ち着かなかった。そして正午になると誰もいなくなった。みなそそくさと帰宅してテレビにかじりついたからである。

中学生だった筆者はオリンピックにさほど関心があるわけではなかった。しかし、競技が始まるとそのおもしろさに引き込まれた。体育の時間にはなぜかいつも先生が率先してテレビを観ようと言い出した。早い話、授業にならなかった。バレーボールをやればわざと回転レシーブでボールを受け、跳び箱で着地が決まればウルトラCだといって盛り上がった。オリンピックの閉会式の翌日に中間試験があったが、成績上位者はみな家にテレビのない子たちであった。

オリンピックが都市の景観を変えたことは中学生の目にも明らかだった。東映フライヤーズの本拠地駒沢球場が突然なくなりオリンピック公園として生まれ変わった。六本の松しかなかったところに「六本木」なる盛り場が出現した。武蔵野の面影をとどめていた井の頭線の沿線から田んぼが消えた。そして戦後はますます遠くなり、生活はそれに反してますます豊かになっていくのが感じられた。

北京の中学生も四三年前の筆者と同じことを感じているのかもしれない。しかし、これからオリンピックを無事成功させるにあっては北京にはなお宿題があまた残されている。

本年九月北京では中国の未来を担う人事を決める全国人民代表者大会が開催された。問題はオリンピックの開催にあるのではなく、そのあとの状況にある。いま対策を講じておかなければ、文字通り「あとの祭り」になる。北京はオリンピックののち東京と同じ道を歩むのか、それとも全く違う道をたどるのか、「偉大な領袖」でさえ確信ある答を出せないのではなかろうか。

雪の降ったあと、北京に本来の空が戻ってきた。なんのことはない。雪がスモッグをくっつけてきただけにすぎない。そのせいか、北京に本来の寒さも復活した。強風の中、天安門広場には赤旗が翻っていた。天安門広場を軍警が行進していた。なにかの警備に当たっているのであろうが、個々の兵士の顔にはまだあどけなさが残っている。でも着ている軍服は二五年前のままである。一方、社会主義市場経済が定着する中で中国にも洋菓子屋が出現した。その店の一つにバースデーケーキの見本が展示されていた。これを見るかぎりではあるが、中国は固有の観念を絶対に守り続ける国であることをヒシヒシと感じる。

図 36　赤旗たなびく天安門広場

図 37　中国のバースデーケーキ

14　オリンピックを終えて1—北京餐庁情報十四編　2008

本編は二〇〇八年九月十四日から九月二十日までの七日間の北京滞在状況を記録したものである。本年四月から一年間サバティカル休暇を得たため、比較的あっちこっちに出かけることができた。八月まではボストンで過ごし、後半は中国を行ったり来たりした。八月二十九日に江南から帰国してわずか半月で「自分探しの旅」第三弾として北京にやってきた。北京は八カ月半ぶりである。今年は三月にチベットのラサで暴動があり、さらに五月には四川で大地震が発生し、前途多難な幕開けとなったが、八月待望の北京オリンピックはどうにか成功裏に終わった。筆者はその熱がまださめきれない北京を訪問することになった。

九月十四日北京首都空港到着。昨年末から印象が一変した。今年二月に空港第三ターミナルがオープンし、すっかり大規模化を遂げた。広すぎてどこに何があるのかよくわからない。日本のODA資金で建てことを記した記念碑の存在がますます薄くなるわけだ。地下鉄の首都機場快線が開通し、東直門までこれに乗って行けるという。しかし、「大きな荷物を持っての初物は避けよ」との戒めを守り、シャトルバスを探していつものように崇文門に向かった。オリンピックの交通規制がまだ解けていないせいか、車の流れは順調、わずか三〇分で目的地に到着した。

心なしか空気がきれい。本当に奇数番号の車しか走っていない！　本日は中秋。昨年の今月今夜のこの月はなんとおぼろ月だった。快晴なのにきれいな月が見えない北京の大気汚染を嘆いたものだ。だが今年はそれでも輪郭ある月を拝するようになったのはまだましというべきか。

宿舎はいつもの新僑飯店。オリンピックの影響からか、かなり料金が上がったが、従業員はみな顔の「ほほえみ筋」が弛んでおり、親切かつ礼儀正しい。こんなことなら次回も北京でオリンピックをやったらいいと思う。テレビでは中秋の宴を盛り上げる藤山一郎ばりの歌手が美声を張り上げている。オリンピックの再放送もいろんなチャンネルでやっている。卓球なんかなにも予選から改めてやらなくてもいいじゃないか。卓球は中国が強いに決まっている。別のチャンネルを回すと、残忍な日本軍と洗練された紅軍兵士の番組が復活していた。こちらも「再放送」である。

北京の地下鉄といえば、昨年まで天安門の東西を走る一号線と環状線の二号線だけの「マル描いてボー」だったのが、一三号線、さらに年末には五号線ができ、あっという間に前述の首都機場快線や一〇号線、八号線などが開通した。二〇〇九年の秋までには待望の北京大学と中国国家図書館を結ぶ四号線がさらに増設されるという。北京も地下鉄が一応「網の目」になってきた。

地下鉄の変化は線が増えただけではない。なんと昨年末までカバーで覆われていた自動改札機が姿を現し、さらにはついに自動券売機がお目見えした。上海にならったかのようであるが、そこは北京。券売機は紙幣がダメなところが多い。紙幣ＯＫといってもその紙幣を機械がなかなか読み取ってくれないので何度も返却になる。予想通り、横におネエさんが座っている。彼女の役目は客の紙幣を硬貨に換えることにある。両替カウンターも一応は存在する。しかし、そこでは紙幣を出すと直接切符をくれる。なんのこっちゃ。少しも変わっていない。

オリンピックのために警備が厳重になり、手荷物をいちいちX線にかけなければならない。そのためラッシュ時には大混雑する。筆者はこのX線の機械が嫌いだ。なぜかといえば、中国のこと、機械に入れた手荷物がそのまま出てくるとは限らない。ひょっとしたら〝没有了《メイヨウラ》(なくなった)〟になるかもしれない。混雑に紛れて置き引きに遭わんとも限らない。そんな時、誰が責任を取ってくれるというのか。そこで、知らんぷりして手荷物検査をかいくぐる。結構できる。ということは、手荷物検査はまったく無意味ということである。いや、機械化のため人がいる窓口が三つから一つになったことで、あぶれた二人が手荷物検査に回ったということであれば、多少の意味があるのかもしれない。

さて、オリンピックも終わったことで少しは落ち着いたのではないかと、いわゆる鳥の巣のあるオリンピック公園に行ってみることにした。北京駅からは二号線で雍和宮まで行き、五号線に乗り換えて恵新西街南口に行き、さらに一〇号線に乗り換えて北土城に行く。そこからもう一つ八号線に乗り換えれば公園に着く。ところが、なぜか北土城で切符を取り上げられ地上に出てしまった。地上から八号線に入るというが、手荷物検査の長蛇の列をなしている。待つことしばし、一向にラチがあかない。ふと見るとみな手にチケットを持っている。そう、パラリンピックである。オリンピックはたしかに終わったが、パラリンピックはまだ続いている。係員に「あの〜、ひょっとしてチケットがないと入れないのか」と恐る恐る尋ねてみる。係員からは「そうだ」という愛想ない返事が返ってきた。八号線はオリンピック支線といって、会場に行くためだけの専用線であり、ここで入場者を制限して

「用もないのに見物に行こうとする」民衆を食い止めようというのである。

後日パラリンピックも終わったことで少しは落ち着いたのではないかと、再度挑戦してみることにした。前回と同じルートをたどって北土城まで来たら「一般人民には九月二十九日をもって開放する」という内容の張り紙がしてあった。その昔、駒沢球場がオリンピック公園になった時、オリンピック期間中いつでも公園に遊びに行けただけに憤懣やるかたない。

悔しくて言うわけではないが、パラリンピックの中国語「残疾奥運会」はいかがなものか。中国語で「残疾」はさほど強い意味がないのかもしれないが、日本人にとってはその漢字の意味が重すぎる。パラリンピックの略称が「残奥」であることに至ってはなんだか残り物のようで、さらに抵抗感がある。中国の人々はパラリンピックにもオリンピック同様の関心を払い、盛り上げたことはまちがいないのだが……。

北京の街は最近再び激しく変化している。前門大街にあってはしばし大修復中だったがオリンピック前に無理やりオープンした感がある。その結果、北から《月盛斎》《壱条龍飯荘》《全聚徳烤鴨店》《都一処焼麦館》などの老字号がもとの場所に復活した。しかし、古い前門大街を写真に基づいて新しいレンガで再建した様子がありありで、他の店はまだ全然入っていない。物珍しさでホコ天を歩く人はいるものの、まだまだである。東方広場も最初はこんな感じだったので、来年になれば装いも新たになっているのかもしれない。ところで、《正陽楼飯荘》は？　再建の見込みはまだない。

他方、大柵欄の方は依然ごちゃごちゃしていて昔の姿を留めている。「三槍一炮」なんていかがわしい看板を出す成人保健も健在である（十二編参照）。北京のアメ横を標榜する大柵欄が期待を裏切らないのはうれしい。

王府井大街も改修が終わった場所が多い。新東安市場はたしかに修復完成図のようになり、名称を〝北京ａｐｍ〟と改めた。名称の由来は知らない。大規模改修した割にはどこが画期的に変わったかがイマイチわからない。《東来順飯荘》の総店がもとの場所に復活した代わりに地下の観光用の老字号街がなくなった。メジャーリーグベースボールの専売店が登場したのは画期的であるが、中国では姚明《ヤオミン》が活躍するバスケのほうがまだ人気が高い。新東安市場と金魚胡同を挟んだ北側には韓国のロッテとの合弁の巨大デパート楽天銀泰百貨がオープンした。王府井には韓国のデパートが入れるのにどうして日本のデパートはだめなのか。素朴な疑問だが結構奥が深い政治的な問題があるのかもしれない。北京市百貨大楼がほほえみかけている。「五三歳　用心用情」という垂れ幕が掲げられている。「悪女の深情けに用心しなければならない」という意味と勝手に解釈した。この他、王府井大街で変わったことといえば、東安門大街にあった《四川飯店》が帥府園胡同に移り、《全聚徳烤鴨店》と《狗不理》とともに年寄りが仲良く暮らすことになったことくらいか。

ＣＢＤを御存知か。中央電視台の進出にともない再開発されつつある東郊の地域で、巨大なビルがどんどん建っている。ＣＢＤとは Central Business District の頭文字を取ったとのこと。変な建物が多いが、とりわけ奇妙なのは建設中の中央電視台である。地震が来たら一発だと思うのだが。比較的まっとうな建物ではあるが、とにかくいっぱい建っているのが建外ＳＯＨＯ。近ごろなんでもＳＯＨＯと名づければいいと思っているのは問題である。ビルを建てたのはいいが、テナントに店がほとんど入っていないのが気になる。大繁華街になるか、大廃墟街となるか、神のみぞ知る。

南鑼鼓巷も変な場所である。地安門東大街と鼓楼東大街とを結ぶ八〇〇メートルほどの路地で、古い家があった場所を改造した喫茶店、ブティック、小物雑貨店などが軒を連ねる若者向きトレンディゾーンである。最近やたらとこの手の店がふえた。ここではマルクスや毛沢東もパロディ化されている。物珍しさで最初は人が来るがそのうち絶対に飽きられる。芸術家気取りのオジさんたちも借金抱えての夜逃げが見えているのだが……。

まずは《東来順飯荘》。これはいわずと知れた涮羊肉の著名店である。中国社会科学院歴史研究所で以前Z先生の下で助手をしていたAさんと久しぶりに会った。以前に何回か訪ねたが、そのたびに不在だった。ちょうど訪ねる時期に彼は博士論文の準備のため京都に行っていたからである。彼は回族なのでこの店を選択した。秋はやはり涮羊肉に限る。とくにこの店の羊肉は絶品であるが、牛肉もなかなかの味になった。同時に値段もまた〝なかなか〟になったが、回族の人と食べる《東来順飯荘》の味は格別だった。彼に清真老字号の社会主義化の過程を檔案（原文書）でたどれないかと尋ねたら、「開放されている檔案ではねえ」と軽くいなされてしまった。

《能仁居飯荘》は今度こそ見つけてやるぞと強い決意で乗り込んだ涮羊肉の店。二〇〇八年六月第三版の『北京美食地図・二〇〇八最新全彩升級版』（広西師範大学出版社）には①宣武門店・前門西大街一三五号と②南草場店・西直門内大街南草場四九号の二つの場所が記されている。前回の調査にて①の場所には別な店が建っていることがわかり、今回は残された②に実際に行ってみて存在の確認をはかった。ところが、一抹の不安は的中し、南草場街（地図では南草廠街になっている）のその場所にはまた別の店が占めていた。ちょっと前まではあったんだが、どこに行ったのかわからないとは近所の人の言である。〝ウォーリーを探せ〟みたいになってきたが、《能仁居飯荘》の捜索は次回に持ち越したのであった。

こうなりゃ新街口でなにか食べないといけない。新街口も久しく行っていなかったが、ずいぶんとアカ抜けてきた。懐かしの護国寺賓館は昔のままである。プロレスラーはどうしたかわからないが、周辺に床屋が多いのも変わらない。ただここも健全化してしまった。《北来順飯荘》が《護国寺小吃店》と改名したのは知っていたが、もとの場所にそれがない。そこで護国寺賓館の前の通りを奥に入っていくと、あった、あった。しかし、この清真小吃は甘味が多く、夕飯には向かない。このあたり一帯は再開発の波にさらされ《柳泉居》や《知味観飯荘》のような老字号も閉店に追い込まれている。

新街口で唯一生存していたのは《西安飯荘》だった。もとのまま汚い店である。店に入り、一人でも構わないかとウェートレスに尋ねたら、「どこでも勝手に座れ！」といきなり怒られた。料理を注文したら前金をよこせという。いまどきこの雰囲気を残してもまだつぶれない店は貴重である。店の自慢はかつてここに毛沢東が来て食事していったことである。その縁起には次のようにある。「一九五六年十月のある日午前九時を少し過ぎ、従業員たちが昼の準備に追われていた時、突然堂々たる体格の中山服を着た人が店に入ってきた。一九歳の店員劉広通は一目見るなり毛主席とわかった。毛主席！　毛主席が来られた！　店中が大騒ぎになった。当時の警備員の話によると、その日主席は西郊空港に外国の要人を見送り、帰途に彭徳懐元帥ら一行八名で食事に寄ったとのことであった。従業員たちは心を込めて何種類かの自慢料理を出した。主席は西鳳酒を飲み泡饃《パオモー》を食べた。主席は劉広通に杯を挙げるように求めた。食事が終わると厨房に入り、従業員たちにみな今後ともよく人民の為に服務するよう激励した」。さながら乾隆帝がお忍びで来店したという《都一処焼麦館》の話に似ている。その時の絵が二階に掲げられている。『二〇〇八北京餐館指南』（上海文化出版社、二〇〇八年一月）には「値段は毎年高くなり、肉は毎年少なくなり、味は以前にしかず」とあって味は20としても、環境・服務にともに9をつけている。でも炸羊肉は安くて苦いビールによくあったし、計算間違いだといって前金でとった五六元から一〇元返してくれたのも好印象だった。それにしてもなぜ毛沢東は朝っぱらから白酒を飲み泡饃を食いたくなったのか。謎である。

図 38　西安飯荘の壁画

《西蜀豆花荘》は東方広場の地下にある四川料理店である。筆者にとってこの店には特別の感慨がある。一四年前北京に滞在した折には西単にあったためよく行った店で、回鍋肉《ホイクオロウ》や担担麺をよく注文したものだ。ところが、ある日食べ終わって席を立ち、あっ、いけない財布をテーブルに忘れたと思った時にはすでに消え失せていた。もちろん店に責任がなく、どうしようもない。あまりに悔しいものだから、それをグチるため近くの民族飯店に長期滞在していたTさんを訪ねようとした。しかしあいにくTさんは来客中で会ってくれない。この憤懣どこにぶつければいいかと戻ってみれば「民主の壁」がそこにあった。お門違いであることを知りつつ、バカヤローと叫んだものだった。今回はそういうことで財布に気をつけながら豆花と水煮牛肉を注文した。豆花は豆腐を砕いたスープのようなものでこの店の名物である。水煮牛肉はご存知の料理だが、中に入った野菜がレタスでないのが救いである。往時の恨みを込めて水煮牛肉を完食することにした。

《川弁餐庁》もまた懐かしい四川料理の店である。名前が示すように四川省駐北京弁事処の中にある餐庁で、いまでは「貢院蜀楼」という別の名を併せ持つが、いわば藩邸の餐庁、四川の本物が賞味できる店である。一四年前に社会科学院歴史研究所でいまは亡きZ先生と初めてお目にかかった時に連れていってもらったのがこの店である。Aさんに久しぶりに出会ったのが引き金になり、Z先生を偲んで再訪問しようと思った。ところが、まだ六時だというのに意外にも店には順番待ちをしている客でいっぱい。とても一人で入れる雰囲気ではなく、残念ながら諦めざるをえなかった。

しかし、体はすでに四川料理を食べることを求めている。だったら建国門を外に出た《渝信川菜》に行くしかあるまい。筆者には上海南京路店が満員で入れなかった経験がある。その一抹の不安をよそにすんなりと席に着くことができた。本日は豚肉の日と決めている。だから豚肉を思いっきり食べなければならない。そのため定番の蒜泥白肉、回鍋肉、鮮肉水餃を注文した。蒜泥白肉は豚のばら肉をすりつぶしたニンニクのソースで食べる前菜であるが、これほど店によって形状が異なる料理を見たことがない。《渝信川菜》のそれは香菜、セロリ、キュウリなどの野菜を芯にして肉で巻き上げた、なかなかに上品なものである。しめて七五元。たしかに安くておいしい。となりで四〇〇元支払っているカップルを尻目に満足して店を出た。

《餛飩侯》はワンタンの老字号であり、王府井東安門大街にあった本店がなくなってしまったが、北京市内にはいたるところに支店があって結構繁盛している。そこで東単の店に立ち寄った。この店も実に久しぶりだった。ワンタン六元、ビール四元、合計一〇元しかかからない実に安い昼食だったが、ワンタンを食べてみて少々がっかりした。味が落ちたのか、はたまた往時はこれでもうまいと感じたのか、事実は不明のままであるが、わずか八〇円の食べ物である。

散々一人で食ってきたが、どうもワンタンが悪かったのか、胃腸の調子がよくなく、食欲もない。食欲がない時は方便麵、つまりカップ麵を買ってきてホテルで食べるのに限る。でも中国産の康師傅はどれを食べてもおいしくない。「方便」とは「便利」という意味であるが、「用便する」という意味もある。「方便一下」はトイレに行く時に使う言葉だそうだ。ということは……。ますます食う気がしなくなった。

テレビでは中国の粉ミルクのメラニン混入が世界各国に波紋を広げていることを伝えている。香港の富裕層は日本の粉ミルクが安全だといって日本産を買いあさっているという。いやいや危ない点では日本も負けてはいない。かつては粉ミルクに砒素を入れた事件があった。最近では雪印、不二家、白い恋人、赤福、ミートホープ、船場吉兆と出るは、出るは。あまりの数の多さに、それぞれの企業がなんでいけなかったのかを思い出すのが困難なくらいだ。汚染米に至っては言語道断である。中国に行くというと、「食べ物大丈夫ですか？」と心配してくれる日本人が多いが、日本の体たらくを見るかぎり、中国の食は相対的に、あくまで〝相対的に〟安全なのである。腹を壊している場合ではない。

15　オリンピックを終えて2——北京餐庁情報十五編　2008

本編は十四編の続きであり、二〇〇八年九月二十日から九月二十七日までの八日間の北京滞在状況をつづったものである。同じ北京とはいえ北京での行動と目的が十四編とは性質が異なるために別編を設ける。

九月二十日からはホテルを好苑建国酒店に移動して老字号研究チームの到着を待った。好苑建国酒店は前にも泊まったホテルであるが、いつのまにか「好苑建国商務酒店」から「商務（ビジネス）」の字が消え、五ツ星に昇格していた。婦女活動中心でもあり、社会科学院もここをよく利用することもあって、役所御用達で発展したのだろう。朝食を含めて一泊七八八元はこれでも安いのかもしれない。なんでもオリンピック期間中は一泊二〇〇〇元を超えていたそうだ。

いつものメンバーが到着した。チーフのTさんはソウルから、Mさんは洛陽から、Yさんは石家荘から、MさんとOさんは札幌からと各地からの全員集合となった。今回はK工作員が留学を終えて帰国してしまっていたため貴重なにぎやかしキャラが不在だったが、その代わり瀋陽に留学しているMさんのお嬢さん（M公主と呼ぶ）が「父を訪ねて三千里」の道をはるばる越えて瀋陽から参加してくれた。いまは瀋陽といえども中国の新幹線和諧号ならばわずか三時間の距離であるが、北京は初めて

図39　公社招待飯

だという。

今回の活動は北京市檔案館で本格的な調査を行うのがその目的だった。北京市檔案館は地下鉄五号線で東四から南に下り、蒲黄楡駅で下車し、歩いてすぐの場所にある。昨年、地下鉄の駅はできているのにまだ開通していなかったため、タクシーを使わざるをえなかったが、今回はずいぶん便利になった。

メンバーとともにガッツリ食べる餐庁情報である。今回の最大の収穫は北京市檔案館の近くに麺のおいしい店を見つけたことだ。《晋風食府》という山西料理店はなんの変哲もない食堂だが、刀削麺に番茄麺、炸醬麺、肉糸麺の三種類があり、どれもコシがあるチャンとした手作り麺で、とてもおいしい。公社招待飯という煮物の盛りあわせはその名とともにおもしろい。西紅柿炒鶏蛋もうす味でよい。ビールは普京、つまり普通の燕京ビールである。このビールは度数が高く苦味があって、さらに値段が安いので一部で人気を博しており、「普京」は定着した言葉になっている。発音はロシアの首相とほぼ同じである。「プーチン」万歳。

メンバーの中で〝Yさま〟と特別に呼ばれ、最近ではどことなく某国の最高指導者に似ているため

〝将軍様〞の名が定着しているYさんがわざわざ第一歴史檔案館から二〇元使ってタクシーを飛ばし、この一六元の麺を食べに来られた。「好吃死了」の決め台詞を連発。まもなくピョンヤンにもこの店の支店が誕生するに違いない。最近重病説が報道されているが、実は病気になったのは影武者である。本物は北京で麺を食いまくったり、セブンイレブンで買い物したりしている。結構大胆に行動するため、当局も察知することがない。Yさんにこの話を向けると、「もうこのネタやめましょう」となるべく避けようとする。ますます怪しい。そのうち《西安飯荘》同様、縁起が生まれるかもしれない。

話をもとに戻す。一日だけ浮気して、となりの湖南料理店《嘉豊湘菜館》に入った。なぜならこちらのほうがいつも満員で、活気があり、きっとうまいに違いないと思えたからである。ところが、紅《ホン》焼《シャオ》肉《ロウ》は普通に辛いだけ、麺はベチャベチャ、おまけに値段が高いとあってなんの取り柄もない。じゃあなんではやっているのか、まことに不思議である。他方、《晋風食府》のほうはなぜ客が入らないのか、さらに不思議である。こういう場合はあまり深く考えないほうがよい。ともかく北京市檔案館に来た際の常店が確保された。

老字号研究チームと食べた晩御飯を時系列に沿って紹介していこう。《咱家的餐庁》はTさんを除くみなさんがそろった晩の九月二十日に行ったホテルの裏の庶民的な食堂である。特定の地方にこだわらない家常菜がそろっている。麺は讃岐うどんの手打ち風であり、面（麺）食い大王の異名を取るMさんとM公主のお墨付きを得た。ゆでアワビが六元であったので半信半疑で注文したが、「もどき」だった。六元なのに「半信」する方もどうかしている。生ビール（扎啤）があった。最近は瓶ビールの方が安全と思われたが、試しに注文して案外いけることがわかった。

《川弁餐庁》は先刻一人で行って満員で入れなかった四川料理店である。九月二十一日、Tさんが紹介状の件でお世話をかけた御礼ということで北京師範大学のY先生を招いての食事だった。Y先生は四川の人。だったら本場の四川料理がよいと、この店に決定。その晩はこの前ほど混雑していなかった。予約をした関係で二階の雅座に通される。ここにもきれいな場所があるんだ。水煮魚《シュイチュウユウ》など定番の料理を大体注文したが、どれも北京の四川料理よりも味が濃い。その割にはさほど辛くなく物足りない。われわれは北京の四川料理に舌が慣らされてしまったのか。Y先生はかつて早稲田大学に留学した経験があり、日本語が達者である。宴の最後にみんなで乾杯をしたあと、先生は日本語でこう言った。「二次会行くう?」。どうも日本では酒に関わる言葉を精力的に学ばれたようである。

《東興楼飯荘》は北京八大楼の筆頭に称せられた山東老字号。昨年末、東直門の地下鉄駅が改修封鎖中だったため東四十条駅からわざわざ歩いて行った餐庁である。民国時代に評判を得た名物料理の糟熘三白《ツァオリウサンバイ》、乾炸丸子《カンチャーワンズ》、葱焼海参《ツォンシャオハイシン》などを再現して現在に供している。九月二十二日に赴いた。なんと《同和居飯荘》の独占だった三不粘《サンブチャン》まであるではないか。みんなで一度は来たかった餐庁である。元気のいい服務員が「你好」をやたらと連発することもあって、みんなの評判はいまひとつだったが、筆者は結構評価している。今度はぜひここで北京ダックを試してみたい。

《重慶徳荘火鍋》には九月二十三日にY先生の返礼宴で断りきれず行くことになった。Y先生の関係者五名を加えての総数一〇名の大宴会だった。料理は名が示すように本場重慶の火鍋である。四川人が薦める火鍋だけあって半端じゃない。この店では「徳荘飲食文化連環画系列」なる連環画（子供向きの絵物語）を発行している。それによれば、「重慶火鍋はその昔《毛肚火鍋》と呼ばれ、百余年の歴史があるが、近年の有害な化学物質で汚染された火鍋材料の横行に驚いた創始者李総は研究を重ね、ついに人体に無害な緑色環境保護の火鍋である徳荘毛肚を開発した。その結果、客はこの絶対安全な火鍋にたいし《緑色毛肚》の美称を与えるに至った」とある。でも、店内には別な意味の「火鍋革命〝緑〟到底」なるポスターが貼られている。つまり赤唐辛子ではなく、青唐辛子を用いるため、鍋が真っ赤ではなく、真緑になるというもので、その辛さは多分「革命」なのであろう。幸い今回は〝真っ赤〟だった。舌がしびれると羊も牛もみな同じような味になるが、ここでは牛肉の方が勝っていた。Y先生が持ち込みで四川の名酒剣南春を振る舞った。たしかにこの料理には白酒が合う。とはいえ五〇度は優にある。Y先生はよくしゃべる。黙っている時はタバコを吸っている時くらいだ。時々は思い出したように乾杯に立ち上がる。みな義理で立ち上がって白酒で乾杯する……ふりをする。そして、日本人は先生に「二次会行くぅ？」と言わせないよう、どんどん飲ませるが、彼は全然酔わない。日本人が中国人の宴会に招かれた時は心して挑まねばならない。

M公主は北京ダックを食べたことがない。とくれば《鴨王烤鴨店》に行かないわけにはいかない。九月二十四日の《鴨王烤鴨店》は相変わらずの繁盛ぶり。しかし以前に較べてダックの値段が上がったようだ。また服務員の対応も悪くなった感じがする。一羽半なんていう頼み方も可能である。注文して五分も経たないうちにダックが運ばれてくる。客が多いのであらかじめ焼いておくのであろうし、だから半羽の注文も可能になるわけだ。焼くまで一時間も待たされるのは面倒だが、すぐ出てくるのも趣がない。店としては客の回転をなるべく早くして、それだけ稼ごうというのであろうが。それでも味は変わらない。舌や水かきの料理をM公主はキャーキャー言って食べていた。

九月二十五日、領袖のTさんは学会のため再びソウルに出発した。最近中国ではソウルのことを漢城と呼ばなくなった。漢の武帝の時に都護府を置いて領地化したことに基づくこの名称はもはや時代に合わないと感じたのか、代わりに「首爾《ショウアル》」という音の表記にしてしまったという。これならまだ京城の方が本来の意味にふさわしいと思うのだが、やはり京城は歴史的な背景から使えないのだろう。ちなみにSan Franciscoは日本人にとって桑港がなじみ深いが、中国では旧金山という。昔金が採れたからだそうだが、知らない人には何のことだかわからない。そこで近ごろ「三藩《サンファン》」と音訳することも多くなった。しかし、これではもしサンフランシスコで反乱が起きたら「三藩の乱」ということになる。漢字で外国の固有名詞を表現するのはもはや限界なのではなかろうか。

領袖がソウルに行くということで、横道にそれてしまった。だったら今晩はどこで夕食にしようか。M公主も今晩が最後である。しからば北京三大料理の一つ、涮羊肉を食べないわけにはいかない。涮羊肉といえば《東来順飯荘》である。《東来順飯荘》といえば好苑店である。ちょっと待った！　筆者はこの間この店に来たばかりである。Yさまもお忍びで一人鍋を食されたという。そこで建国門内にある別の《東来順飯荘》に行こうと筆者は提案した。同じ《東来順飯荘》といっても店によって少し味が異なる。建国門内の支店は趣もあって筆者推奨の店だった。ところが、あるべき場所に店がない。近くの人に尋ねると、「つぶれた」との答えが返ってきた。よくあることとはいえ、みなをむだに歩かせてしまった。結局元に戻って好苑店で食することになった。店でもらった名刺にはしっかり建国門内店が塗りつぶされていた。

九月二十六日は金曜日。本日はなにもすることがない。おまけに久しぶりの青空で、いわゆる北京藍天である。オリンピック期間中留めておいた雨が降り続く毎日だっただけに今日は本当に気持ちがいい。ならば故宮に行こうということになった。天安門一五元、故宮六〇元と以前に較べれば入場料はずいぶん安くなった。青空に瑠璃瓦がよく映え、東安市場や八宝山が眺め渡せる。

故宮でいままで閉鎖されていた場所が少しずつ公開されるようになった。武英殿は殿版といって質のよい印刷がここで行われたことで有名な建物で、いまは書画の展示場となっている。故宮の文物といえば台湾の故宮博物院が有名であるが、北京にもかなりの文物が残されている。王献之・黄庭堅の書や唐寅の絵が展示されていたが、まだまだこんなものではあるまい。東側には陶磁器が展示されている。こうしてみると台湾に勝るとも劣らない逸品が相当あることが推測される。北京の故宮博物院が建物だけでなく、本当の意味で博物院になる日も近いかもしれない。

文淵閣は未公開だが近くまで行けるようになった。四庫全書が収められていたというだけで有名な建物だが、われわれにとってはオタク的関心がある。左側から中に入ろうとすると係員が跳んできた。彼は侵入者を食い止めるだけに雇われた人のようである。右側に回ると同じように中に入れる場所がある。しかし、二度同じことをやると、少々まずかろう。故宮もおもしろくなってきた。

九月二十六日、グループ最後の夕食は筆者の提案で新東安市場に開店したばかりの《茶馬古道》に行くことになった。もともとは什刹海にある店で、以前K工作員と会食したことのある雲南料理店であった。新東安市場の最上階には《東来順飯荘》のほかにいろいろな有名店が入るようになった。《渝郷人家》という四川料理店がある。《辣婆婆》ももうじき開店するらしい。この他に韓国や日本料理屋もそろっている。そうそう、あの有名な、とってもユニークな店名の《香港撒尿牛丸》もワゴンを出している。そんななか、なにゆえ雲南料理を選んだか。ひとえに北京料理に飽きたからである。明末の武将呉三桂が辛い料理が好きだったという理由だけで命名された呉三桂干《ウーサンクイカン》巴菌《バチュン》は半端な辛さでなかったが、米線《ミイシエン》という米で作った麺は優雅な味がした。まあ、今回は麺においては大成功を収め、さすがの麺食い大王も御満悦であらせられた。

ホテルに帰る途中、男三人で王府井大街を歩いていたら、若い女性が英語で“Look look beautiful lady”と声をかけてきた。なんのことはない、「看看漂亮的小姐」を文法を無視してそのまま訳したものである。

みなを早朝五時半に見送ったあとは急に何もやる気がしなくなった。といっても十二時までにはチェックアウトしなければならない。十九時四十四分の夜行に乗るまでにはかなりの時間がある。とりあえず昼飯を食わねばならない。食欲のない時は北京飯店の《五人百姓》のトンカツ定食に限る。しかし、名称はヒレカツ定食に変わっていたものの、本来のトンカツ定食よりも肉に質は落ち、反対に値段は七五元に上がっていた。ビールを加えて一一八元。ここは一五パーセントのサービス料も取るのである。帰り際服務員が「歓迎再来」と言っていたが、これ以上質が落ちたら二〇年来の常連客を一人失うことになる。

晩飯はいよいよ選択の道がなくなったので、好苑建国酒店内にある《唐宮海鮮舫》に入った。水餃子だけ注文したが、男士茶というお茶を勧められた。精力剤でも入っていたのか、少し元気になった。

北京にいる間に日本の政局がドンドン変化している。福田が辞め、麻生が首相になるという。「太郎」と「一郎」の一騎打ちだ。そういえば「純一郎」が政界を引退するそうな。まだ誰がどの大臣になったのかよくわからないうちに国土交通大臣が舌禍によって罷免されたという。もう何が何だかわからない。北京の本屋には、安倍晋三と福田康夫の伝記が仲良く並べられている。この分では麻生の伝記は出版が追いつくまい。

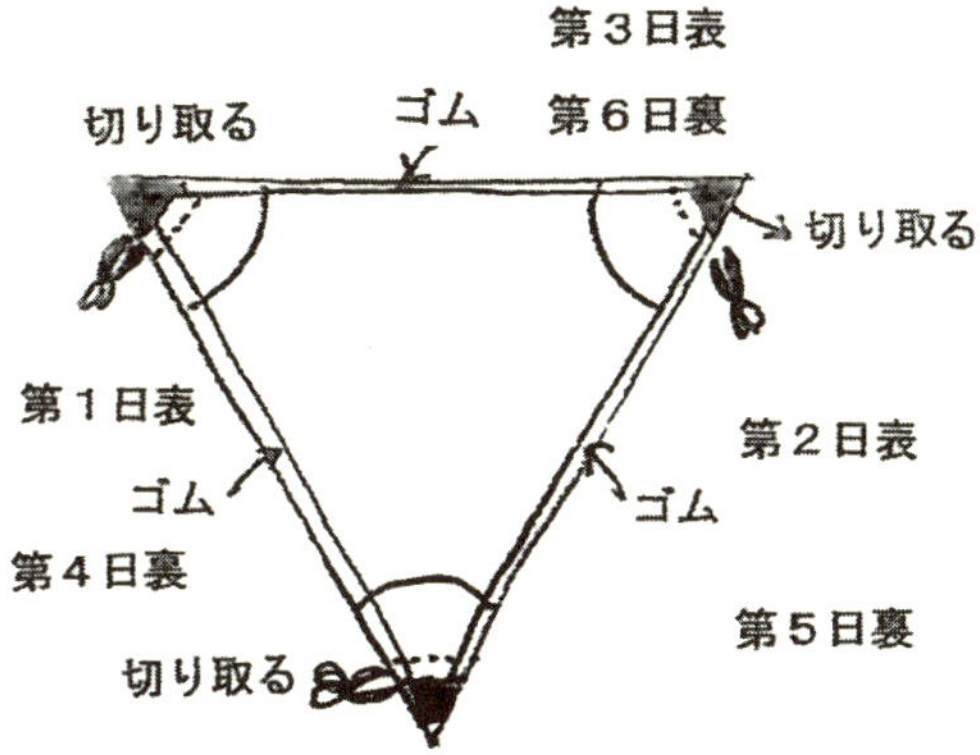

図 40　三角パンツ

そんなことを《唐宮海鮮舫》で考えていたらちょうどよい時間になった。今回はこれから上海である。九月十四日に日本を発ってはや二週間。少しずつ涼しくなってきたが、シャツとパンツを各三枚しか持ってきていない。もちろんいま身につけているもの、洗濯しなければならないもの、着替えに必要なもの、この三種であり、このサイクルが少しでも狂うと大変なことになる。その昔、一枚で全行程を過ごせる三角パンツのことを学生に話したことがある。正三角形のそれぞれの角を切り取って縫い合わせてゴムを入れ、三カ所に足を通せる穴を作る。そうすると三日間は少しずつずらして履き、四日目からは裏返して同じ事を繰り返す。結果、毎日下着を取り替えたのと同じ感覚になる。七日目はどうするかって。もちろん洗濯し、日曜でもあり乾くまではノーパンで宿舎に閉じこもるのである。こうすればどんなに長い旅でもパンツ一枚持っていけば済む。聴いていた学生のサーッと引く姿が印象的ではあったが……。

妄想に駆られているうちに本当に時間になった。さあ北京駅に出かけることにしよう。

16　建国六〇年──北京餐庁情報十六編　2009

本編は二〇〇九年二月九日から二月十九日までの一一日間の北京滞在記録である。この年は新中国建国六〇年の節目の年に当たるが、七月には新疆のウルムチで暴動が起こり、昨年のラサ暴動同様に中国の民族問題が深刻な状況を呈してきた。われわれにとっても激動の年になったが、まだその年が始まったばかりの時は予想だにできなかった。

二〇〇九年最初の北京餐庁情報である。二月の最も忙しい時であり、通常であれば入学試験業務に追われているころであるが、今年ばかりは悠々自適である。といって、この時期にノコノコ大学に出かけていってのんきな顔を見せれば、みなに白い眼で見られるのは必定。そんな時にはやはり海外にいるのに越したことはない。というわけでまだ調査をやり残したこともあって、その確認のために北京と上海に出かけることにした。

二月の北京は寒いはずであると勝手に思い込んで重装備をしてきたのだが、なんと摂氏一三度もありポカポカである。札幌もしかりであるが、北京はもっと温暖化の影響を受けている。今回はカンフーと整体を特技とするM工作員と合流しての行動になった。筆者が食事代とタクシー代を、M工作員が地下鉄代と按摩の力役を、とそれぞれ分担を決め、その経済的価値はともかく精神的にはフィフティフィフティの交換を行った。おかげで筆者にとって今回は毎晩無料マッサージつきの快適旅行となった。

北京の空はややましになった感じがする。昨晩は元宵節といって旧暦の元日から初めて月が満ちるのを祝う日である。月の輪郭が結構明瞭だった。昨年の中秋がおぼろ月であったことを考えれば、かなりよくなったといってよいかもしれない。ただ、それでも昼間の太陽はいつもボーッとしている。テレビが日本で黄砂が舞ったことを伝えていた。ということは、これも黄砂現象なのか。ならしょーがない。自然現象には逆らえない。

昨年オリンピックが終わったばかりの九月の段階では、地下鉄をはじめ、あちこちでセキュリティチェックが厳しさを極めていたが、今回はだいぶ弛んだ。地下鉄では一応やっているが、かなりいいかげんで、無視しても咎められない。切符の自販機はやはり機能していない。第一コイン専用の自販機が多すぎるが、コインそのものが普及していない。紙幣可の自販機があっても一元札は役に立たない。かくして最も便利で、かつ客の複雑な要求に臨機応変に対応できる人力がなお幅を利かせることになる。

新しく開通した地下鉄の路線はない。しかし、地下鉄の情景は少しずつ変化している。北京の冬は寒い……はずである。かつては老若男女を問わずみな綿入れのズボンと大衣を着ていたが、服装の変化は激しい。さすがに生足丸出しの高校生はいないが、ダウンを着ている人は限られ、東京で見られるような軽装が目立つ。スカートを履いた若い女性も結構いる（ちょっと前では真冬にスカートを履くのは自分の子供に「沢東」と名づけるようなものだった）。地下鉄の中はたしかに暖かい。

乗客のマナーも定着してきた。チャンと整列乗車ができている。かつては「先下後上」という「降りる人が先、乗る人が後」の標語が虚しく貼られていたが、いまや「文明乗車」が定着してしまった。これはオリンピックの大きな収穫かもしれない。ただ、ドア付近にいる人が後ろの降りる人に道を空けるために自分もいったんホームに降りるという習慣はない。

地下鉄でケイタイをいじる若者、ゲームに興じる学生、居眠りするおじさん、漫画を読む青年は日本だけかと思っていたら北京にも出現した。だんだん日本と同じような光景がはびこってきた。日本であまり見かけないのは車両販売である。売るものは地図が最も多いが、新聞や雑誌もある。さすがに布教だけはない！　だが、ヨボヨボの老人が孫に手を引かれて金をせびるのは結構いる。いかにも哀れで同情を誘うのだが、老人はなぜかホームに降りるとシャキッとするので油断できない。

動くCMが定着してきた。神戸の特集を組んでいた。菊正宗を飲み、神戸牛に舌鼓を打つ。こんな旅行CMが中国で放映されるようになったのもご時世なのだろうか。バブルがはじけたとはいえ、富裕層の消費熱は簡単に冷めそうもない。

しかし、その一方で中国経済の勢いは少しトーンダウンしたなと感じる情景もある。鳴り物入りで造られた現代SOHOは昨年九月以来テナントにあまり店が入っていない。あれからもう五カ月が経っているのだからもっとにぎわってもいいのではないかと思われる。改装なった前門大街の方も、老字号以外の店がまだ戻っていない。観光路面電車を通して盛り上げようとしているが、店がないため客がふえない。サア、どうなることであろうか。

世界三大へんちくりん現代建築との異名を取る中央電視台の新ビルがついに完成した。ここもまたCBDの開発の一環である。テレビでこの裏の建物が火事になったことを伝えていた。このニュースは日本でも流された。原因は爆竹なんだそうだ。新しさと古さが同居する。建物はできたが、まだ機能していないとのこと、機能する前にずっこけなければいいと思うのだが……。

夜の王府井ではまだ客引きをしている。この前の "Look look beautiful lady" をもう一度聞きたかったが、あいにくそんな名せりふを吐く人はいなかった。でも「小姐」「小姐」と、「小姐」は大安売りである。「小姐」はもはや「お嬢様」の意味は消え失せ、いまや「ネエちゃん」でしかありえない。「ナマハゲが叫ぶ『悪い子はいねえか』の反対は『いい子いますよ』だ」とお笑い芸人が言っていた。王府井で話しかける「小姐」はまさにこんな感じなのである。だからいまやウェートレスを「小姐」とは呼べない。南方では「小妹」がそれに代わる称呼として定着しはじめているそうだ。「小野妹子」がよいのだ。

ついに鳥の巣にたどり着くことができた。前回は二度挑戦していずれも近づけなかったので、もはやブームは過ぎ去ったが今回はなんとしても行かねばならなかった。

昨年はあんなに苦労したのに今回は誰もダメだとは言わないためスンナリ通ることができた。ただ、地下鉄奥林比克公園《オリンピック》駅から遠い、遠い。普通、地下鉄の階段を上がれば鳥の巣が見えると思うではないか。もったいぶって延々と歩かすことになんの意味があるのか、筆者にはわからない。

意外だったのは鳥の巣の中に入れることであった。しかもスタンドだけでなく、トラックやフィールドにも入れる。そのための入場料五〇元は高いか安いか。スタジアムはもはや現役で使わないのだろうか。トラックやフィールドは整地化されてしまっていた。その代わりマスコットが置かれ、観光客の格好の撮影対象になっている。開催中はどんな情況だったんだろうか。膨大な観客を収容する割にはトイレが少ない。しかも、トイレ表示がわかりにくい。そういえば、あの口パク少女で一躍有名になった林妙可という女の子はいまや「奥運女孩」（オリンピック少女）としてCMに引っ張りダコだ。

さて今回の北京の専門的かつオタク的な最新情報を提供しておこう。中国国家図書館は遂に正面入口から入れるようになった。これがいかに画期的かといえば、中国国家図書館がこの場所に新しく建てられて以来、正面入口から入れるのはＶＩＰだけだったからである。正面入口に一番近いのが古籍善本室だった。ＶＩＰにはまず古籍善本を見せたかったのだろう。だから一般庶民は古籍善本室に行くためには、わざわざ南門に回り、さらにグルッと迂回してここにたどり着かねばならなかった。なぜいまにしてこれが許されるようになったのか、不思議ではあるが、ともかく便利になった。

九時きっかりにオープンする。開館の時、係員たちは仰々しく入場者をチェックするが、あとはズルズルである。鞄はデジタル化した存包処（荷物預け）に預けなければならないが、開館時を除けばあまりうるさくない。

従来の図書館の北側にどでかい新館が新しく建てられた。近年の刊行物を開架式によって収容する方針で、これまでに刊行された大部の叢書がほとんどそろっており、しかもすぐ手に取って見られ、必要個所を簡単にコピーできる。日本ではひとえに財力の問題でこれだけの叢書が完備している所はほとんどない。ここに日がな一日いれば結構仕事ができそうである。こんなもの建てる金がどこにあるのだろうか。いよいよどっちが経済先進国かよくわからなくなってきた。

《蜀郷竹林風味酒楼》は国家図書館の対面、歩道橋を渡ってすぐの場所に新しくオープンした四川料理店。料理のセンスはよく、席数も充実していて快適である。昼をしっかり食べたい向きにはお奨めの店である。これから大いに利用しよう。

文津街にある中国国家図書館分館は大きな変化はない。ただここもまた四庫四点セット叢書がすぐ見られるので、これでほとんどの善本を洋装本でカバーできる。分館といえども馬鹿にできない。構内におもしろい禁止表示があった。たばこ、ボール蹴り、ペットの散歩などは普通にわかるが、銃というのは改めて禁じる必要があるのだろうか。爆竹禁止は中国ならではである。でもこれらをいちいち禁じなければならないほど、やりかねないということなのだろう。このだだっ広い敷地は誰だって一度はやってみたい衝動に駆られる。

北京市檔案館は過去に二度訪れた檔案館である。昨年の話だと、一度来るともはや紹介状は要らないとのことだったが、なお半信半疑だった。名前を告げるとコンピュータをパコパコと打ち、「あっ、この間の方ですね」とすんなり再入館を果たすことができた。M工作員も筆者の助手だと紹介したら問題なく入れてくれ、今度からは紹介状不要とのことだった。外国人に開放された檔案館はだんだん便利になってきた。問題は未開放の檔案館が今後どれだけ資料を見せてくれるかであるが、これはなお「未解放」の情況にある。

北京市檔案館の昼飯に重宝だった《晋風食府》に行ってみると閉まっている。一月十六日以降「照常営業」との張り紙があるが、もはや二月である。味はよかったが客が入ってなかったことを思えばちょっと危ないのではないか。となりの湘菜の店は反対に盛況である。以前ここで食べた時の評判は悪かったが、今回食べたナス炒めは悪くなかった。《晋風食府》と公社招待飯の運命やいかに。


今回はなにせ北京初体験のM工作員と一緒である。彼はこれまで麺と《麦当労》で食いつなぎ、筆者の到着を待ち望んでいたという。ならば北京の印象を悪くしないためには粗相があってはならない。つまり冒険はできない。いきおい保守に徹底し、いままでのおさらい餐庁巡りに徹した。

《東来順飯荘》はいわずと知れた涮羊肉の店である。冬の北京に来てこれを食べずに帰らすわけにはいかない。北京にはあまた店があるといえども、その代名詞たる《東来順飯荘》に行かなかったとあってはヒツジに叱られる。とはいえ、いつもと同じ店では能がない。そういえば、王府井店には久しく行っていなかった。九五年に開店したばかりの時はデスコを買収したと見えてミラーボールが天井からぶら下がっており、あまりよい印象を受けなかった。いまはミラーボールもなくなり、店も本格的に改修した。やはり冬の北京はこれに限る。

《全聚徳烤鴨店》はいわずと知れた北京ダックの店である。北京に来てこれを食べずに帰らすわけにはいかない。北京にはあまた店があるといえども、その代名詞たる《全聚徳烤鴨店》に行かなかったとあってはアヒルに叱られる。だったら新装なった前門店であろう。夕方五時半だったにもかかわらず、あっという間に満員になってしまった。先日北京でアヒルを食べた人が鳥インフルエンザにかかって死んだと報道していたが、まったく影響を感じない状態である。一羽二八八元は《鴨王烤鴨店》なんかに比べて値がはるが、やはりこの脂っこい北京ダックはここでしか食べられない。

M工作員にはこれだけ食わせれば十分なのだが、あとは個人的な趣味につきあってもらった報酬ということでいくつかの店を一緒に確認していった。

《茶馬古道》は新感覚の雲南料理の店。什刹海と東安市場の店はすでに征服していたので、最後のSOHO現代城店の踏破を目指した。春節で帰郷していたWさんを誘って三人で出かけることにした。SOHO現代城は建外SOHO同様、CDBの一環として建てられた近代ビルである。《茶馬古道》はその奥まったエステサロンをさらに奥に入ったわかりにくい場所にあった。透明の床という特徴以外、料理の味は他の店とあまり変わらなかった。辛いのが少々苦手なM工作員のためにマイルドウンナンであったのがかえって新鮮だった。

《東興楼飯荘》は昨年秋にメンバーと再訪問した山東料理の老字号である。メンバーの評判はイマイチであったが、筆者はこの店の味を結構かっている。台湾の中央研究院のTさんが北京に長期滞在していたので三人で出かけることにした。くだんの〝ニイハオ小姐〟はいなくなっていたのがちょっと残念。三不粘《サンブチャン》がなかったのはもっと残念だった。服務員が「禁忌はあるか」と尋ねる。早い話、ネギとかニンニクとか食べられないものはないかということである。最近よく尋ねるようになった。一度でいいから《東来順飯荘》でヒツジ、《全聚徳烤鴨店》でアヒルといってみたいが、その勇気はない。

北京は珍しく冷たい雨が本格的に降り出し、いつもは夜店で賑わう什刹海には人気がない。こんな時には《孔乙己酒楼》で熱燗の紹興酒を飲むのがふさわしい。《孔乙己酒楼》は東単店を知るも、什刹海店は初めてだった。定番の臭豆腐《チョウトウフ》、茴香豆《ういきょうまめ》、東坡肉《トンポーロウ》などを肴に一〇年もの一四八元の紹興酒を二本も空けてしまった。壁に「本酒店謝絶自帯酒水」との張り紙がしてある。この店に来て紹興酒が飲めないという猛者もさることながら、この店に紹興酒を持ち込む猛者はさらにたいしたものである。

昼の饗宴である。まずはお馴染みの《無名居》。周恩来が国宴用に養成したコックたちが引退後に開いた江淮料理の名店。昼飯にはもったいない店であるが、国家図書館の帰りに西直門まで来てしまったのだから仕方がない。西直門の西北、高梁橋斜街一帯も再開発が進んでいるが、他と同様にテナントが埋まっていない。ここもまた来年はどうなっていることやら。《無名居》に行くと店が閉まっている。すわ、《無名居》よ、お前もか⁉と一瞬驚いたが、斜め向かいに移ったとの掲示があり一安心。十二月二十二日に新規開店したばかりだという。斜め向こうにはなんと新築の大きな専用ビルが建っていた。今回もまた漂亮小姐にお目にかかることはできなかったが、揚州獅子頭は以前にもまして絶品であった。『無名居報』なんていう新聞まで発行して、ますますの発展ぶりである。

続いて《沢園酒家》。これもご存知、西華門付近にある毛沢東の専属コックが開いた毛家菜のハシリの店。久しくご無沙汰していたが、ずいぶんこぎれいになった。メニューを見るとなんと《無名居》と同じような揚州獅子頭が載っている。それはないだろう。毛沢東といえば、絶対に紅焼獅子頭だ。でもメニューにない。毛沢東も揚州獅子頭が好きになってしまったのだろうか。ダメもとで服務員に「紅焼はないのか」と尋ねてみると「ある」という。毛沢東はやはり周恩来には屈しない。でもこうして二つの獅子頭を並べてみると、両者の性格が如実に現れていると思えてならない。もう一つの名物、毛氏紅焼肉も健在だった。筆者はこれを毎度一人で食べ続け、メタボを重ねてきた。今回この料理は二人で適量であることが初めてわかった。

続いてナイトライフ。まずは筆者の趣味で行った《阿凡提》。衰えを知らない大人気の店である。阿拉丁《アラジン》神灯なる神事をクリスマスイヴと大晦日に行うとの掲示が店の前にあった。なんのことはない、異教徒の祭事にかこつけてワッと騒ごうというものだ。卓上ダンスにも一層磨きがかかっている。M工作員も大興奮。もはや新疆音楽そっちのけのディスコサウンズである。案外にうまい新疆ビールのピッチャーを二つも空けてしまうはめとなった。

もう一つはM工作員の趣味で行った紅劇場。ここで毎日本格的なカンフーショーをやっている。恥ずかしながら筆者はそれをいままで知らなかった。一応、幼い子供が親元を離れて修行を続け、苦労を重ねながらやがて大成していくというストーリーはあるが、メインはその間に見せるカンフーの技である。専門家M工作員にいわせると、筋肉の躍動がたまらないのだそうだ。出演者に子供が結構いる。みなストーリーを地で行っているのである。このショーは外国人にも人気があり、バスを仕立てて団体で押しかける。そのせいか、カンフーマスターが巧みな英語を使う。それがやや興ざめではあったが、ショー自体はなかなかおもしろい異空間であった。

観光地に関する話題を三つほど述べておこう。まずは天安門広場と故宮博物院。オリンピックが終わったことから、天安門広場に設置されていたモニュメント系の展示が一掃され、もとの広さに戻った感じがする。故宮博物院は昨年九月に行ったばかりであり、明清以来続いている紫禁城にそう変化があろうはずもない。ただ、天安門前の観光客に毛沢東が混じっていた。さすがに北京だけのことはある。しかし、誰も気づかない。そのうちM工作員が叫んだ。「毛主席《マオチュウシー》、毛主席《マオチュウシー》が来られた！」。この貴重な機会を逃してはならない。M工作員の要望で見事ツーショットに成功した。毛主席とともに行く北京観光なんて、ゼイタクだ!!

図 41　毛主席来了

天安門に登ろうとすると厳しいボディチェックを受ける。銃刀はもちろんダメ、ライターもダメ、ペットボトルもダメである。だったら昨日レストランから打包（テイクアウト）した「宮爆鶏丁《コンパオジーティン》」のポリ容器はどうなるんだろうか。単なる料理である。されど、これは上海の《新雅粤菜館》のメニュー風に訳せば（二〇編参照）、「故宮を爆破しようとする彼女のいない独り者のニワトリ」となる。こんな危険なものはない。誰か試してみないか。

最後は中国人民革命軍事博物館である。軍事専門家であるもう一人のM君が泣いて喜ぶ博物館であり、彼が都合で北京に来られないとあって、ならば彼をうらやましがらせるべくM工作員と一緒に赴いた。ここもまた愛国主義教育基地になっており、見学する子供たちであふれるようになったが、なんだか違和感がある。武器展示が変わった。昔は抗日戦争で日本軍から奪った武器、国共内戦で国民党軍から奪った武器、朝鮮戦争で米軍から奪った武器ばかりであったが、大半自分たちが作ったものに変わってしまった。ゼロ戦が消え、八一戦車が展示されるようになった（じゃあ、ゼロ戦はどこにしまったのか。あんなでかいものを）。戦争史の展示も変わった。陳勝・呉広の戦いよりも、古い時代の戦争技術に力点が置かれるようになった。それにしても中国の戦争の歴史を四六〇〇年前に黄帝《こうてい》が蚩尤《しゆう》と戦ったとされる涿鹿《たくろく》の戦いから説き起こさなくてもいいじゃないか。歴史博物館の革命史部分はすっかりこちらに移ったかのようである。展示をたどっていくと、たしかに中国革命の壮大なドラマが展開される。ここでは毛沢東はさしずめ往年のヒーロー力道山である。散々悪役レスラーに痛めつけられた仲間を救うため放送終了五分前になると急に元気になって敢然と空手チョップを相手に浴びせ、きっちりフォールを奪うというシナリオが観客を魅了する。愛国主義教育効果は満点である。偉大な領袖の像があったので筆者としては表敬をも兼ねて一緒に写真を撮らせていただいた。

十四日にM工作員が帰国したため、その日は一人で食事しなければならなくなった。そこで思い切り個人の趣味に走ってしまった。

昼食は黄寺大街の《又一順飯荘》に行った。戦後に《東来順飯荘》から分かれた清真料理店である。それまで涮羊肉の《東来順飯荘》、小菜（小料理）の《西来順飯荘》と北京の清真料理を二分していたが、その両方の長所を活かして、「又もう一つ」という意味でこの店を開設したといわれる老字号である。やや不便な場所に移転したためこれまで行く機会がなかったが、老字号とあれば行かないわけにはいかない。土曜日ということもあり、階下は昼間から結婚式をやっていた。そのためしばし待たされたが、丁寧に応対してくれ、最後には食事にありつくことができた。案外といっては失礼だが、結構繁盛しており、葱爆羊肉《ツォンパオヤンロウ》や木須羊肉《ムーシーヤンロウ》など羊肉料理がなかなかのものだった。

夕食はまた一人シャブがしたくなり、一度行ってみたいと思っていた《壱条龍飯荘》を選んだ。この店は《東来順飯荘》とは別系統の涮羊肉の老字号であり、前門大街の再開発にともない本来の場所に戻ったばかりである。この店にも伝説がある。それは一八九七年に光緒帝がお忍びでこの店に来て涮羊肉を食べたというものである。店主は無銭飲食した青年の人品骨柄卑しからざる様子を察して代金を求めなかったが、翌日しっかり宮廷から金が届けられたとかで、その日に光緒帝が使った鍋と座った席がいまに至るまでにこの店の家宝になっている。これはこれで《東来順飯荘》とはまた違うおいしい涮羊肉が味わえる店である。

十五日は和諧号D三一次で上海に向った。北京南站から十一時五分に出発、約一〇時間で上海に着く。北京から鉄道を使ってその日の内に約一五〇〇キロメートル離れた上海に着けるなんてかつては想像もできなかった。

オリンピックが終了したのも束の間、上海では二〇一〇年の万博（中国では「世博」という）へのカウントダウンが始まった。人民広場の電光掲示板は残りの日数をドンドン減らしていく。南京路に記念品ショップが開店した。同じ店の片隅ではオリンピックグッズの安売りバーゲンが行われている。心なしか万博マスコットの海宝君《ハイパオ》の態度が次第にでかくなってきた。

浦東空港は世博に備えて免税店が模様替えした。ハンコの店を任されていたちょっとかわいい女性服務員が通りかかった筆者に向ってこう言った。「五分間でホレます！」。ちょっといい気分で帰途につくことができた。

17　客死せし友―北京餐庁情報十七編　2009

本編は二〇〇九年三月十一日から三月二十一日までの一〇日間の北京滞在記録である。本年は二月に引き続き老字号研究チームの調査で三月にも北京を再訪することになった。しかし、この訪問を終えようとする時、大変な事件が起こった。チームリーダーだった北海道大学の津田芳郎さんが去る三月二十二日に逝去された。筆者と津田さんとは三〇年来の知己であり、二〇〇四年からは北海道大学の研究プロジェクトに加えていただいた関係からほぼ毎年のように北京、江南、台北の調査にご一緒させていただいた。それゆえ、二〇〇四年の八編以降、「Tさん」としてしばしば登場してもらっていた。実は津田さんは亡くなる直前までいつもと変わらず元気に酒食を楽しまれていたように見えた。帰国する二、三日前から若干不調を告げられていたが、たいしたことはなさそうだった。ところが帰国当日の朝になって体調が急変し、日中友好病院に入院された。筆者も出発にまだ時間があったために病院駆けつけたが、その時にもそれがそんな大事に至ろうとは予想もしなかった。帰国した翌日の夜に訃報を聞き、まったく信じられない気持ちでいっぱいになった。筆者は餐庁情報を帰国後に執筆するのは常であるが、今回の情報はなぜか帰国前にほぼ原稿ができあがってしまい、公開することが可能だった。もちろんこの中には「Tさん」も登場する。いま読み返して見ると悲しみがいっそう募ってくる。五年間にわたる楽しい想い出を作っていただいたことに感謝するとともに、心からご冥福をお祈りする次第である。

二〇〇九年二度目の北京餐庁情報である。といっても二〇〇九年は始まったばかり。二月に引き続き、諸般の事情が重なり一カ月も経たないうちにまた北京に来るはめになった。街の変化を追い求めるのがこの餐庁情報のウリだが、わずか一月では変わりようがない。でもいつものメンバーは「鴨葱」のように新たなネタを提供してくれるからありがたい。

改めて「鴨葱」メンバーを紹介しよう。まずはリーダーのTさん。還暦を過ぎ、先日お祝いのチャンチャンコパーティーが催されたそうだ。中国の地下鉄の座席で横に座った若い母親が「爺爺《イエイエ》に迷惑でしょ」と子供をたしなめたとかで、現実はなかなかに厳しい。奥様のWさんが先日地下鉄で、若い男性に「阿姨《アーイー》（おばさん）、請坐《チンツオ》」と座席を譲られた場面を目撃したが、こちらも現実は厳しい。でもこの奥様、いつも元気いっぱいである。麺食い大王は相変わらず麺にかけては妥協しない。でも信頼できる筋の情報によれば、研究室の鍵を忘れたと家に電話したところ、奥様から「じゃあ研究室にどうやって入ったの？」との冷めた声が返ってきたとのことである。その大王、中国のホテルのカードキーを部屋に置いたままロックしてしまったと騒いでいる。将軍様も元気である。先般投票する将軍様の写真が一般公開され激やせしたとの報道があったが、本物はふくよかである。バナナダイエットを試みるが、たくさんバナナを食べるので意味がない。Mさんは某有名企業が無断でパナソニックに社名変更したため自分の中国での知名度が落ちたと嘆いていたが、まあたいした影響はなさそうだ。このいつものメンバーに院生が加わり、餐庁情報は多彩な出演者の協力のもとに今回も展開していく。

まずはこの期間訪問した図書館・文書館の最新情報から〝まじめに〟書き起こしたい。北京市檔案館はわれわれがまっさきに行かねばならない文書館である。昨年秋には一度登録すると再度手続は不要といい、先月はなんの問題もなく閲覧させてくれた同じ服務員が今度は再登録が必要だという。やはりこの国はまだ謎だらけである。なんか入口付近でガチャガチャ音がすると思っていたら、なんとこんなマネキンが二体、檔案館のカウンターにほほえみかけている。後ろから見ると、とっても怪しい雰囲気である。北京オリンピックの時に会場案内嬢が着た衣装だという。でもなんでそれが檔案館に展示されることになったのか。やはりこの国はまだ謎だらけである。

図42　北京市檔案館のマネキン

檔案館に来た時の昼飯には最適と決めていた《晋陽食府》は不安が的中し、どうもつぶれてしまったようだ。二月の時には張り紙があったが、現在はそれも剝がされ、「出租」（テナント募集）だけが虚しく残っていた。味はおいしいのに客が入っていない。いまにして思えば、つぶれるのも道理だったのかもしれない。「公社招待飯」はついに二度と食べられない幻の料理になってしまった。

じゃあ、昼飯をどうする。こんなことにめげるわれわれではない。《西安泡饃館》という次なる店をしっかり探し出し、泡饃《パオモー》というパンを細かくちぎってスープに入れ、麺代わりに食べる陝西料理にありつくことができたのである。


中国国家図書館では新しい北区（北館）にたいして以前からの建物を南区（南館）と呼ぶようになった。ここに基蔵本書庫があり、みんなでそこを訪れた。長い間この図書館に来ているが、利用するのは古籍善本閲覧室ばかりで、他の場所をほとんど知らない。そこで前回の縮微閲覧室に続いて基蔵本書庫の探検になった。図書を請求するには、まず閲覧カードの数字とパスワードをすべて打ち込めばよい。「検索」の画面でキーワードを打ち、どこに所蔵されているかを確認する。基庫本書庫であればそこをクリック、確定すれば請求が完了。後は四階の閲覧室に行き、電光掲示板に閲覧カードの下四桁が出るまで三〇分ほど待つ。数字が出ればカウンターに行って現物をゲットして、すべて完了。この行程がわかればなんでもないが、例によって一切説明がないので、見よう見まねでたどりつかねばならない。しかし、中国国家図書館もついに電子化したのである（知らないだけで、ずっと前からだ！）。

昼飯は二月と同じ《蜀郷竹林風味酒楼》。昼飯時にも大変混んでいる。麻婆豆腐がなかなかうまい。この季節、中国によく現れる同姓同名の服務員「实习生」さん（六編参照）が初々しい手つきでビールを注ぐのもまたよき光景である。

中国国家図書館分館（旧北京図書館）に地方文献室（臨瓊楼）があるのをこれまで知らなかった。その第一閲覧室には全国各地の新編地方志や年鑑が開架式で、第二閲覧室には洋装本の地方志などが閉架式で、それぞれ収められている。珍しいものはないが、複写などは簡単便利であり（一枚二角）、利用価値が十分にある。館員はみな親切なのだが、それが不思議に思えるのは昔のトラウマのせいだろうか。

《延吉餐庁》は一九四三年創業にかかる朝鮮冷麺の老字号であり、昔は北京図書館に通った留学生は昼飯にたいていここの冷麺を食べたものだ。現在もなお冷麺は大椀で一〇元と安いが、昔とずいぶん異なる。第一、冷麺を覆う唐辛子の海がない。これでは辛さで肝炎菌を殺せないではないか。麺にもコシがない。スープも濃くて脂っこい。「食は潔を以て先と為す」のスローガンが壁に書かれている。たしかに以前に比べて店はきれいになった。清潔が優先された結果、味があとまわしにされたのだろうか。

北京大学図書館は福田政権発足時以来の訪問になる。のび太が首相になったことで北京大学でもその講演が人気を博したのがはるか昔のようである。東門は一段と整備され、新しい留学生宿舎もほぼ完成した。だがまだ勺園はもとのままである。キャンパスを歩いているとわが大学と一橋大学の名前が印刷された紙が道端に落ちていた。学会か何かで使ったものなのだろうが、靴跡がいっぱいあり、踏みにじられていたのは遺憾であった。夕飯は北京大学のZ先生のお奨めで、双榆樹にある《京味斎》という老北京料理の店で取ることになった。料理の派手さはないが、いずれも古きよき北京を彷彿させる庶民料理で、炸醤麺《ジャージャンミエン》や麻豆腐《マアトウフ》はおいしかった。メニューに「貧下中農開会」というのがあった。「公社招待飯」の再来かと期待したが、味はきわめて〝貧農下層中農〟であった。Tさんは二鍋頭《アルクオトウ》という北京の白酒が好きである。Z先生も同様である。結果、一〇〇CCの小瓶五本を空けてしまった。コーリャンを原料とし度数五〇を超えるこの白酒は口当たりがよい。とくに北京料理にはよく合う。でも飲みすぎるとアシに来る、コシに来る、アタマに来る。北京の春宵は値千金である。ネオンがかすんで見えるのはスモッグのせいだけではなさそうだ。

中国社会科学院法学研究所はいつもと変わりなし、と思っていたら、ここも少しずつ変化している。紹介状なし、アポなしで適当に行っても、適当に見せてくれ、それがとってもアバウトでよかったのだが、善本は館長の許可がなければ見せられず、今日は館長がいないからダメだという。法学研究所はいまきちんとした規定を作っているとのことで、九月になれば確定するのだと係りの女性が説明してくれた。「規定が確定する」ということは現在よりよくなるはずがないのがこの国の通例である。そういうわけで、ここはまったくの空振り。昔のカード目録をひっくり返しただけで引き上げた。

東三環南路の首都図書館には初めて訪れた。もともとは国子監の蔵書を基礎に造った図書館であり、博物館とともに国子監の近くにあったのだが、博物館を大きなものに建てかえたのにともない、図書館も馬鹿でかいものになった。ここには五階に北京地方文献閲覧室があり、北京に関する地方文献が充実している。地下一階の歴史文献閲覧室はいまどき珍しいカードの分類目録が設置されている。一時間半の昼休みがあるのも昔式である。ただ、館員はいずれも親切で感じがよいのが救いである。

東三環南路とはつまるところ潘家園旧貨市場にものすごく近い。そこでついでもあって、懲りずに市場を見物に行った。ウィークデーでもあり、やはり店がほとんど出ていない。潘家園は再び土日だけが盛況のいわゆる〝市〟に変わったのであろうか。

さて、ここからがいよいよ本当の餐庁情報である。まずは前門大街に復帰した《都一処焼麦館》から始めることにしよう。この店は一七三八年の創業にかかる乾隆帝伝説を持つ老字号である。一七五二年の大晦日に北京で唯一営業していたこの店に感激した乾隆帝は「都一処」（都でただ一店だけという意味）の屋号とその直筆の扁額を下賜したといわれる。だから光緒帝とか毛沢東とかが食べにきたのを自慢する店とはちょっと格が違う。その扁額は文革の時の破壊にも耐えていまに伝えられている。現在、乾隆帝は食さなかったシューマイでなぜか名を馳せている。筆者はこれまでこの店でシューマイ以外を食べたことがなかった。シューマイの量が多すぎて、一人では他の料理が食べられなかったからである。そこで新装なったいま、なんとしてもシューマイ以外の料理を食べたいと思い、メンバーを勧誘した。予約は一人八〇元以上をノルマとした。馬蓮肉《マアリエンロウ》、乾炸丸子《カンチャーワンツ》、乾隆白菜《チエンロンバイツアイ》など、そこそこにおいしかったが、なにせ料理の単価が結構安く、大量に注文しなければならないのが難点だった。この店にも変な日本語のメニューがある。鴨の心臓をサソリ酒で味つけした「金蠍酒香鴨心」という料理には「サソリの酒でダックの心」の訳がついている。……なかなかにポエムである。

涮羊肉をいつも《東来順飯荘》で食べるのでは能がないので、東直門内大街の《小肥羊》に出かけることにした。この店は北京市内に多くの支店を持つチェーン店で、辛いスープと辛くないスープをしきりで分けた鴛鴦《えんおう》鍋にはニンニク、しょうが、朝鮮人参、ナツメなどの薬味がふんだんに入ってい て、「元気が出るシャブシャブ」である。なぜか唐辛子の入ったダシの方が先に沸騰する。文系の人間が考える理由はたいてい想像がつく。だが、果たして本当にそうなのか。店の入口には天使の子羊の格好をした（正しくは「させられた」）服務員が客引きをしているが、シャブシャブの店にはなんともはやふさわしくない。どう見ても昔懐かしき「ノーパンしゃぶしゃぶ」の再現である。しかし、服務員は天使嬢を除けば至極まっとうで、感じも悪くない。ニコニコシールを腕につけている。客がその服務員の態度に応じて評価シールを貼るのだという。なるほどよく考えたものだ。大学教員も学生からこんなシールを貼られたら、たまらない。

将軍様御一行はわれわれが《小肥羊》に行く前の土曜日から二泊の予定で河北省の邯鄲《かんたん》に行ってしまった。邯鄲は戦国趙の都、日本人には人生の栄枯盛衰のはかなさを説いた「邯鄲の夢」で有名だが、旅客の睡眠中に金品を巻き上げる「邯鄲師」という評判の悪いものもある。古代史を研究する人にとっては魅力的な街であろうが、辺鄙な場所かもしれないので、カンタンには飯にありつけまい。ありつけたとしても、きっと麺しか食べられないに違いない。どんな麺かはだいたい想像がつく。当然カンタン麺である。でも衛生に気をつけなければすぐ地元病院の肝胆《かんたん》科にお世話になってしまうかもしれない。大きなお世話であることを知りながら、おやじギャグで妄想をたくましくしたが、さすがは将軍様、われわれの心をすでにお見通しだったたか、邯鄲の夕食はなんと同地の《小肥羊》できこしめされたとか。偶然の一致というか、ピョンヤンの奇跡というか。

《蒙古人莜麺美食村》はホテルの裏にある、前々からちょっと気になっていた餐庁である。名前の通りモンゴル料理の店だが、燕麦を練りこんだ麺である莜麺《ゆうめん》を屋号にするくらいだからきっと麺がおいしいのであろうと昼飯を食べにいくことになった。昼時だというのに客で満員、外国人も結構いる（あんたらもそうやんけ！）。肝心の莜麺は、ウドンのようでウドンでなし、ソバのようでソバでなし、これが何かと尋ねたら、メンメンメンメンメン。あまりふざけすぎると読者に叱られるから、真面目に語ろう。結局麺はたいしたことなかったが、馬頭琴と踊りのライブがあり、それなりに草原の雰囲気を醸し出していたことは確かである。

それはそうと、「蒙古」という漢字は何とかならないものか。「蒙」は「無知蒙昧」の「蒙」であり、「古」もあまりいい意味ではない。同じ音（meng）であれば「猛」がよい。「古」（gu）の代わりになるものは……、「股」だと下ネタになってしまうから、ちとまずい。結局それにふさわしい漢字がないのである。

《辣婆婆》は新東安市場に開店した比較的新しい四川料理の店である。北京における四川料理の流行は衰えを知らない。東安市場六階のフロアのほとんどが四川系で占められている。そんな中にあってひときわ目を引く屋号の店はなんといっても《辣婆婆》である。きっと嫁いびりに長けた姑のような服務員がいて、味もそんな辛辣なのに違いない。しかし、意外にも今風のトレンド系で、料理はたしかに辛いが、味はしっかりしていて、しかも結構安いのであった。カップル席が多い。熱く辛く激しく燃え上がろうというのがここのコンセプトなのであろう。入口の呼び込み嬢をカメラに収めようとしたらそっぽを向かれてしまった。きっと「辣婆婆」だと思われたくなかったのだろう。

《鴨王烤鴨店》は定番の北京ダックの店。北京に短期留学中で、まだ北京ダックを食べたことがないというH大の学生さんたちと一緒に行くことになった。総数一〇名、予約した部屋はなかなかに立派。いつもは飛び込みで入るため、通されるのは通路席が多く、服務員たちが忙しく行き交うので落ち着かないが、ここは大変に快適。ダック三羽、前菜、炒菜、ビールを含めてトータル一〇〇〇元を突破した。でも一人分に換算すれば一〇〇元（一三〇〇円）ちょっと。日本でこれくらいの北京ダックを食べたら一包み二〇〇〇円として、……。やはり北京ダックは北京で食べるのが一番である。Wさんはこの店のゴールドカードを持っている。いまではすっかり《鴨王烤鴨店》のカオヤー。

食後のオプションに秀水街の見学がついた。秀水街とは安い衣料を売る狭い路地から発展した市場通りで、外国人には大人気のスポットである。なかには北京に着くとまっさきに行く人もいるという。筆者はここには長らく行っていなかったが、その変身ぶりにビックリ。路地は四階建ての大きなビルに変わり、店もその中にギッシリつまっていた。衣料だけでなく雑貨や土産物まで売るようになったものの、商品は相変わらずどれも怪しい。どうやったらロレックスが三〇元で買えるのか。売り子嬢の客引きもすごい。「ニイハオ」とまず声をかけ、外国人だと思ったら「ハロー」「コニチハ」「アンニョンハシムニカ」と多彩な言語が飛び交う。

Polo？の靴下が一足一五元で売っていた。筆者は靴下がなくなりこの前スーパーに行って一足一五元で買ったばかりである。TさんがPoloを二元でなら買うとからかうと、五元五元という声が後ろから追いかけてきた。いったい原価はいくらなのか。今度からは「三角パンツ」はやめて、ここで使い捨ての下着と靴下を買うことにする。《秀水烤鴨》の広告があった。この北京ダックは本物なのだろうか。

おなじみの山東老字号の《東興楼飯荘》でかつてお世話になったJ先生を招いての夕食会を催した。ばっちり予約を入れてもらい雅座に案内された。かつての北京八大楼の筆頭の店にはやはりこのような豪華個室がふさわしい。今回はいつもの貧乏くさい頼み方をせず、ジャーン、往年の《東興楼飯荘》の名菜の筆頭「葱焼海参《ツォンシャオハイシン》」から着手した。早い話、ネギとナマコの醤油煮である。たかがナマコ、されどナマコ。《東興楼飯荘》の味を代表するだけのことはある。しかし、さすがは大王、「あくまで麺が主だ」とのたまう。炸醬麺は八元、ナマコはその一一倍もするが、大王の確信に満ちた言葉を聞いたナマコは心なしか萎縮したように見えた。

《東興楼飯荘》のとなりのセブンイレブンに昨年九月に引き続き、最高指導者が現れたとの情報が入ったので、早速確認に行った。いたいた、この間彼は屈強なボディガードをつれていたためすぐに見破られた反省から今度はあまり目立つ行動を控えたようだ。しかしよく見ると女工作員と諜報部員を先頭に立たせている。天安門広場にはためく北朝鮮の国旗が動かぬ証拠だ。ジョンイル、再び……。東直門内のセブンイレブンに行けばいつでもジョンイルに遭えそうだ。

ところでこのネタ、ごく一部にしか受けない楽屋落ちなのでもう止めたいのだが、その一部には大変好評であるため、このたびもマンネリを厭わず載っけた次第である。次回からは自粛しようと反省している。

某日、昼をホテルの近場で簡単に食べようということになった。東方広場に行けばなんとかなると

図43　北京ダック博物館

思ったが、適当な店がなかなか見つからない。結果、なぜか《麻布十番》に入った。ここは東京のトレンド店をまねた喫茶店だと思っていたが、食事もできることを初めて知った。さらにかの《味千拉麺》が経営している店であることも初めて知った。ラーメンの他、カツ丼や牛丼の定食もある。日式炒飯は中式炒飯とどこが違うのか。二八元のカツ丼はなお発展途上にあるとだけ言っておこう。

某日、《全聚徳烤鴨店》の和平門店で昼飯を食べた。ここは周恩来みずからが場所を選んで建てたという由緒あるアジア最大の烤鴨店だという。たしかに全館北京ダック一色の店はアジア広しといえども、まずありえない。ここに来た主目的は二月以来懸案になっていたカオヤー博物館に入ることだったため、《鴨王烤鴨店》でダックを食べたばかりだといって嫌がるメンバーに「じゃあ、カオヤー食べなきゃいいジャン」とごまかして無理やり引っ張ってきた。もっとも一度でいいから《全聚徳烤鴨店》で北京ダックを食べないという体験もしてみたかった。Tさんがそんな客いるのかと服務員に尋ねると、「いないこともない」との答えが返ってきた。さて、注文である。北京ダック以外に何があるのかと思ったが、意外にいろいろあることを発見した。炒飯、水餃、三鮮麺……。ただいずれもダック入りであるところはさすが《全聚徳烤鴨店》である。値段も結構《全聚徳烤鴨店》であったが、味も《全聚徳烤鴨店》のことだけはあった。

肝心の博物館である。服務員にこれがどこにあるのかと尋ねると、予約が必要で、今日は開いていないという。そこで大王、「われわれの目的は鴨を食らうにあらず。貴店の鴨の味は既に知り得たり。故に今日は食らわず。然れども博物館に入らずんば如何ともするなし」とのたまわった。この大王の剣幕に恐れ入ったのか、はたまた酔狂な客のわがままに親切に応じてくれたのか、食事が終わるとちょっと偉めの責任者がやってきて、本日開館するという。言ってみるもの、やってみるもの、食ってみるものである。特別に通された秘密の地下室のような場所に博物館があった。残念ながら帳簿とか原文書は展示されてなかったが、それなりにおもしろかった。正攻法でいくなら展覧館に電話で予約しよう。なお、店で食事をしなくても、もちろんダック抜きでも見せてくれそうである。

某日、Mさんは宿願の長城見学に出かけてしまった。いろいろ楽しいこともあったようだが、はばかられるので書けない。時間がかかってしまいホテル帰還は夕食にとても間に合いそうにないとの電話が入った。ならばわれわれは先に《吐魯番《トルファン》餐庁》に行き、店でMさんを待てばよいということになった。《吐魯番餐庁》とは北京の回民居住区である牛街にある最も古くて大きい新疆料理の老字号である。二〇〇八年に出版され、いまでも本屋で売られているガイドブックには、「この店の服務員はウイグル姑娘《クーニャン》が多く、心を込めて客を接待し、一人ひとりの物腰は文雅でかつ鷹揚、歌も踊りも上手で好評を博している」とあり、こちらの方も大いに期待した。ところが、……である。祇園精舎の鐘の声、諸行無常の響き有り。盛者必衰の理を顕す。門は堅く閉ざされ、「停業」の大きな張り紙があるだけだった。まさか牛街の回民餐庁を代表するこの店がつぶれてしまうとは！　数々の餐庁の臨終を看取ってきた筆者でさえ、このことをまったく予想しなかった。万やむをえず同じ牛街にある《東来順飯荘》で再び涮羊肉をということになった。しかしMさんだ。「停業」の張り紙の下の「《東来順飯荘》に来たれ」とのポストイットを貼りつけた。

牛街の《東来順飯荘》は周辺に回民が多いせいか、他の店とは雰囲気が違う。羊の味もちょっと違うのかもしれない。三人で肉一キログラムはたしかに多すぎたが、やはりうまいものはうまい。結局、Mさんは店に現れなかった。ポストイットは「停業」の下でむなしくはためいているのであろう。

参観地に関する話題を二つほど述べておこう。まずは科挙扁額博物館。北京市の東郊、高碑店にある私立博物館であるが、ガイドブックなどにはまだほとんどその名が知られていない。なんでも土建業で大儲けした社長が趣味で集めた科挙関係のグッズを基に二年前に博物館を開いたとかで、三〇〇〇平米に及ぶ敷地にとても個人のものとは思えない立派な博物館が建っている。なぜ科挙博物館ではなく科挙扁額博物館というのかといえば、著名人が科挙に合格した者に贈る扁額、つまり馬鹿でかい横額がおびただしくあるためであり、生員、挙人、進士とそれぞれの部屋に分けてそれが展示されていることからしてその数の多さが想像できるというものだ。なかには宋元代のものや、かの李鴻章が与えたものもあり、あなどれない。社長は人民大会堂の建物に「人民大会堂」という扁額を掲げるよう今度の全人大でぜひとも提議したいと張り切っている。どうも科挙というよりは、「扁額フェチ」ではないかと推測される。まあ、大儲けした金があれば普通は女か博打か、よくても書画骨董につぎ込むのがオチであろうが、扁額を集めて博物館を開設したというところに、この社長の非凡さ?がある。往時を再現した科挙の合格発表会場の傍らに、「二〇〇八高考状元榜」と称する昨年の大学統一試験による各地区の最高得点者の名前と得点が「状元」の名で顕彰されていた。

保定は北京西駅から和諧号に乗って一時間で行ける河北省の街。清代に直隷総督衙門が置かれた曾国藩、李鴻章、袁世凱などのゆかりの場所である。といってもかなり田舎町である。昼食を食べる適当な店がない。結局、《加州牛肉麺大王》(California Beef Noodle King)でソバを食べるはめになった。保定くんだりまで来てカリフォルニアの味が楽しめるとは、トホホである。唯一の観光地である総督衙門は当時の建物が改造されることなくそのまま残っているのがなかなかおもしろい。現存する総督衙門の中で、南京の両江総督衙門は南京国民政府の時に総統府になったことから手が加えられてしまっている。福州の閩浙総督衙門は先般の調査でキャバレーの敷地化していることが判明した。それに比べてここは昔の姿を留めているのがすばらしい。いまどき珍しく義和団の「愛国主義」を讃

図 44　義和団塑像と少年

える展示がされている。恐れ多くもかしこくも義和団の歴史的意義を説いた毛沢東の文章がパネルで展示されており、義和団の塑像もかっこいい。しかし、義和団の意義を知ってか知らいでか、塑像の格好をまねする少年がどこの国でもいるものだ。

最後の夕食は《晋陽飯荘》でしめることになった。《晋陽飯荘》は一九五九年開業に係る解放後に誕生した老舗山西料理店で、なんといってもここは刀削麵の本場店である。当然、麵食い大王の顔が真剣になった。慎重に検討した結果。もう一つの名物料理である「香酥鴨《シアンスーヤー》」も注文した。かつて一人でこの店で食事をした時、これを注文したら多すぎると断られた覚えがある。ローストとフライドの中間のような焼き方で、ネギと一緒に甘味噌をつけて皮で包んで食べるのは北京ダックと同じであるが、北京ダックとはまた違うおいしさである。肝心の刀削麵はいかにと大王におうかがいを立てると、大王、思わず親指を突き上げられた。《晋陽飯荘》も大王からのお墨つきを得てますますの発展を保証されたわけである。

I君がホテルに訪ねてきた。石家荘に資料収集に行ってきて、明日帰国だという。I君とはその昔、留学先の南開大学を訪ねて、《狗不理包子舗》で包子を食べたことがある。また、前門の《全聚徳烤鴨店》で北京ダックを食べたあと、天橋で雑技を見物に行ったことがある。その時、彼がフィアンセにシルクのネグリジェを買ったことが記録されている。本人は事実無根の創作だと言い張る。真相はいかに。昔のことは忘れてしまった。事実かどうか、「記憶にない」ということにしておく。

18　李大釗とともに――北京餐庁情報十八編　2009

本編は二〇〇九年七月二十二日から七月二十九日までの八日間の北京滞在記録である。二〇〇九年はまだ七カ月しか経っていないのに、二月、三月に引き続き、すでに三度目の北京訪問である。仏の顔も三度というが、ここは〝仏〟ではなく中国は北京なので、まあ勘弁していただきたい。年間に三度北京を訪問したのは人生で初めてのことだった。

さすがに北京の街に変化はない。強いて挙げるなら暑くなったことか。当たり前か。ただ、この季節、北京は珍しく雨季で蒸し暑いため筆者はなるべく北京には来たくない。午前中はどんより晴れているのだが、午後になると雲が多くなり、夕方から一転にわかに掻き曇ってスコールになる。おかげでスモッグは少しマシである。毎日ナンバープレート下一桁の二つの数字の車は走らないようにとの指示が出ているが、「温馨提示」なので徹底しないらしい。「温馨」とは本来「暖かでよい香りがする」というもので、「まあ、その……つまり、よかったらやってくれませんかねえ」てなもんで、効き目がないのも無理はない。もっとも過失運転で四人を死亡させた運転手が死刑になったことが新聞に載っていた。その昔、自転車の窃盗に処刑を適用したと聞くお国柄を考えると、「温馨提示」だからと高をくっていると、とんでもないことが待っているのかもしれないが……。

久しぶりに機内食のことを最初に書こう。航空機はいつものように全日空と中国国際航空（CA）のコードシェア便だったが、全日空も一時に比べてずいぶん安くなり、CAの値上がりともあわせてどちらを選んでもさほど料金に変わりがなくなった。

今回の機内食は全日空夏の特別メニューだとかで、ジャジャメンかビビンバかの二択であった。究極の選択である。迷った結果、筆者は前者を選んだ。肉味噌はパックだったが味は悪くなかった。麺もコンビニよりは数段まっとうだった。しかし、なんですな、全日空は日本の飛行機会社。なのに機内食はその由来が中国と韓国のものとはこれいかに。日本文化を最初から放棄している。二日前は土用の丑の日だった。だからウナ丼っていうのはちょっと無理かもしれないが、せめて天丼かカツ丼、百歩譲ってたぬき丼なんてメニューは考えつかないものなのか。

筆者は機内で食事をする時、なぜか音楽とか落語とかを聴くことが多い。最近は映画も充実しているが、北京行きだとたいてい途中でぶった切れる。とくにサスペンスはいけない。最後の結末を見ないまま終わると、「えっ、いままでの時間はなんだったの？」と腹ふくれぬ思いで飛行機を降りるはめになる。音楽はなぜか「青春グラフティ」という懐メロが好きだ。そこではわれわれが高校生だったころのフォークソングが多く流れ、しばし異空間にいざなってくれる。「落」はここでは禁句である。だから「恋に落ちて」なんて曲はかからない。じゃあ、「落語」はどうなのか。ひょっとしたら寄席とか小噺とかで代用しているのかもしれない。キャビンアテンダントの落合さん、あなた、よく

採用されたねえ⁉

今回の北京の宿はいつもとは趣を変えて、中国人民大学の対面にある燕山大酒店にした。古い四ツ星ホテルだが、北海道大学の弁公室で手配していただいた関係で一泊四五八元だった。なぜかホテルの価格表には一番安い部屋でも二四一ドルとなっていたこと、またなぜか「スカイラウンジ」と称する喫茶店が空のまったく見えない一階にあったことを除けば、快適なホテルだった。

このホテルにはある種昔の想い出がある。一九八二年二月、留学のために初めて北京に来た時、おりしも在外研修中だったH先生の宿舎がこのホテルであり、その部屋を訪れたことがあった。H先生、部屋に備えつけられた電話であれこれ注文される。「ボクはこれから号として〝東鐘〟を名乗ることにする」とおっしゃる。当然なぜかとお尋ねすると、「電話注文でハンコを作ってもらったんだけど、〝dun jun〟と発音したつもりなのに、どういうわけかできあがったものを見たら〝東鐘 dong zhong〟となっていたんだ」との返事。H先生はまだあの時のハンコをお持ちであろうか。それにしても、こんなことを電話で注文される〝勇気〟がよくあるものだと妙に感心した次第であった。

ホテルは当代商城というデパートの裏にあった。筆者は当代商城にも想い出がある。一九九四年、北京に長期滞在した時に新しく建てられた都市型商場だった。付設された北京最初の《星克巴》ではワンレンボデコンミニスカのおネエさんがセーラムスリムをくゆらせており、共産党幹部養成のための人民大学の教授たちを大いに嘆かせたものだが、時は移り、いまではグッチ、カルティエ、フェラガモなどのブランドショップに客が群がる中国人向け高級デパートに変身してしまった。なぜか、紳士用品が多く売られている。そういえば中国の高級デパートには一般に紳士用品売り場が充実している。これは日本と大きく違う。中国では男の方が経済を握っているのか、はたまた無駄遣いに走りやすいのか。これは要検討である。

筆者が北京に到着した同じ日の午後七時ころに北海道大学の麺食い大王こと、Mさんもホテルに着くことになっていた。北京に戻っていたWさんと二人、ロビーで待っていたのだが、Mさんはなかなか現われない。八時を過ぎて、次第に心配になってきた。札幌からの直行便なのだからどうなっているかわかるはずだとホテルに問いあわせても、なかなかラチがあかない。そうこうするうち、飛行機は北京が豪雨のため空港に降りられず、石家荘に行ってしまったことがようやく判明した。石家荘は河北省の省都ではあるが、何があるわけでもなく、中国の省都の中でも最も印象に残らない街であり、おまけに北京から二五〇キロ以上離れている。そんなわけで、Mさんがホテルに着いたのは日付が変わった深夜一時を過ぎていた。いつのまに札幌―石家荘の直行便ができたんだ!

こうした事情によって、その日の夕食は近場で簡単に済ませる以外になかった。そこで眼に入ったのは当代商城の階上に新しくできた《鼎泰豊》の支店だった。《鼎泰豊》とは台北に本店のあるショーロンポーが自慢の店で、アメリカのマスコミがなぜか世界十大レストランの一つに挙げたことから一躍有名になった店である。筆者はまだ《鼎泰豊》のショーロンポーを食したことがなかった。何度か店に入る機会はあったが、行くたびに超満員で諦めざるをえなかった。東京の六本木にも支店があることは知っていたが、高い金を出してまで食べるものではないと思っていた。だから、そのショーロンポーをまさか大陸の北京で初体験することになろうとは。ショーロンポーそのものは自慢するだけのことがあり、たしかにおいしい。ただこればっかり食べていると正直飽きる。でもほかにあまりメニューがない。なぜ世界十大レストランなのかはぜひアメリカのマスコミに尋ねてみたいものだ。まあ世界遺産のようなものなのだろう。世界遺産だから一度体験してみるのも悪くはない。

今回Mさんと一緒に北京を訪れたのは目録刊行のための最終確認が主目的だったのだが、もう一つの大きな目的はTさんの墓参にあった。今年三月、Tさんが急逝され、それまで一緒に研究チームを組んで調査を行い、そのたびごとに餐庁情報の主要キャラを務めていただいていたメンバーも大変衝撃を受けた。それからはや四カ月、ショックも次第に癒え、新しくお墓ができたので、Tさんとは親友で亡くなる三日前に一緒に会食した北京大学のZ先生、奥様だったWさん、Mさん、それに筆者の都合四人で墓参りに行くことになった。お墓は北京の西郊、北京大学から少し西にいった万安公墓という場所にあった。ここには中国共産党の創設者だった李大釗《りたいしょう》が眠っている。お墓は香山が見渡せる美しい景色を背負った静かな場所にあった。中国人は中国式で、

図45　津田さんのお墓

日本人は日本式でそれぞれ参拝を済ませ、Tさんが生前好きだった二鍋頭《アルクオトウ》という白酒を墓石にかけた。六〇歳という若さで逝った優秀な研究者の死を惜しみつつ、定年後ご夫婦で暮らすおつもりであったといわれるこの北京の地で安らかに眠られることを改めてお祈りする次第である。

さて、餐庁情報である。今回は恐れ多くも麺食い大王さまの御臨幸であったため、さすがの筆者も影が薄く、忠実なお供として、ひたすらおいしい麺を求めてメンメンと、「あっちの麺はうーまいよ」という話があれば耳をソバだて、数少ない貴重な情報をけっしてウドンじないようにした。こんなことばかり言っていると、早速大王からお叱りのお言葉を賜った。「おやじギャグはおもしろくもないのに自分だけは悦にいっているものだ」と。御意。

まずは《白魁老号飯荘》。実は東四付近にはもう一つの清真老字号である《瑞珍厚飯荘》があり、最初はそこに行く予定だった。なぜならば大衆評点で環境、服務態度がそれぞれ11、9と最低に近いが、味だけは21と高いのが魅力だったからである。それに「服務員はおしなべて中年の大姐で、へりくだらずまた高ぶらず、問えば答えるが、ただひとえに熱情に欠ける」というサービスを味わうのも魅力的だった。しかし、予想通りというか、あるはずの場所はサラ地になっていた。そこで仕方なく「服務する阿姨の顔には永遠に表情がない」という《白魁老号飯荘》に代役を期待した。しかし、こちらは意外にも阿姨はまだ若く、表情がなくもなかった。しかも麺はなかなかコシのあるウドンで、大王のおめがねに適った。ついでに注文した葱爆羊肉《ツォンバオヤンロウ》も前に食べた昔懐かしい味がした。

続いて《半畝園》。これはホテルから歩いて行ける距離にある台湾由来の軽食店で、北京には支店が多い。この店は一五年来ここで営業を続けている。なぜか炸醬麺《ジャージャンミエン》を注文したが、これもまた悪くはなかった。

しかし、北京に来たからには本場の北京炸醬麺を食せねば大王にあらず。そこで潘家園に来たついでにその近くにあるはずの《海碗居》を訪れた。ところが簡単に行けるはずが首都図書館を過ぎても見当たらない。延々と歩いた末にたまたま道の反対側に店を発見。危うく徒労となるところだった。そんな不便な場所にあるこの店も入ってビックリ、昼下がりだというのに少し待たなければ入れないほど超満員。おニイさんたちの威勢のいい掛け声が老北京らしい。もちろん注文は正宗の北京炸醬麺。服務員は大椀に入った麺に小皿の具を手際よく入れる実演をしてくれる。味はもちろんいうまでもない。麻豆腐という〝婆〟抜きの北京独特の庶民料理とともに北京の味が楽しめる。

大王の舌は北京だけでは満足しない。「刀削麺を食いたし」とのたまわった。ならば科学院図書館に来たついでにその近くにある《晋陽飯荘》の支店ではどうかということになった。地下へのエスカレータを降りると、すぐに店内に入るという不思議な構造であったが、こちらは山西の本格刀削麺の老舗だけに、いつ食べても期待を裏切らない。肉、海鮮、トマト&タマゴなど数種類の具が選べる。

科学院図書館の近くには昼を食べる店があまりない。唯一まっとうなのが《郭林家常菜》である。一九九三年に経営を始めたこの店は家庭料理を基本とした家常菜で評判を得て急成長し、北京市内に多くの支店を持つに至った。いまでは北京ダックから四川料理まで節操なく供応する。大王はここでもまた刀削麺をきこしめされ、われらもそれに従った。《晋陽飯荘》と比べてはいけないが、トマト&タマゴの具の麺は思いのほか口に合った。

今回はそれでも、いつもいつも麺ばかり食していたわけではない。ホテルから北に歩いて一〇分、地下鉄海淀黄庄駅の近くに《無名居》の支店がある。《無名居》はご存知のように、周恩来の肝いりで招いた国宴のコックたちが開いた江淮料理の代表的な店で、西直門の店にはこれまで何度か足を運んだことがある。辛口の批評をモットーにする大衆評点でも味、環境、服務態度ともに高得点をつけ、「果たせるかな、人をして失望せしむることなし」とベタぼめである。この店も同様に満足のいく味だった。

中国国家図書館分館近くでましな昼を食べようとすると、《延吉餐庁》の冷麺を食べるか、広東料理の《大三元酒家》に行くしか方法がない。《延吉餐庁》はこの間久しぶりに行って痛く失望したので、選択の余地はなかった。ところが、《大三元酒家》、なんか変である。いままでは庶民的だった服務員がなんだかめかし込んでいる。おまけに「会所」なんて看板を出している。内装はすっかり高級志向に改装され、セレブが集うなんとやらに大変身。メニューがまた大きくて重い、おまけにフカひれ、アワビ、ツバメの巣の三大料理が並んでいる。われらはそのページを全部すっ飛ばして、チャーハンと菜っ葉炒めを注文した。服務員はこれでよいのか、本当にこれでよいのかと何度も念を押した。周りでそんな貧相なものを注文する客がいなかったのはいうまでもない。

今回赴いた本格的な店は《北京新開元大酒店》だった。もちろん招待である。北京大学からいくらもないところにあるこの店は杭州に本店を置く浙江料理の名店である。かなり以前に杭州の本店に行ったことがあり、洗練された近代感覚の浙江料理を味わうことのできる店という記憶があった。Tさんの墓参の帰りにZ先生の手配、Wさんの招待で行った北京店は味、環境、服務態度ともにそろった豪華な店だった。いつもはあまり感激しない西湖醋魚《シーフーツーユウ》（西湖の魚の煮つけ）もそのおいしさはなかなかのものだった。北京大学が接待によく使う店らしい。

ところで、この店の若い女性服務員が北海道大学だと聞いて特異な反応を示した。いま中国の若い人々の間では北海道はブームになっている。というのも北海道の富良野と釧路を舞台にした「非誠《フェイチェン》勿擾《ウーラオ》」（邦題・狙った恋の落とし方）という恋愛映画が大ヒットし、同時にその地があこがれの場所になっているのだそうだ。わからないものである。北海道はいまや中国人セレブの観光地として急成長している。例の石家荘に降りた乗客の多くが北海道観光を終えて帰路につく中国人だったようだ。まあ「冬のソナタ」の舞台が日本人女性たちでごった返したことが記憶に新しいように、こうした例はさほど珍しくない。だったら日本の各地方も中国人観光客を招き寄せるご当地映画をたくさん作れば地域振興になるのではないか。あの〝はりまやばし〟がペギー葉山のヒット曲一つでいまだに観光地になっているくらいだ。でも恋はやはり北のものである。やはり北欧の香りがする北海道という場所がセレブを惹きつけるのであろう。

せっかく北京に来たのだから大王の意向とは関わりなく、ひとえに筆者の希望で選んだ老北京店が二軒。一軒は《恵豊老北京涮肉》。ご存知、羊のシャブシャブの店だが、《東来順飯荘》などの回民系餐庁とは異なり、漢族を含めた北京本来の味を保つ鍋で有名な店である。ただし、店を見つけるのにまたもや苦労した。というのもガイドブックでは住所が西直門外大街徳宝新園四号になっており、最初これを信じたのがいけなかった。そこでもとに戻って別のガイドブックを見直すと案の定、番地が違っている。店がある新園二〇号はさっき素通りした所である。地味な店であったが、これはこれで

〝北京〟を味わうのには最適の店だった。「いいシャブを入手するには足で稼いで探り当てるしかない」のである。

もう一軒は《九花山烤鴨店》。動物園の南、紫玉飯店の中に収まっている。これもまた知る人ぞ知る北京ダックの老舗店で、ガイドブックによれば「全聚徳に遜色ない」とか。毎日二〇〇羽を限度として、焼き終わるとそれ以上供給しないそうで、まるで慶應の近くのラーメン屋のような店である。この日は北京外国語大学の集中講義のために少し前から北京に滞在しておられる同僚のSさんも一緒だった。Sさんといえば、一九九四年の北京滞在の時にも北京大学でともに研修した仲間であり、その時には東門にあった客の入らない広東料理店に同情して日参の結果、優待券をもらったという奇特な経験の持ち主でもある（初編参照）。今回の講義は航空機からホテル代まですべて自前ということでビックリした。頼むほうも頼むほうなら、引き受けるほうも引き受けるほうである。でも優待券くらいくれるかもしれない。

話を北京ダックに戻そう。このあたりの店はほとんど日本のガイドブックには載っからない。したがって店のインテリアもさほど洗練されていない。しかし一羽一四〇元の料金はまあまあであり、味は《全聚徳烤鴨店》ほど脂っこくなく、かといって《大董烤鴨店》ほどあっさりしているわけでもなく、北京ダックを十分代表できる店と見た。他の料理、水かきの和え物、心臓のピリ辛炒め物などの味もなかなかであったが、とりわけ鴨湯《ヤータン》がうまかった。夕暮れ時には空いていた客席のほとんどが埋まってしまった。二〇〇羽限定もまんざらウソではないようだ。

ここまで来てやはり四川料理の辛さを味わいたくなった。そこで個人的に魅力を感じていた《麻辣誘惑》に大王を〝誘惑〟した。《辣婆婆》同様にいま北京で流行するトレンド四川料理店であるが、その名前についつい誘われた。北京市内にはなんと一三店を数え、それぞれの店がインテリアに工夫を凝らしている。君太百貨店は西単にある黒と赤を基調とする人気店で、待つことを覚悟したが、案外簡単に入店できた。さて、味のほうだが、正直いって〝辛い〟。筆者はこう見えて比較的辛さには強いことを自負している。大王もまた辛さへの強さにおいては負けていない。その二人が辛く感じるのであるから、かなりのものである。水煮牛肉の赤黒さは人間の食い物とは思われない。味は決して悪くない。しかし、辛さが勝ってよくわからない。でもさすがは大王である。シメに担担麺《タンタンメン》を食べようと言い出した。もう限界を超えている。でも麺の〝求道者〟には勝てない。店を出る時、われわれはさながらゴジラかアンギラスのようだった。

北京の街角の話題をいくつか記しておく。北京の地下鉄に三月からの大きな変化はない。今年九月に四号線が開通すれば大方の計画は完了するようだが、一三号線までナンバリングしているからには、まだ三、六、七、九、一〇、一一、一二号線がどっかにできるはずである。とまれ四号線が開通すれば念願の西単—新街口—西直門—国家図書館—人民大学—中関村—北京大学という唯一行きにくかったラインが結ばれ、われわれにとっては大変便利になる。もはやあの三三一路のバスは過去の遺物となった。とはいえ、まだ七月である。四号線の駅は造られてはいるものの地下鉄は走っていない。そのため海淀黄庄から王府井まで出るにはちょっと手間が要る。ルートは三種類。①まず一〇号線で恵新西街南口まで行き、五号線に乗り換えて東単で降り、さらに一号線一駅で王府井。②一〇号線でグルッと国貿まで乗って、そこから一号線に乗り換えて王府井。③まず一〇号線で二駅の知春路まで行き、一三号線に乗り換えて西直門、そこから二号線で復興門、一号線を逆行して王府井。いずれにしても小一時間はかかる。このうち、③は止めたほうがよい。西直門の駅は北京の地下鉄大手町だと思ったら納得がいく。要するに乗り換えるまで延々と歩かなければならない。でも、こんなことを論じるまでに北京の地下鉄網も発達したということなのだろう。

地下鉄の広告も一段と進化している。一つは「幸福人寿公司」という保険の広告。老父夫婦に美人の奥さんをもらった息子、そして一人っ子の孫の男の子。食卓にはバナナや桃などの果物や飲み物が並び、ケーキをほおばる孫の口の周りにはクリームがいっぱい。それを笑う父親の口の周りにもクリームがいっぱい。中国人が考える「幸福感」で満載のものである。なぜか年画の画題に通じるものがあっておもしろい。もう一つはコカコーラのコマーシャル。やる気のない労働者、いい曲が作れない作曲家、いらいらして恋人に当たり散らす若い女性、彼らがコーラを一口飲むとあら不思議、やる気満々、万事順調、表情にこやかになる。やはりコーラはアメリカ帝国主義が中国に差し向けた麻薬に違いない。

東方広場の《星巴克》でトレンディドラマを目撃した。となりにいた若い女性がケイタイをかけている。何か激しい言葉のやり取りで電話を切ったあと、テーブルにうつぶせてしまった。相当いらだっている。どうやら別れ話だったみたいだ。けだるい時が過ぎていった。すると、一人の若者がとなりのテーブル席が空いているかと彼女に尋ねた。彼は席を確保するため荷物を見ていてくれと彼女に頼んだ。この途端彼女の表情が変わった。彼氏はコーヒーを飲みながらとなりの席の彼女に語りかける。彼女の顔に笑みが戻った。そしてとうとう彼女は彼氏のテーブル席に移ってしまった。この間三〇分、カップルが成立した。日本人の二人のおじさんがその横で君たちを観察していたとはお釈迦様でも気がつくまい。カップルはその後どうしたって？　私たちはそれを見届けるまでヒマではない⁉　しかし、一時間後、この暑いのに腕を組んで王府井大街の雑踏の中に消えていく酷似のカップルを目撃したことは確かである。昼下がりの街角、「北京でひ〜とつ〜、王府井のこ〜いのも〜のが〜たり〜♪」の顚末であった。

最後の夕食は何にしようか。またまた悩んでしまった。たいていの持てる技を出し尽くし、最後にはなにも残っていない。しかし、最後の夜はビシッと決めなくては筆者の名がすたる。そこで発想を変えてベトナム料理なんかどうかと大王に持ちかけた。大王もまたベトナム麺であるフォーが食べられるのであればと、二つ返事だった。そこで二〇〇九年七月刊行の出版ホヤホヤの『北京食尚地図：吃飯那些地児』（人民交通出版社）に載っている三里屯の《那麼那麼越南菜》に行ってみることにした。十九世紀のフランス植民地時代の雰囲気で、環境抜群の太鼓判が押されていただけに、最後の夜を彩る価値は十分にあった。このあたりは大使館が集中した閑静な通りで、その店もベルギー大使館の対面にあることになっていた。だが、しかしである。その場所ではなぜかエチオピア料理の専門店が営業していた。服務員に尋ねると、われわれの前の店がそうだったという。何度こんな目に遭ってきたことか。超最新のガイドブックの情報にしてこうである。それだけ北京の餐庁の栄枯盛衰が激しいということか。それとも中国人にはベトナム料理の微妙さが理解できないということか。

今回の旅は短い期間であったが、仕事の面では一部を除いて十分目的を達成した。また餐庁の方も一部を除いて行きたい所に行って食べたいものを食べたという感じがした。でもなぜか、こう、何かやり残した気がしてしょうがない。空港に向うタクシーの中で「忍び寄る不安」に駆られてしまった。パスポートは持った。航空券も持った。ホテルの支払いも済ませた。部屋に忘れものはないはずだ。そして突然思い出した。そうだ、天安門を見ていないではないか！　北京にはこれまで二〇回は訪れたと思う。そのたびごとにたしかに天安門広場に行って毛沢東の肖像画を見続けてきた。でもまあいいか。仏の顔も三度である。毛沢東の顔を三〇度も見れば、一回くらいすっ飛ばしても反革命罪にはなるまい。

19　革命から百年――北京餐庁情報十九編　2011

本編は二〇一一年七月二十三日から七月二十八日までの六日間の北京滞在記録である。北京は実に二年ぶりの訪問になる。昨年は中国の他の都市には行ったものの、とうとう北京に行く機会を逸し、二〇〇二年以来毎年北京に行き続けていた記録が途絶えてしまった。この間、二〇一〇年五月には上海万博が開催された。また、同年七月には中国の新幹線和諧号が事故を起こし、いわゆる「穴を掘って車両を埋める事件」が発生した。さらに同年九月には中国漁船が日本の巡視船と衝突して日中関係に影を落とすことがあった。なお、二〇一一年は中国が帝政を廃止した辛亥革命から一〇〇年目の年に当たっている。

実は今年の春に北京を訪問する機会があるにはあった。当初の計画では三月十一日にニューヨークに行き、三日後の十四日に成田から直接北京に向う予定だった。さらに月末には台北に行く予定もあった。そこで筆者としては、ニューヨーク、北京、台北の三都物語を餐庁情報にまとめることをもくろんだ。しかし、あの地震ですべてがフイになった。

幸いなことに地震が発生する二時間前に飛行機はニューヨークに向けて飛び立っており、地震を体験することなく済んだ。そういえば阪神淡路大震災の時にも北京にいて、当然ながら筆者はその地震を知らない。今回もまた事態を理解するにはかなり時間がかかった。ニューヨークJFK空港に着いても「日本の三陸沖で大きな地震が起こった模様」くらいしか伝わってこなかった。到着の日は時差もあってそのまま就寝。翌日テレビをつけ、CNNを観てビックリ。街角のタブロイド紙では津波に呑み込まれてあたかも日本沈没のようなイラストが全面トップに掲げられていた。

十四日成田に到着した時、北京便は機能していた。念のために家内に電話を入れると、北京からの復路便がキャンセルになり、いつ日本に戻ってこられるかわからないという。さらに「こんな時にわざわざ北京に行かんでもええだろう」という暗黙の圧力も手伝って、まっすぐ帰宅するはめになった。幸い家は無事だった。もっとも家内は横浜駅から歩いて帰宅、長男は八王子で留め置かれ、それぞれ大変だったという。筆者も出発が地震のあとだったら、当然成田に強制収用されたはずである。

筆者としては三田の研究室が心配だった。研究棟という古い建物は慶應が一番金のない時に造った危ない建物の代表で、前々から地震が起こったら二階が一階になるだろうと囁かれていた。にもかかわらず、一階には文、経、法、商の文系四学部の学部長室が並んでいるのである。また二階の筆者の研究室はダンボール箱が微妙なバランスの下に辛うじて安定を保っているような状況にあり、壊滅は必至だった。しかし、わからないものである。研究室はなんの乱れもなく依然として微妙なバランスを保ったままだった。ましてや四学部長は全員ピンピンしていた。上階はかなり揺れたようである。本が落ちたり傷ついたりした部署もあったようだが、大きな被害が出なかったのは福澤先生のご加護なのかもしれない。もっとも近くの東京タワーのてっぺんは心なしか曲がっており、その時の揺れを象徴している。

そんな事情により、今回の北京行きは前回果たせなかった目的の捲土重来なのである。

羽田からの出発は初体験だった。羽田の国際線ロビーは新しく完成したばかりで、きれいではあったが、いかんせん小規模だった。しかし、九時二十五分の出発前の七時二十五分に空港に到着するためには成田だったらまず五時三十分には家を出ないといけないのが一時間短縮されるので、これはたしかにありがたい。また西の北京に行くのに、わざわざ東の成田に向う割切れなさもいくぶん解消される。

北京空港は相変わらずデカイ。空港職員の態度もデカイ。これはいままでの伝統であったが、北京オリンピックで一変した。どうせもとに戻っているのだろうと思っていたら、あにはからんや、ビックリするくらい態度が良好、労働模範なのである。北京もグローバル化の波に抗うことができないのであろうか。

宿は北京飯店と決めていた。一九〇〇年の義和団事件講和交渉に訪れた外交団の宿泊のために建てられた北京最古の五ツ星老舗ホテルである。いつもならこんな格式のある所には絶対に泊まらない。しかし、三月の時に予定していたのがこのホテルであり、しかも結構いい部屋だった。キャンセルが利かないため、武漢の留学先からわざわざやってきた院生のY工作員にただで泊まってもらったが、Y工作員だけがいい目をしたのも悔しいので、これもまた捲土重来となるに至ったのである。ちなみに部屋に関していえば、期待したほどのものでなく、強いていえば「普通」であった。ジュウタンも擦り切れていて、強いていえば「ボロ」だった。これで一泊一二〇〇〇円を出すのなら、それは「酔狂」であり、経済学では割り切れない領域である。

二年ぶりの北京であり、その変貌ぶりが楽しみだった。念願だった地下鉄四号線が開通していた。北京の地下鉄もいまや網の目になったが、最後に残された場所が西北地域だった。それがいま西単から一号線を四号線に乗り換え、西四、西直門、動物園、中国国家図書館、人民大学、中関村、北京大学東門に至るすべてが地下鉄で繋がった。地下鉄に入る際には検問が一段と厳しくなった。昔から北京は政府の膝元だけあって上海よりもはるかに厳重だったが、それでもすりぬけることはできた。だが、今回はなかなか許してくれなかった。運賃は一律二元になった。不思議なことに自販機で切符を購入する際にはまず何号線かを選び、画面で目的駅名を押し、さらには確認ボタンに触れないと切符をゲットできない。一律二元ならなんでもいいじゃんと思うのだが……。

王府井はほとんど二年前と変わらなかった。ここ二〇年間長足の変化を遂げてきたこの通りもようやく開発なるものが終わり、落ち着いてきたことが感じられる。最近上海に行く機会が多いせいか、久しぶりの北京の街は上海に比べて若干野暮ったく思える。夏場には必ず見られるランニングシャツをたくし上げて腹を出して歩くおじさん。やはりいた。上海ではほとんどなくなった光景がここでは見られる。どうせたくし上げるなら、下の部分を切り取ったのを売り出せばいいではないかと思うのだが、それではタンクトップみたいになり、もっと恥ずかしくなるのだろうか。とはいえ、若い女性のファッションはグローバルになりつつある。

到着した日の夕食である。これもまた捲土重来になった。というのも三月に北京飯店に〝ただ〟で泊めてやったY工作員が明後日帰国するため北京に滞在していたからである。これで三大ストーブの異名を持つ南京、重慶の両都市を知る筆者は、あえて夏の武漢を体験せずに済んだ。

Y工作員といえば武漢の華中師範大学に留学してはや一年になる。なぜ武漢なのかは本人にもわからない。第一希望は北京だったのに武漢に回されてしまった。もう一年の留学が義務づけられている。まあその間にプライベートでおもしろい話があったようだが、本人は一切語らない。好奇心の人一倍強い大学院生の女性陣がものすごく関心を懐いており、今回も筆者が問いただすことを秘かに期待していたようだが、さすがに筆者もそこまでやる気にはなれない。

彼は近代中国のイスラーム教や回民のことを研究しているにもかかわらず、《東来順飯荘》に行って羊のシャブシャブを食べたことがないという。ならば迷うことなく近場の王府井店を選んだ。東京もいいかげんに暑かったが、北京も負けてはいない。こんな暑い中、熱い鍋をつつくのか。意外にも店内は客であふれていた。こうしてみると北京人の羊好きも半端でない。それはいいのだが、鍋は煮えたぎっている。客は熱気でムンムン、だったらクーラーの温度をもう少し下げてくれ！

その晩、ホテルの部屋で観たテレビでは、中国の新幹線こと、中国の威信をかけて開発？した和諧号が浙江温州付近で衝突脱線した事故のことを詳しく伝えていた。その時、CNNやNHK衛生放送の情報のほうが中央電視台よりも詳しかったのはあとになって理解した。誰かが中国の新幹線は「四不像」だといっていた。「四不像」とは中国に棲息する不思議な生き物で、角は鹿に、ひずめは牛に、尾はロバに、クビは馬に似ていながら、全体的にはそのどれにも似ていないことからその名がある。

和諧号はフランス、ドイツ、日本などあっちこっちの技術を導入し、中国独自のものとして特許申請した、やはり中国の「特色ある」新幹線である。「四不像」はここから発展して「似て非なるもの」のたとえにも使われていることを思えば、これもまた「似て非なるもの」といわざるをえない。

中国で起こることにはたいてい驚かなくなった筆者ではあるが、穴を掘って事故車両を埋めたのにはさすがに仰天した。出ました!! 中国四千年の問題解決策「なかったことにしよう」である。いったい誰がこんな命令を出したのであろうか。こうしたズレ感覚は中国が近代化に向う過程で必ず生じてきたものであったが、改革開放政策への転換からはや三〇年。いいかげんに「国際感覚」を身につけた政治指導者が現れてもいいころだと思う。もっとも一八四二年の南京条約から三〇年後は一八七二年、洋務運動がようやく始まったばかりで、変法改革はまだはるか先だったことを思えば、それはまだ望むべくもないのかもしれない。

長い間の改修工事を経ていまは「中国国家博物館」に改称した中国歴史博物館がオープンしていた。ならばここもぜひ行かねばならない。

その前に、前回の北京訪問の際に一回も見ることなく終わった天安門に参拝しなければならない。暑さのせいか、はたまたスモッグのせいか、天安門がかすんで見える。なんかボーっとモヤがかかっており、毛沢東の肖像画もいつもと違った感覚である。今年中国共産党が結党九〇年を迎えるため、広場には「慶祝中国共産党九十年」のモニュメントが出ている。しかし、広場に入るには厳しい検問を通過しなければならず、昔のような気楽さはない。共産党も人間でいえば九〇歳の超後期高齢者である。元気といえば元気だが、頑固ジジイぶりは一段と強まり、体力も衰え、半ば老衰状態にある。

中国国家博物館は英文表記では〝National Museum〟であり、日本では通常「国立博物館」というのであるが、中国や台湾ではなぜかこれを〝国家博物館〟と称する。その理由について筆者は知らない。新装なった博物館はなんと立派なことか。中国の他の博物館同様、建物は必要以上に大げさであるにもかかわらず展示物はたいしたことないのは、中国国家博物館もその例外ではない。ただ〝古代中国陳列〟というアヘン戦争以前の歴史展示を博物館の一部を使って常設しているが、それでも十分に広い。

さて、新しくなって顕著に変わったのはその展示形態である。かつての博物館は、建物の南は歴史博物館、北は革命博物館といって、アヘン戦争を境に両方に分け、ともに階級闘争史観によって塗り固められていた。現在アヘン戦争以後の展示は軍事博物館に移ったようだが、ここではなお階級闘争史観は健在である。アヘン戦争以後の歴史は中国共産党の歴史でもあり、それもある意味では仕方がないことかもしれない。ならば中国国家博物館の古代展示がどうかといえば、結論から言うと階級闘争史観が消え失せている。そこには歴史の発展に関する毛語録からの引用はもはやない。第一に奴隷制、封建制、資本制という唯物史観に基づいた三紀分類法がなくなり、前言に次のようにある。「王朝の交替をもって大筋とし、全体を遠古時期、夏商西周時期、春秋戦国時期、秦漢時期、三国西晋南北朝時期、隋唐五代時期、遼宋夏金元時期、明清時期の八つに分つ」。要するに発展段階論に基づかず、王朝ごとに時代区分した便宜的な分類で、かつての「王朝史観」そのものであるのがおもしろい。また黄河文明なんていうのもどこかに吹っ飛んでしまった。四川の三星堆遺跡などのそれと同時期の

図 46　開国大典（下の絵では劉少奇がいない）

他地域の文明も同等に扱われており、さらには漢族の主導でなく、多民族の歴史発展もそこそこ公平に位置づけられている。いろいろ気を使っている点は妙に納得できる。教科書でおなじみの清の康熙帝と乾隆帝の大きな肖像画が最後に展示されていた。かつては「封建地主階級の最大の頭目」と批判された両人であるが、いまや多民族国家中国の統合と安定の象徴として崇められているのは皮肉である。

中央のフロアでは中国共産党九〇年を「慶祝」して博物館所蔵の革命経典絵画が展示されていた。これまでに見馴れたものの実物が実見できたのはそれなりの成果だったが、なかでも登場人物が時代の要求によってコロコロ変わったことで有名になった「開国大典」のビフォア、アフターの二枚の絵が展示されていたのが印象的だった。若干説明を加えると、この絵は中国政治の独特の伝統を見るものだが、何年経っても事実を歪曲しようとする傾向が変わらないのはなんともはや不思議である。

ここまで来たら前門大街に足を伸ばしてみたくなった。前門大街は二年前に改修が終わったものの、まだテナントが十分入っておらず、さびしかったが、二年たったいま、さぞかし繁盛していることだろう。

前門、すなわち正陽門まで来た時、折悪しく雨がザアッと来た。絶好のタイミングで雨傘売りが傘をさっと差し出した。「いくらだ?」「一五元」「高い！八元」。こういうやり取りの時は一〇元と相場が決まっている。筆者は中国に行く時には日本から傘を持参しない。理由は雨が降らなければ無駄になる。降っても傘をさすのは面倒だ。もっとも近ごろは放射能がこわい。ならば現地で買えばよい。日本円にして大枚一二〇円である。どんなに安くたって日本ではこんな安い傘はない。ただどんなに安くったって日本ではこんなに早く壊れる傘もない。いいとこ半月もてば十分である。どうせ半月も中国にいないのでそのまま捨てていけばよい。買ったはいいが、なかなか開かない。さっきの雨傘売りが近づいてきた。もっと勢いよく、「トリャーッ」と叫んで突き上げるように開くのだという。「トリャーッ」。なるほど……。

想像通り前門大街はにぎわっていた。ユニクロや《星巴克》が中国風の造りになっているのがご愛嬌である。昔なじみの店も次第に戻りつつある。横丁の鮮魚口に老字号の集まる美食街が出現した。すでに北京ダックの《便宜坊烤鴨店》、四川料理の《力力餐庁》など、かつてこの場所にあった老舗レストランが復活している。まだ発展途上だが、けっこう美食のメッカになりそうな気配である。

さて、Y工作員との二日目の晩餐を何にするか、ずいぶん迷った。雨である。厄介である。しかし近くでは能がない。壊れそうな傘もある。北京飯店での待ち合わせ時間の六時に一瞬小降りになった。そこで一大決心の下、西城区の車公荘近くにある《峨嵋酒家》まで遠征することにした。この店は創業以来六〇年以上になる老舗四川料理店で、『二〇一一—二〇一二北京美食地図』(広西師範大学出版社、二〇一一年)では四川料理における筆頭に挙げている。一度行ってみたいと思っていたが、一品の量が多いのが障害になっていた。ならばこの機会を逃してなるものか。

ところが車公荘に着くと雨は再び本格的に降り出した。道路は水はけが悪くてすぐ川になる。こういう時、初めての店を探すのはとても大変である。店は多少迷っただけでたどり着けたものの、もはやずぶぬれである。よもや《峨嵋酒家》とてこんなに苦労して来店する物好きな外国人がいるとは思うまい。

この店のお奨めは宮保鶏丁《コンパオジーティン》、つまり鶏肉とカシューナッツの辛味炒めである。やや甘口だがうまい。蒸し鶏の辛味ソース漬けである口水鶏《コウシュイジー》も悪くはない。麻婆豆腐もそんなに辛くはないが、けっこう深い。従業員が無愛想なのがまたよい。雨で客が少ないのをいいことに、みんなでカシューナッツを剝きはじめた。北京で四川料理が大流行する前にあって四川味を北京風にアレンジした店なのであろう。

七月二十五日に故宮の西北の文津街にある中国国家図書館分館に出かけた。昨夜からの大雨が若干落ち着いた。図書館には地下鉄四号線の西四から歩いて一五分程度である。しかし、西四に着くとまたもや土砂降り。こんなことならタクシーに乗ればよかったと思ったが、あとの祭りである。散々ぬれてようやくたどり着いた。

図書館で変わったことといえば、もはやカードの請求番号は機能せず、すべてコンピュータ化されたことだろうか。そのくせ図書請求にはまだカーボン紙を使って二枚のカードに記入することが続けられている。若干管理がうるさくなったのかもしれない。以前ならば一部許された写真撮影も全面禁止になった。筆記用具も鉛筆に限定されている。シャープペンシルで史料を写していると、それは鉛筆かと尋ねてくる。入れ代わり立ち代りくるので少々うんざりしていると、「これは鉛筆か?」、さっき尋ねた係員が再び尋ねた。「鉛筆だと言っとろうが!」。今時シャープペンシルなんて中国でも珍しくないはずだ。なんとかしてくれー。

Y工作員は本日帰国したので夕食は一人である。昨夜の《峨嵋酒家》は悪くはなかったが、北京に来たのならシビレル四川料理も経験してみたかった。あの脳天直撃の辛さは本場の四川でもなかなか味わえないからである。しかし、単に辛いだけなら日本のカレー屋で十分である。やはりうまくなくてはならない。そうなれば少しごぶさたしている建国門外の《渝信川菜》に行くほかない。店内自体は変わらない。一層スタイリッシュになった感じである。口水鶏と回鍋肉を注文したが、やはり筆者にはここの口水鶏のほうが性にあっている。

翌日二十六日は打って変わって快晴になった。よどんでいた空気も雨で一掃されたようだ。科学院図書館も四号線が開通したおかげで中関村から歩いて行けるようになった。その帰りの四号線は大いに利用しなければならない。西単の一つ南の菜市口から牛街までは歩いて行ける。ならば再び捲土重来である。

牛街とは北京のイスラーム教徒が集住しているところで、独特の雰囲気がある。その一角に《吐魯《トル》番《ファン》餐庁》という新疆料理の店がある。ガイドブックには好評であっただけに二〇〇九年七月に訪れたのだが、残念なことに「停業」の張り紙が貼られていた（十七編参照）。「停業」とは一時休業なのか永遠廃業なのかはイマイチはっきりしないが、たいていの場合は後者の方である。しかし、このたび復活したのと情報を得たため、これは行かなければならないということになった。羊肉串は評判通り美味この上なかった。清真料理といえば、筆者が好きなのは羊肉とネギを炒めた料理である。メニューには北京葱爆肉と新疆葱爆肉に二種類が載っている。せっかくなので新疆〜にしたのだが、現物が来て、しまったと思った。そうなのだ。新疆ではタマネギを使うのである。筆者はネギが好きだったが、これもあとの祭りである。肝心の服務員はどうしたかって？　時間が早かったせいもあり、歌も踊りもなし、年増の服務員が一人だけだった。もっとも「心を込めて接待」してくれたことは確かだった。次回を期したい。

この間、昼食に使った餐庁のうち、印象に残った二軒について書き留めておく。

一軒目は王府井の君悦大酒店（ハイアットリージェンシー）に入っている《悦庭》（ノーブルコート）という広東料理店である。ハイアットはさすがに立派なホテルであり、同じ五ツ星といっても、こちらは名誉称号ではないホンモノだ。こんなところに行きたくて行ったわけではないが、東方広場をぶらぶらしているうちにどこかで昼食を食べなければならなくなり、思うに任せて飛び込んだところである。飲茶コース食べ放題一人二三八元を勧められたがなにが悲しゅうて一人で、しかも昼間から飲茶の食べ放題に挑戦しなければならないのか。当然アラカルトの点心を注文することになった。でも一品一品はさすがハイアットだけのことあって値段が張る。

いつも思うことだが、中国には①高くてうまい店、②高いがまずい店、③安いがうまい店、④安くてまずい店、の四種類の餐庁が存在する。このうち②は論外、④もダメ。通常は③に人気が集まる。しかし、①を侮ってはいけない。たしかに中国ではとくに食べ物の値段が安く、けっこうおいしいものが食べられるので、高い料理はもったいない感じがするが、この一線を越えるとそこには〝未知なる遭遇〟が待ち受けている。目の玉が飛び出るといったって、中国では高が知れている。《悦庭》もそんな店であることを予感させる。ちょっと食べてビール一本で、しめて一九五元だった。こんなことなら食べ放題に挑戦すべきだったか。

東安門大街に新しく開店した《翠華楼飯荘》も懐かしい店である。三〇年前、北京に来て街をさまよっていたところ、王府井小学校（現在はキリスト教会として復活）横に汚い店があったので入った場所。この店の味は意外にも「掃きだめに鶴」だったことを記憶している。れっきとした老字号の山東料理店で、それからもしばしば利用したが、ご多分に漏れず「停業」になっていた。この通りには《香港美食城》が一五年前から出現していまなお繁栄しているが、《四川飯店》や《餛飩侯》はなくなっていた。そんな場所に新装開店した《翠華楼飯荘》はいかん？　ここは思い切ってナマコに挑戦してみてはと思ったが、根っからの貧乏性の筆者にはその勇気がなく「野菜餃子」を注文するのがやっとだった。もっとも「野菜餃子」とは肉の入ってない餃子にあらず。食用にできる珍しい野生の菜葉のことで、それは滅多に食せない五八元もするシロモノである。これもまた一興であろう。

七月二十七日はT氏がこの日の夜に北京大学に来るというので、ならば夕食を一緒にということになった。T氏とは大学の同僚であり、漢籍版本書誌学の大家でもある。毎年定期的に北京大学にある古籍文献館で仕事をしておられる。

北京大学には約束の七時半の二時間前に着いた。ほんと王府井から一時間もかからない。地下鉄の駅を出るとすぐ北京大学東門である。この場所に建設中だった留学生寮もすでに完成している。以前の話だとかつての留学生楼である勺園は中国人学生の寮に変身するはずだったが、なぜかいまもって留学生寮のままである。勺園のかつての留学生食堂であった《勺園留学生餐庁》も《勺園餐庁》として生まれ変わっている。といっても実態はあまり変わらないのかもしれない。それに反し、正大中心の方がかえって古ぼけてきた感じである。北京大学のイスラーム教徒の学生のために営業を続けている清真餐庁《佟園》も厳しい状況にあるみたいだ。張り紙には「昨今の学生の激減により、七月一日以降朝食の供応は停止し、営業時間は昼十一時十五分—十二時三十分、夜十七時十五分—十八時三十分とする」とあった。

夕食は時間も遅いことだし、近場で済ませたいが、そうかといって《勺園餐庁》でもないので、地下鉄の海淀黄荘駅から歩いて行ける《無名居》を推した。いわずと知れたあの《無名居》である。高くてうまい店の代表格でもある。ただ惜しいことに周恩来がこよなく愛した清蒸獅子頭という団子のスープがメニューから消えていた。

餐庁情報では中国滞在の最後の食事はいつもそれなりの意義づけが必要であり、単に腹をふくらせるだけですまないのが辛い（勝手に辛がっているのであるが……）。

北京飯店に泊まったのならホテル内にある《五人百姓》を表敬訪問するのが当然というものだろう。店の構えもメニューにもさほど変化はない。店内に入ると和服を着た女性服務員が「いらっしゃいませ」と日本語で迎えてくれる。メニューにはお得な日替わりランチ八〇元がある。この日はヒレカツにイカの炒め物だそうで、もともとヒレカツを食べようと思っていただけにこれを選んだ。ご飯に香の物、茶碗蒸し、味噌汁、さらに食後にはコーヒーがつき、この値段は悪くない。でもカツの味にはなんら改良がない。豚肉がないわけではない。パン粉も以前ならともかく街でいくらでも普通のパンを売っている昨今では手に入らないわけではない。なのになぜかプロの味がしない。そう、学食のトンカツである。昔から変わらないのは何か強い思想があってのことかと邪推してしまう。和服を着た女性服務員もなぜか優雅さに欠ける。わかった。彼女たちは内股歩きをしていない。着慣れない浴衣を来て花火を観にいく女子大学生のようだ。そういえば、客は中国人がほとんど。日本の駐在員が減ったためでもあろうが、れっきとした京樽の直営店であるにもかかわらず、ちゃんとしたホンモノの日本文化が伝わらないのはきわめて遺憾である。

20　三〇年前の思い出――北京餐庁情報二十編　2012

本編は二〇一二年三月六日から三月十五日までの一一日間の北京滞在記録である。中国は八年ぶりに経済成長目標引き下げを発表し、やや中国経済にも陰りが見られるようになった。一方、四月には薄熙来重慶市党委書記が汚職で逮捕され、共産党内部での権力闘争が現れるようになった。この年は日中国交回復四〇周年に当たったが、日中関係は複雑化の一途をたどった。

筆者は、いまを去ることちょうど三〇年前の一九八二年二月から一年間、中国の山東大学に留学した。光陰はまさしく矢の如く、時の過ぎゆくこと、はや三〇年、すでに三〇年である。その間、中国は鄧小平・江沢民体制の下で改革開放路線を推し進め、北京オリンピック、上海万博を経て、これがあの中国かと見まがうばかりの変貌を遂げた。そして都市の景観そのものに大きな変化をもたらした。それゆえ、いまもちろん筆者が留学していたころの中国がそのまま残っているはずがない。しかし、多くの留学経験者がそうであるように、筆者にとっての中国の原点は、初めて生活した三〇年前の中国そのものである。そこで今回は当時の思い出の場所を再び訪ね、勝手にノスタルジアに浸ろうというのがその趣向である。とはいえ、一人で旅するのも無聊なもので、餐庁情報を収集するにもなにかと不都合だ。だから誰か同伴する者がいないかと探したところ、いたいた、今年三月に修士課程を修了し、引き続き後期博士課程に進学する予定のF君がいた。結果、中国国内まかないつきを餌にかばん持ち工作員を引き受けてもらった。

なにを隠そう、F君はわが研究室の最終兵器である。ここで〝最終〟というのは、なにもほめているわけではない。F君のような個性的な人物は、もはや今後滅多に現れないだろうという意味である。F君は外見、性格、言動においてそれぞれ固有の異彩を放っており、研究室の諸氏は彼にたいしていろんな意味で畏敬の念を懐いている。

外見は貫録というか、妙な落ち着きがあり、どうひいき目に見ても四〇代にしか思われない。本人は二五歳だといい張るが、誰も信じない。この間三〇代に見られたといって本人自身が喜んでいた。今回パスポートなるもので確かめたところ、一九八六年生れ……、彼にも若い時代があったのか。偽造も考えられなくはないが、まあ信じるほかなさそうだ。パスポートの写真は二〇歳の時に撮ったものだが（つまり五年前）、たしかに心持ち若い感じがする。もっともこの写真、日本相撲協会の新弟子検査にも使えそうだ。

顔つきも日本人離れしている。台湾に長期滞在していたころ現地の人たちに国籍を当てさせたら、東南アジア華僑だとの答えが多くを占めたという。香港のカンフー映画で最初にやられるキャラがぴったりである。金メッキのブレスレットとグラサンを準備すれば、ラッシュの中央線も楽に座れるというのだが、なかなかオバカな挑発に乗ってこない。

次に言動である。これは外見も影響しているとは思うが、しばしば放つ言葉に毒がある。要は一言多いのである。最近は院生最長老のGさんとの会話が絶妙で、傍で聞いているとなかなかおもしろい。“博士&修士”という芸名のコンビで人気が出るかもしれない。そんなわけだからF君がGさんに向かってマジでほめたとしても、Gさんはいつものように「なんなのそれ？　あなた、またなにかたくらんでいるんでしょう。心にもないこと、言わないでちょうだい」とのたまう。

先日同じく院生のYさんの結婚披露宴があり、出席者の一人が着てきたチーパオが素敵だったのでほめたのはいいとして、ついでにもう一人の年配の女性研究者に対して「先生のその満服よく似合いますね」と言ったそうだ。ちなみにチーパオが満洲族の民族衣装であることはよく知られているが、クビレがあるようになったのは後世のことである。つまり「満服」とはチーパオの原形を意味する。

最後は性格である。いかつい外見とは正反対のユルキャラである。ほらどこかの県のマスコットになっているぬいぐるみを想像すればよい。もう少し辛辣にいえばアバウトなのである。四人兄弟の惣領だとはとても思われない。忘れ物はよくする。旅行中にも財布やパスポートを手から離して放置することはしばしば。チケットを出す時にはあっちこっちのポケットに手を突っ込み心配そうな顔をする。大事なものは普段と違うところに入れておくのだが、その場所を忘れてしまうからだという。見ているほうがよほど不安になる。社会の窓を開けたまま外出することも一度ならず、開放路線をひた突っ走っている。

ただ誤解のないようにいっておくと——もはや十分誤解されてしまったかもしれないが——、愛すべき好青年である。先輩院生のお姉さん方にとっては母性本能をくすぐるのか、外見はどう見ても彼女たちのお父さんにしか見えない「アイツは、アイツは、かっわいいー、年しーたの男の子お〜♪♪♪」なのである。

前置きが長くなったが、これだけ書いたら今回の主役のことが十分おわかりになったであろう。このようなF君との旅行でなにも起きないわけがない。以下はその実態報告である。F君本人はこの餐庁情報を親が読んだら、それこそ勘当ものだと心配している。大丈夫、大丈夫、餐庁情報は「架空の物語である。過去あるいは現在においてたまたま実在する人物、団体、出来事と類似していてもそれは偶然にすぎない」を常としている。本文中F君に酷似している人物が登場するかもしれないが、それはあくまでも架空の人物である。F君の行動に酷似している場合があるかもしれないが、それはあくまでも架空の物語である。読者はこれをF君およびF君の行動とゆめ〝誤解〟されないことを切に祈る次第である。

北京編

三月六日、何事もなく北京に到着。F君は、北京はもちろん北中国は初めてとあって、南中国との景観の違いに興奮気味であったが、筆者にとってはもはやそんな気持ちが失せていることに改めて驚きを感じる。ホテルはいつものように新僑飯店。北京駅に近く、かつては夜一〇時までレストランが営業しており、夜行列車の出発を待つのに重宝したものだ。日本人の駐在員も多くがここに住んでいた。あの時エレベータの中で「帰りてえ、帰りてえ、帰りてえ」と独り言をつぶやいていたおじさんはいまどうしているんだろうか。

その晩は「友人」と称するボーイフレンドと旅行中のNさんたちとホテルで待ち合わせて北京ダックを食べに行く約束になっていたが、まだ時間があったので、それまで王府井を散策することにした。現在、北京飯店北側のビルが完成し（何のビルだかはわからないが）、表通りの拡張計画はほぼ完成したといってよい。王府井は裏通りに入ると急に庶民的になる。サソリとかカエルとかを串焼きで売っている食べ物街と並んで「老北京風情街」なるものがある。要はチープでいかがわしいものばかり売っている商店街である。早速F君が海千おばさんに捕まった。財布のような袋を四〇元で買えという。F君は二〇元に値切ったが、まさかその値で落すとは思わなかった。断っておくが、半額に負けさせたF君の力量を評価しているのではない。どう見ても五元としか思われないものに二〇元も出したことに驚嘆したからである。F君は好青年であるが、おばさんにとっては〝おいしい鴨子《カモ》〟である。

北京ダックといえば、その代表が《全聚徳烤鴨店》であることはまちがいない。だが初ダック経験者にはあえてこの店を避け、もう一つの代表である《便宜坊烤鴨店》のダックを味わってもらうことにした。《便宜坊烤鴨店》は一八五五年創業の老字号であり、「焖炉」と呼ばれる直火を避けた焼き方で、《全聚徳烤鴨店》に比べてアッサリ気味で香りの強いダックを提供する。久しぶりに前門大街の鮮魚口に復活した。店内は新しいこともあってなかなかきれいであり、国営にしてはサービスも悪くない。味は改めて評価できる。水かきの冷菜や鴨湯もなかなか美味であった。

翌日の朝食は八時にホテル内一階のレストランで集合とF君には伝えてあった。ここからはF君の本領が発揮されてくる。筆者は定刻にそこに行くと、F君がいない。ふとフロントを見やると、見覚えある男が相当焦っている様子でホテルマンに掛け合っている。なにやってるのかと尋ねると、F君いわく、「イヤーいきなり寝坊してしまして。気がついたら九時。慌てて降りていったが先生はおられない。これはてっきり怒って先に行ってしまわれたんではないかと……」。ひょっとして時計を一時間巻戻してないのでは？

この日は快晴、絶好の天安門広場・故宮見学日和でもあった。F君のたっての希望であった毛主席拝観はあいにく遺体修復中のため果たせなかった。傷みも年々ひどくなるからであろうか。唯物論をモットーとする社会主義国家にあって「偉大な指導者」の遺体永久保存はどだい無理があるというものだ。そこで久しぶりに天安門広場の中に入ってみたが、そのセキュリティの厳しさには驚いた。昔は広場に自由に入れたし、ここで凧を揚げてもまったくお咎めがなかった。いま人民英雄紀念碑前には警備員が立ちはだかり、近づけないようになっている。中国共産党が政権を取ってすでに六〇年以上の歳月が流れた。こんな厳重な警戒でもって建国を象徴するこの広場をテロから守らねばならないのはなぜなのだろうか。

毛主席にあやかって《沢園酒家》で昼を食べることにした。ご存知、毛沢東の専属コックだった人が開業した毛家菜のハシリ店である。F君にはぜひこの店の毛氏紅焼肉を食べさせたかったからである。「一味紅焼肉伝統風味濃」と額に大書されているように、この店の紅焼肉はきわめて毛沢東的、早い話が脂の固まりを煮たとても田舎臭い豚の角煮である。いままでこの店に連れてきた日本人でこれを食べ切ったのは皆無である。ところがF君、これを見て喜々として完食してしまった。さすがは

F君、〝最終兵器〟だけのことはある。

解放前の北京大学があった沙灘に残された紅楼の内部が公開されている。現在の北京大学に比べればこじんまりした建物だが、ここで五四運動が展開されたことを思えば感慨深い。魯迅が講義した教室の様子が再現されている。毛沢東が一時籍を置いた図書館の閲覧室もなかなかおもしろい。当時の北京大学を追体験したい方にはお奨めである。

この日は建国門内にある《貢院蜀楼》で夕食を取った。この店は本来《川弁餐庁》といい、四川省の駐北京弁事処、つまり四川省の藩邸が有する専属餐庁であり、昔は役人の接待にのみ使われたが、最近は一般にも公開されるようになった。コックは地元の選りすぐりを集めており、当然本場の味、しかも安いとあって人気が高い。F君には正宗の麻婆豆腐と水煮牛肉を賞味してもらうことになった。ちなみに本場の四川料理はいうほどに辛くない。北京には《麻辣誘惑》だの《沸騰魚郷》などといった脳天を貫く辛さを前面に出す店が多いが、それは北京風四川料理というべきである。第一、辛さ本位だと、味とか香りとかみんな吹っ飛んでしまい、ただ辛いだけの味になってしまう。

毛沢東がらみで、《新紅資倶楽部》に行ってみたくなった。東四にあるアメリカ人のオーナーの趣味が高じ、古い四合院を改装して造ったレストラン兼バーであり、東四九条の狭い路地を抜けたところにある店ではかつてウェートレスが紅衛兵の格好で出迎えてくれた（七編参照）。今回は東四六条の客桟（旅籠）を兼ねた店に挑戦してみようと思ったが、あいにく門扉は閉じられたままだった。仕方がないので東四九条を逆から入った。まだ午後九時だというのに人っ気がまったくなく、さすがのF君も少々びびり気味だった。それにしても新紅資（新しい紅い資本主義）という店名はシニカルだ。中国人の経営者ではまず許可されなかったであろう。店内は文革グッズでいっぱい。F君には「林彪飛機」という危ないカクテルを賞味してもらった。青酸カリのような色をした真っ青なものだったが、F君はその後も生き続けている。もっともこの店、F君は痛く気に入ったようで、それはそれで、ともかくよかった、よかった。

北京三日目の朝、時計を一時間巻戻したF君は殊勝にも定刻に朝食に現れ、事なきを得た（なんだ、なにも起こらんのか。つまらん！）。この日はまず中国国家図書館に行って少し仕事をし、そのあと円明園と北京大学を訪れた。西単から地下鉄一〇号線に乗り換えれば、これらの場所にも簡単に行けるようになった。

中国国家図書館に雷鋒のポスターが貼られていた。雷鋒とは六〇年代初めに公務のために殉職した一解放軍兵士であるが、その精神が毛沢東によって讃えられて以来、人民の模範とされる中国版二宮金次郎のような人物である。生前の〝滅私奉公〟精神がいまの中国に必要とされるのであろう。「雷鋒はわれわれのそばにいる」というが、こんな堅苦しい人物がそばにいたら、さぞかし息がつまることだろう。

円明園は本当に久しぶり。第二次アヘン戦争の時、英仏連合軍が破壊した宮殿の瓦礫をそのままに残す歴史遺跡だが、観光客は中国人ばかり。日本や欧米の団体旅行でここを見学コースに入れるのはまれである。遺跡は昔と同じたたずまいを呈していた。

北京大学には大きな変化がなかった。勺園は三〇年前と少しも変わらず、一号楼の薄暗い廊下には昔と同じ外国人留学生の生活の臭いがプンプンしていた。ここが三〇年前に住んだ部屋だと伝えたら、F君は異常に興味を示していた。

九日、この日は北京南駅から午前十一時の列車で第二の目的地である山東省済南に向うことになっていた。ところがチェックアウトしようとした時、F君の請求書になぜかビデオ二本分の料金一〇〇元あまりが加算されていた。しかし、本人は慌てて否定。第一、それを鑑賞していたとされる時間にはF君に嫌疑がかかったのは当然である。一本は歴史観光ものだが、もう一本はなんだか怪しい。F君に嫌疑がかリバイがあると主張する。さては分身の術でも使ったかと思ったが、それも無理があるから、一緒にフロントに文句を言うことになった。結果はホテル側のミスであることが判明して、AV疑惑はようやく晴れることになった。

ただその分だけ出発が遅れてしまった。地下鉄で荷物チェックに時間を要するくらいなら、タクシーで行ったほうがよいと思ったが、これが判断ミスだった。タクシーは渋滞に巻き込まれ、なんと新僑飯店から四〇〇メートルも離れていない長安街に出るまで三〇分もかかってしまった。さらに運転手の高速道路選択の誤りも重なり、結局北京南駅に着いたのは十一時五分であった。当然「汽車は出て行く、煙は残る」である。こりゃー困った。いつになったら済南に着けるんだろうか。ひょっとすると北京もう一泊せにゃならんのか。汽車賃や今晩の済南のホテル代がパーだ。いろいろ悪いことを考えながら、ダメもとで切符売り場に行き、係員にその旨を告げた。しかし、そうした心配はあっけなく解消した。意外にも料金そのままで四〇分後の便に切り替えてくれたのである。三〇年前では、まずは「没辦法《メイパンファー》（あきまへんな）」と告げられて自己責任となるのがオチだった。まさしく鉄道システムがコンピュータ化したための飛躍的な変化であることを改めて痛感した。結果、済南編を予定通り書くことができるようになった。

済南編

北京から済南までの鉄道はご存知、中国の新幹線こと和諧号である。あの鉄道事故とその後の車輌穴埋め処理事件によって世界に一躍その名を轟かせた鉄道であるが、以後は現在に至るまで事故を起こすことなく（それともバレることなく？）、時速三〇〇キロメートル以上のスピードで疾走する中国近代化のシンボルである。

北京—済南は距離にして約五〇〇キロメートル。三〇年前の蒸気機関車では六〜八時間を要し、夜行列車が一般的だった。それがなんと一時間半で着いてしまう。途中停車駅も天津と徳州だけ。徳州は鶏が特産であるが、和諧号では徳州に停まっても売り子が窓から生きた鶏を投げ込むことはない。駅弁も車掌を兼ねた女性服務員が売りに来る。こわいおばさんでなく、きれいなおネエさんである。これは大進歩だ。「VIP套餐」と書かれた駅弁は一個四五元。味は悪くない。かつてのガンガラ弁当の食べるほどに腹を壊す強飯は遠い過去になってしまった。

そうこうするうちに無事済南西駅に到着した。まずは二日後の上海行きの切符を買わねばならない。二階にある切符売り場に行くにはエレベータしかない。ところがあいにくの満員。そこでF君を先にエレベータに乗せたところ、乗り遅れた二人連れがこんな会話をしていた。「最後に乗ったヤツは外国人だろうか」「イヤー、南方人だろうって」「それもそうだな」。この結果、F君は南方人という国内人であるとの結論で二人の意見が一致した。

済南西駅とはいったいどこにあるのか。少なくとも三〇年前には存在していなかった駅である。なんでも和諧号の線路を敷くに当たって新たにそれ専用に造った高速鉄道駅だそうで、済南の西にあることだけは明白だが、済南市内からどれだけ離れているのかがわからない。タクシーで走ること四〇分、ようやく済南市内に入った。といってもここがどこなのか全く見当がつかない。第一、ビルなんかそんなになかったのに、いまはビルだらけである。韓国と国交を結んだ結果、貿易に地の利を得て電器産業でバブってしまったのである。本当にここはあの済南かと思うことしきりである。かつてのメインストリートである泉城路は残っていた。解放橋も辛うじてその名をとどめていた。その場所にある華能大廈という二二階建てのホテルを宿にし、なんとか昔の痕跡をたどろうとした。しかし、そこにかつてあったはずの百貨大楼や友誼商店は跡形もなく消え失せていた。

変わらないものがあるとすれば、それは黄河だ。そもそも済南とは済水（黄河）の南ということからつけた名であり、黄河に近い数少ない大都市の一つである。「黄河は山東から海に入る」という至極当然のことがなぜか強調されている。そこで到着したその日はタクシーを飛ばして黄河に行くことにした。タクシーの運転手いわく「黄河に行って何すんだ。何もないぞう。黄河を見に行くだけだって？　物好きだねえ」。運転手は黄河大橋の高速道路入口までしか行けないが、あとは近いから歩けという。ところが、行けども行けども黄河はおろか大橋もまったく見えてこない。歩くこと約一時間、やっとの思いで到着した。黄河はたしかに昔のまま滔々と流れていた。

さて、その日の夕食は三〇年前にすでに存在していた匯泉飯店で取ろうと思った。当時の資料によれば、この餐庁は済南四大飯店の一つで、すでに一〇〇年以上の歴史を持つ山東料理の名店だという。行ってみるとたしかにもとの西門橋にあり、「匯泉精品酒店」の看板がかかっていた。しかし、ここは安ホテルであり、その餐庁はレストランというよりは宿泊客のための食堂だった。まあ、老字号なんてこんなものである。

結局、夕食をここで取ることをあきらめたが、かといって適当な店がない。なぜかネオンきらめく大通りには電気屋やファッション店が多いのに、飲食店が一つもない。またもや夜のウォーキングになってしまい、ついに観念して宿泊しているホテルのとなりの中豪大酒店いう大きなホテルのレストランに行くはめとなった。ブッフェ形式ではあったが、懐かしの趵突泉ビールを飲むことができ、結構おいしい山東料理を味わえた。あとでわかったことだが、本格的な山東料理を食べたければわれわれが泊まっていたホテルのレストランが一番だった。「灯台下暗し」とはよくいったものである。

翌朝、またまたF君が餐庁情報の話題提供に協力してくれた。八時半に朝食を一緒に取ることになっていた。定刻に彼の部屋をノックしたが応答がない。しばらくして再びノックしたがまたもや反応しない。先に行ってしまったのかなと思い、レストランの入口で待つこと二〇分。そこで、これはひょっとしてまだ部屋で寝ている（あるいは死んでる！）と判断し、再び戻って部屋のドアを今度はきつめにたたいた。なかからゴソゴソという音がして、眠そうなF君が顔を出した。「もう八時ですか

図 47　山東大学の 1982 年と 2012 年

あ？」。「？・？・？」。時計をまた一時間巻戻したのだろうか。すでに九時前だと告げると、ようやく我に返ったようで、慌てて着替えて出てきた。目覚ましは八時にかけておいたが、無意識にベルを止めた。起きた時は八時だという認識があった。まあ、どうせそんなことだろう。

さて、いよいよこの旅行のメーンイベント。山東大学留学遺跡めぐりである。現在の山東大学の中心は新校に移っており、留学生宿舎もここに置かれているが、われわれの留学した時は洪家楼という市内北東のはずれの老校にあった。洪家楼に向う途中の歴山路、花園路という通りの名称は昔のままだが、その両脇に並ぶ建物がすっかり違った。人家がほとんどない昔の田園風景が一変していたからである。

山東大学老校正門。校門に掲げられた毛沢

東が書いた山東大学の看板は新しくなってはいたものの当時のそれと形状は異ならず、昔の知り合いに遭った気がした。キャンパスを入ると、たしかこんな風だったとも思えたし、違っているようにも見えた。確実なことは、ケイタイを片手に闊歩するスタイリッシュな女性はいなかったことである。

校門を出てその前の通りを二〇〇メートルほど歩いた右手が留学生宿舎だった。当時外国人留学生は二〇人たらずだったため、教職員用の第一宿舎構内の一棟が留学生宿舎にあてがわれたのだった。それと思しき場所に行ってみると、「山東大学博士後公寓」という門表がかかっている。なんかポスドクの学生が余生を過ごす養老院のような場所である。入ってみると、当時の建物はスッカラカンになくなり、わずかに宿舎を囲う壁にその跡を見るだけだった。ここに住んでいた多くの人々はいまどうしているんだろうか。なにもなくなった構内でしばしタイムスリップの思いに浸ったのだった。

もう一つ、洪家楼における象徴的な建物が天主堂である。留学当時は砂ヤスリの工場として使われ、建物のてっぺんには十字架の代わりに☆がつけられていた。一年後に再訪問した時には天主堂に早変わりしていたのが印象的だったが、いまではさらに変身を重ね、「天主教済南教区洪家楼天主堂」という立派な名の下に威風堂々たる宗教施設に転身していた。内部に入れなかったものの、砂ヤスリの製造機がまだ残っていたら逆におもしろい。

洪家楼周辺の景観も一変した。新華書店はそうそうたしかこんな感じの狭い店舗だった。郵便局はもとの場所にあるが、建物は違う。あの百個しか品物がなかった洪楼百貨商店の跡地には銀行が建ち、銀座商城なんていうファッションビルが後方にそびえる。

紅富士というリンゴがトラックに山積みされていた。三〇年前のこの季節で見られるのは白菜ばかりで、果物が出回ることはなかった。リンゴは秋であれば多少はあったが、どれも傷だらけで、しかも小さく購買意欲がまったく起きないシロモノだった。

昼をこの辺で食べたいが、適当な店が見つからない。小さな店はたくさんある。しかし、あまり安い店では用いる油の品質が悪いというのが常識だとのことで逡巡した。昔も肝炎騒動で小さな店で食べてはいけないと厳命された。そんな時、唯一安心して食べられるのはギョーザだった。ギョーザは煮沸するので肝炎菌が全滅するというのがその理由だった。だったらギョーザである。数ある中から《天昱水餃》という店に飛び込んだ。意外なことに店内は清潔で、ブタ、セリ、ニラの三種の水餃子はいずれも美味であったし、人気店と見えて客も満員。山東で食うに困った時にはギョーザを食べるにしかずだ。


思い出の場所巡りは、一転して城西に移る。まずは済南駅。民国時代の駅の写真がホテルに掲げられていたが、留学当時の駅もこの建物のままだった。素朴だが風格があり、何度この駅を利用したかわからない。今回訪ねた済南駅の場所はもとのままとはいえ、まったく新しいビルに変わっていた。予想されたことではあるが、一抹のさびしさを覚えた。

駅から歩いて行ける経三路と緯六路の交差する場所に済南飯店があった。元日本領事館の建物をホテルに改築した立派な建物で、留学生が大学食堂の飯に飽きるとよくここに来てまっとうな山東料理を口にし、大豆コーヒーをすすりながら日常の憂さを晴らすのを唯一の楽しみにする場所だった。いまその場所には「済南飯店」の表示があり、建物も残っていた。しかし、昔の雰囲気は感じられず、どうも閉鎖しているみたいで、人の気配がまったくしない。つぶれたのであろうか、はたまた他の場所に移転したのであろうか。後考を待ちたい。経三路の通りだけが往時の面影を残すだけだった。

夕食はF君のおいしい山東料理を賞味したいという要求を退け、思い出の餐庁である《聚豊徳》を選んだ。この店は済南を代表する山東料理の老字号であり、三〇年前は留学を終えて済南を離れる人たちの送別会によく利用した。いまでも同じ場所に存在することは確かだ。しかし、ネット上の大衆点評では、「聚豊徳は堕落した。一家全員山東料理が好きなものだから二年前にも一度来たことがある。その時はまだましだった。しかし今回は実にレベルの低下が著しい。部屋はみな古く、照明も悪いし、床はでこぼこ、トイレもあまりきれいでない」とか「名を慕いて至り、失望して帰る。百度百科では聚豊徳を山東料理店の筆頭に挙げるが、推奨料理の九転大腸は柔らかいだけ。糖醋黄河鯉魚は脂っこすぎてまるで油を飲んでるみたい。老字号かくのごとし。残念だ」といった酷評が目立つ。そこでせっかくなのでその九転大腸《チュウチュアンターチャン》と糖醋黄河鯉魚《タンツーホアンハーリーユウ》を注文した。前者の豚の大腸を渦巻状にして煮込んだものはかなり脂っこく、一つ食べれば十分だったが、後者の黄河の鯉の甘酢あんかけは意外にも美味であった。服務と環境は〝国営水準〟だというが、北京の正宗国営店に比べればよほどましなのではあるまいか。

上海編

済南のホテルではなんの問題もなくチェックアウトを済ませた。多分F君が極秘ビデオ鑑賞を控えたためであろう。先のこともあるので早めに済南西駅に到着し、今度は十分余裕を持って上海に行くことができた。この和諧号は途中、泰安、南京西、鎮江、無錫、蘇州を経て上海虹橋までの約一〇〇〇キロを四時間弱で走り抜ける。平均時速二五〇キロメートルの計算になるが、なんとも速いものである。三〇年前に済南から上海に向うにはかなりの長旅を経験しなければならなかった。二等寝台車の三段式ベッドの一番上に席を取った時、一度ひどい目にあった。一番上はいつまでも寝ていられるし、余計に他人と話さずに済むので、筆者は好んでここを選んだものだが、この時のベッドは落下防止用のサクが壊れていて使いものにならない。これがないと寝ている間に落下する危険が大なのである。そんな時、車掌に文句を言ってもラチがあかない。自分の身は自分で守らねばならない。仕方なくベルトをはずし、それを体に括りつけた。だが気になって眠れず、結局一睡もしないまま上海駅にたどり着いたのであった。いま留学生がそうした体験をせずに済むのは幸せというべきか、はたまた不幸せというべきか。

上海には北京や済南のような特別の思い入れはない。強いて挙げれば南京東路の変貌ぶりか。たしかに三〇年前の南京東路も目抜き通りであったことに変わりはなかった。しかし、解放前の写真を見ると昔の方が清潔で、かつ発展していると思えてならなかった。南京路を一歩外れると、福州路や漢口路でさえスラム化が進んでいた。黄浦江から漂ってくるドブの悪臭と水道をひねると出てくる茶色に濁った水には閉口した。上海の人々の服装は北京や済南に比べれば先端を行くといわれたが、その先端は西側諸国のはるか後方にあったのは疑いない。香港返還が議論の場に出始めた時、香港の人々は自分たちの居住地が第二の上海になってしまうことを本気で恐れたという。南京東路や外灘に建つ西洋建築はいずれもみなもとは立派なものだったようだが、メンテナンスの悪さからほとんどかび臭い廃墟になっていた。誰が上海をこんなにしたんだろうか？　上海はこのままでは絶対発展しようがないことを筆者は当時確信していた。

ところが、どっこいである。南京東路は中国四千年の回春秘薬を飲んだかのように若くて魅力的な美人に生まれ変わった。浦東に至っては「無から有を生ず」を地で行ってしまった。世界でも数えるほどしかない繁栄した大都市が誕生した。それに並行してドブ河はクルーズができるほどに清潔になり、色のついた水を手に入れることも難しくなった。外灘にたたずむカップルも次第に洗練されてきた（まあ例外もあるが……）。

今回、上海のホテルは南京東路の東亜飯店にしようかと思った。東亜飯店は由緒ある老字号であり、三〇年前からその名を示す大きな看板が大通りに面して掲げられていて、現在もなお営業しているようだった。日本から事前に予約ができないとあってあきらめたのだが、少なからず興味があり、実際に中に入ってみた。たしかに営業している気配があるものの、フロントには人がいない。雰囲気は危ない木賃宿といった感じ。老字号にしばしばこんな老衰寸前のものがあるのも上海のご愛嬌というべきか。

F君はこれぞザ・シャンハイという料理を食べたいと言った。上海は上海料理の老舗には事欠かないが、老字号も飽きたので、新しい店で味の追究を試みた。あくまでも勘働きの結果、南京東路の東の入口、河南中路沿いの三五三広場七階にある《021上海菜》に目をつけた。伝統的な上海料理の店で、紅焼肉は評価が高く、浦東蒸三鮮《フウトンチェンサンシェン》という料理はきわめてさっぱりとし、材料は豊富で、鮮度は眉毛がみな下がってしまうほどだという。客がいっぱいで少し待たねばならなかったが、さほどの時間をむだにせず席につくことができた。そこで早速試してみた。なかなかよろしいのではないか。とくに浦東蒸三鮮は優れもので、うまい具だくさんのシャンタンスープと思えばいいだろう。

　となりの席には先ほどから時間がないことを理由に受付で粘り続け、ついにゴリ押しして並ばずに席をゲットした国籍不明の白人一家が座っていた。あれだけ粘ったのだからさぞかしいっぱい注文するのかと思いきや、キュウリの酢漬けと焼きソバ、それにコーラのみで長居しているだけだった。上海料理のなんたるかを全く解さないこういう輩を店は甘やかしてはならない。

　十二日からは武漢に留学しているＹ工作員が合流した。Ｙ工作員と仲のよいＦ君が招き寄せたもので、もう二年近くの中国滞在になるが上海に来ることは滅多にないそうだ。Ｆ君同様Ｇさんの後輩である。後輩が二人そろったからにはもう大変。Ｇさん、三月十二日からくしゃみが多発するのはなにも花粉症のせいばかりではないようですよ。

　その夜は復旦大学に留学中の学部四年生Ｈ女工作員も加わって《宝莱納餐庁》に行くことになった。ドイツのパオランナーの直営店で、本格的な生ビールが味わえる。新天地にも店があるが、大きな洋館を改造した汾陽路店は雰囲気がいい。四人そろって豪快に一リットルジョッキで乾杯となった。Ｈ工作員、以前は酒を一滴も飲まなかったが、最近いくら飲んでも酔わないことが判明したから大丈夫だという。やはりただ者でない。記念写真を撮った。二枚ともどう見ても父親と息子、娘である。Ｙ

工作員の方がかなり年上であるが、それを誰が信じるか。H工作員はF君と三つしか年が違わないことに激しいショックを受けていた。都合六リットルの生ビールを空けて店を出た。

十三日の晩は結構寒く、夕食に再び涮羊肉が食べたくなった。しからばこの間、雲南南路を通りがかった時、巨大なモスク風の店舗を持つ《洪長興羊肉館》が気になっていた。この店も百年老字号の一つで、南京東路の店しか知らなかったが、新しくここにも店舗を設けた模様である。《洪長興羊肉館》の涮羊肉は《東来順飯荘》のように鍋底にスープを用いず、ただお湯だけを入れるのが特徴でアッサリ気味だが、それだけ素材の味が出るため結構ファンが多い。筆者は北京ならやや脂っこい《東来順飯荘》が、上海ならサッパリ系の《洪長興羊肉館》がそれぞれ口に合うと思っている。新しい店はきれいで気持ちよく食事ができる点でいいのではないか。

地下鉄で若い黒人女性が英語で、“Can you speak English?”と話しかけてきた。〝好青年〟のF君は“Yes, a little”と答えたことから彼女との交際が始まった。地下鉄に乗る方法がわからなくて困っていたようなのだが、何がどうしてそうなったかはよくわからないものの、F君が四元分の硬貨を彼女にプレゼントすることで問題が解決した。彼女は喜ぶことこの上なく、“Thank you”“Thank you”を連発すると、F君、大いに照れて“I'm just a good guy!”といって別れたそうだ。国際親善をはかったことで底値だった功過格（いいことしたか悪いことしたかで地獄往きが左右される評価）が少し上昇したかもしれない。

最後の夕食をどこにするかはいつも迷う。今回の特集はなぜならば餐庁情報のオチをその店で見つけねばならないからである。留学三〇年記念だ。ならば当時から現在に至るまで上海で食べ続けてきた店にしなければならない。だったら《新雅粤菜館》をおいて右に出る店はありえない。《新雅粤菜館》はたまたま新装になり、厚化粧で塗り固めた店が南京東路にオープンしたばかりだ。

この店のメニューに記された日本語料理名の迷訳ぶりは有名だ。「外婆紅焼肉」は「祖母の肉の醤油煮」と訳されている。大変だ。そんなメニューはいまも残っているんだろうか。新装開店なったいま、さすがに昔のメニューは一掃されてしまったであろうと半ばあきらめながら席に着いた。あにはからんやメニューも新しくなったが、日本語の迷訳はそのままであり、さらに新たな珍訳が登場していた。一例を挙げよう。「怪味嫩鶏」は「テンダーチキンのにおい」。優しい鶏ってどんなにおいを発するのだろうか。「澳門焼肉」は「澳門《マカオ》は肉を焼いた」。ならば香港は魚を焼くのか。「鹵水拼盤」は「マリネと戦う流域」。太湖流域で戦っている人々のことか。同じく「鹵水門腔」は「マリネした豚肉の舌」。豚肉には舌がなかろう。気持ちワル。「鹵水金銭肚」は「マリネつまらないもの」。つまらないものをメニューに加えるな。それにしても「鹵水」の訳を〝マリネ〟に固執する意図がわからない。なんでこんなに迷訳をそろえているのか。はたして自動翻訳機だけのせいだろうか。日本人客に対する受けねらいとも邪推されるが、なかには至極まっとうで真面目な訳もあり、いくらなんでも広東料理の老字号名店がそんなカル～イことをするはずがない。

帰りに地下鉄に乗るため南京東路を三人で歩いた。南京東路は日本でいえばまさしく銀座である。しかし、この銀座、客引きのおニイさんが多すぎる。彼らはわれわれを見ただけで日本人だと判断する目を備えている。だったらF君を一人先に行かせて反応を見るのも悪くない。アッ、一人おニイさんがF君に近づいてきた！　声をかけそうだったが、F君の顔を見るなり慌ててそそくさと引き下がってしまった。ナンデダロウ？

F君との旅もいよいよ終わりになった。虹橋空港にも問題なく到着した。と、ここでF君が「おかしいなあ」と言い出した。すわ、パスポートをなくしたかと思ったが、それは杞憂だった。彼が言うには、「七万円分人民元に兌換したが、どう計算しても六万円しか使っていない。あと一万円はどこにいったのだろうか」ということだった。「もしかして財布の中にまだ七〇〇元ほど残ってる？」と尋ねると、急に黙り込んでしまった。

21 険悪化する日中関係——北京餐庁情報二十一編　2013

本編は二〇一三年八月十八日から九月二日までの一五日間の北京滞在記録である。この年は三月に習近平国家主席、李克強総理の新しい国家指導体制がスタートし、「中国の夢」の実現が提唱された。また、九月の野田政権による尖閣列島国有化宣言以来、日中関係は最悪の事態に至った。一方、中国国内ではPM2・5の大気汚染がますます深刻化し、民族紛争も跡を絶たない状況が続いた。

二〇一〇年から本格的に始めた慶應義塾大学夏季中国語中国文化研修も早いもので四年目を迎えることになった。ただ今年はこれまでの上海とは違って北京になった。上海に飽きた⁉　上海雑技団の仏の顔も三度だ⁉　理由はいろいろあるが、中国語の教育環境を変えたかったのが北京を選択した一番の事情である。

ところが、悪いことはできないもので（別になんも悪いことしてないけど……）、尖閣列島の国有化宣言に端を発する日中両政府の険悪化、鳥インフルエンザ、さらにそれに追いうちをかけるかのような春先のPM2・5の北京スモッグと、ろくでもないことが重なったため、学生三〇人募集のところに一七人しか集まらない結果となってしまった。そこで、昨年上海研修で楽しい思いをした上級生を一本づりしてみると、本人には参加意欲があるものの、親の反対がものすごいとのこと。まあ、いくら安全だと説いても、なかなか親は納得しないに違いない。しかも財布のヒモを握っているので無理からぬところである。ちなみに日本の書店の海外旅行ガイドブックの書棚に最近「北京」が並ばなくなったのをご存知だろうか。普通の日本人にとって高い金を出してまで、好き好んで反日感情を浴びせられ、危ない鶏を食べて、スモッグを吸わなければならない理由はない。そうした劣悪条件の中で集まった学生諸君、彼らを〝少数精鋭〟と呼ばずになんとしよう。

十八日羽田集合時間七時の早朝にもかかわらず、全員遅れずに集合。さすが〝少数精鋭〟だけのことはある。飛行機も順調に離陸し、定刻の十二時五分北京首都国際空港に到着した。気温は摂氏三二度。暑いといえば暑いが、日本のえげつない暑さに比べるとまだ爽やかな感じがする。しかしなによりも空が青い。これは正直意外だった。まあ、春先ほどではないものの北京の空は多すぎる車のせいでさぞかし濁っているとばかり思っていた。先入観とはつくづく怖いものである。

空港の入国手続所では「ようこそいらっしゃいました」の歓迎の垂れ幕が各国語で掲げられている。最初が英語、次がドイツ語、そしてフランス語、ロシア語、スペイン語、日本語、アラビア語、ハングル……と続く。ひょっとして、これ重視する国の言語順⁉ 少なくてもこれまで日本語は英語に次ぐ地位が与えられていたが、こんなところにも反日の影響が現れているのだろうか。いやいや、先入観にとらわれてはなるまい。単に適当に掲げただけかもしれないのだから。

今年の研修の受け入れ機関は大学ではなく、快捷漢語教育培訓中心（快捷漢語）という民間の語学

図48　踏み切りを通過する新幹線

学校である。「快捷」とはクイックの意味。ここは企業の派遣社員向けの中国語速習のための学校として創立し、伊藤忠をはじめとするいくつかの企業とも提携している中国語専門学校であり、本部は朝陽区の東大橋にある。やり手の女社長の指揮下にすべて女性で固めた講師によるシステム的中国語教育をウリにしている。学校が発行しているテキストに「生存漢語」なるものがある。その例文の一つが「我被狗咬了（犬にかまれました）」である。さすが「生存漢語」だけのことはある。

　われわれは分校の一つ、北京の西北の五道口にある五道口賓館を宿舎兼研修所にした。この周辺には大学が多く、筆者にとっては懐かしい北京語言大学（もとの北京語言学院）に近く、清華大学や北京大学にも歩いて行ける距離にある。地下鉄一三号線の五道口駅もすぐそこにある。地下鉄の開通によって、この周辺もずいぶん開けた感じがする。地下鉄（といっても地上を走っているのだが）と並行して鉄道線路が敷かれていて踏切がある。遮断機ならぬすぐ飛び越えられそうな遮断ゲージが渡されたため列車の通過を待っていると、なんとやって来たのは中国の新幹線こと和諧号ではないか。新幹線に踏切!?　この和諧号は長城行き専用車のため、さすがに二五〇キロですっ飛ばしてはいなかったが……。

教室を兼ねたホテルの施設はまあまあ満足できるものであった。学生は一泊三八〇元の普通標準、教員は一泊六八八元の高級套房。高級套房といっても寝室とそれ以外の部屋が分かれており、やたら広いだけの部屋なのだが。朝食はなぜか少し離れた「餐庁」と書かれた場所で取った。この店はいくつかのホテルと提携して朝食を提供しているのだろう。もちろん定番朝食である。ゆで卵一個が載った金属プレートが渡され、三種の野菜の炒め物と炒飯・粥・油条から好きなものを選択する。こういうストイックな朝食を半月食べ続けるのは修行を積んだ?われわれにとってはなんら問題ないが、その境地に達しない学生たちにとっては難行である。でもその割にはみな文句も言わずに食べ続けた。さすが〝少数精鋭〟だけのことはある。もっともホテルの前には結構おいしそうなパン屋があって、身銭を切ってパンを購入した者も少なくなかったようだ。

ホテルの目の前には華聯購物中心という大きなデパートがあり、こぎれいなレストランがそこに多く入っていて近場での食事には困らない。また地下には巨大な生活超市というスーパーマーケットがあり、これまたなんでもそろっている。三〇年前、喫茶店ができただけでも話題になった五道口を記憶している人たちにとっては「今は昔の物語」である。付近に真っ赤な人間の彫刻がある。なぜかチンチン丸出しで、しかもリアルに描かれている。いまはやりの先端芸術の一つであろうが、こんなもの三〇年前だったら「精神汚染」ですぐさま撤去されたに違いない。

到着日の夕食は自由だった。とはいえ、学生たちが各自勝手に行くにはまだ無理である。そこでわれわれ日本人だけで決起集会を開くことになった。いつぞや到着第一夜に弁当を予約したことがあったが、あまりに貧相で一同非常に〝盛り下がった〟経験から、近くで少しまともな《日昌餐館》という広東料理レストランを予約してもらった。ところが六時の待ち合わせ時間に一人の女子学生が来ない。一〇分が過ぎ、二〇分が過ぎ、次第に不安が忍び寄る。さっきまでは一緒にいたという。すわ、いきなり事件かと思いきや、ひょっとしたらとホテルの部屋をのぞいてみると死んだように眠りこけていた〝遺体〟がそこにあった。さすが〝少数精鋭〟である。

翌日入学式が行われた。講師が紹介されてクラス分けがあり、引き続いてすぐに授業が始まった。また午後には雍和宮付近にある、学校が経営するホテルで日中青年交流会が開催された。ここは北京紅雲閣龍騰酒店という名前からしてド派手で、その名に恥じない真っ赤な内装のため、まあ日本人は好んで宿には選ばないホテルである。その狭い部屋に三〇人以上がつめ込まれた交流会である。最初は日中青年による集団見合いの雰囲気があったが、北京外国語大学日本語科の学生を中心とする日本に関心があり日本語の達者な若者たちだけあって、シャイな日本人学生たちともスムーズに打ち解け、大いに盛り上がった。山手線ゲームで御題は日本のアニメ。日本の学生に負けじと中国人学生の口から次々と繰り出すアニメ名の多いこと。それにしてもみな豊富なアニメの知識を備えている。それになぜか女子学生は美人が多かったが、なかでも「白雪さん」という人は一番人気だった。

二十四日オプショナルツアーとして長城に行った。八達嶺は混雑しているという理由で、慕天峪に行くことになった。「長城に登らざれば好漢にあらず」という毛沢東の名言がある。さしずめ「日光に見ずして結構と言うな」の中国版である。筆者にとってみれば八達嶺はなんだかんだで一〇回は行っているので、さすがにもう「ケッコウ」なのだが、慕天峪は初めてだったため期待もあった。だが同時に不安もあった。案の定、交通渋滞で三時間もかかってしまった。おまけにアズい‼ 長城は延々と続いており、学生たちはかなり遠くまで足を運んだようだが、スタミナを使い果たすことは必至だった。遠くの山に「〇×毛主席」と刻まれた跡がある。本来〇×のところには「忠于」の二文字があり、「毛主席に忠たれ」なんて意味だったのであろう。

筆者個人が〝無料〟で主催するオプショナルツアーは盧溝橋&中国人民抗日戦争記念館見学であった。何人かの意識の高い学生にはこの機会にぜひ見てほしかったからである。ところが希望者を募ったところ、予想を超えて一〇人にもなってしまい、タクシーで気軽にというわけにはいかなくなった。といってバスでは時間がかかりそう。とりあえず北京西駅まで地下鉄で行きタクシーを待ったが長蛇の列だった。そんな時には白タクニイさんが必ず近寄ってくる。最初は無視していたが、みんなまとめて一台のバンに乗せて一五〇元だという。一五〇〇元の可能性もあり、一抹の不安があったが、いつになったらタクシーが拾えるかわからないこと、拾っても他の二台のタクシーが無事同じ場所に行くかわからないこと、それにおニイさんの目が正直そうだったこと、の諸般の理由から危ない橋を渡ってしまった。なんでもこの車は「金杯車」という名前で、業務範囲として「廃銅、アルミ、鉄、ステンレス、新聞紙、ステンレス合金門窓等の大量購入」とある。早い話、廃品回収車である。でも目的地まで運んでくれて、約束通り一五〇元だった。恐れながら領収書を出せるかダメ元で尋ねてみたらなんとできあいの一〇〇元受領の領収書を二枚くれた。五〇元領収書はないので取っとけということである。また、なにかあったら電話してくれと名刺を渡された。

盧溝橋は昔と同じたたずまいを呈していた。マルコポーロが絶賛した橋のたもとに立って宛平県城の方向を見やる。七六年前の七夕の日、普通だったらなんでもないことで発砲事件が起こり、それが何万、何十万もの人が死ぬ戦争へと発展した。なんと愚かしいことではないか。われわれはこの教訓をいまもう一度沈思黙考しなければならない。

盧溝橋の近くにある中国人民抗日戦争記念館なる愛国教育の展示館にはまだ行ったことがなかった。靖国神社の游就館と比べられるものだけに、どんなものが展示されているのかと期待？したが、存外まっとうなものだった。もちろん日中戦争の主役は共産党軍であり、もう一方の主役である国民党軍の活躍がオミットされている点の偏向は免れないが、これはなにもいま始まったシナリオではなく、中国革命博物館当時の展示路線をそのまま踏襲しているものである。抗日ゲリラが日本軍の占領地に地下壕を掘って神出鬼没の行動に出る様子が動くジオラマで再現されている。要するに共産党軍の戦闘はゲリラ戦であり、戦闘地域も華北に限定されるのだが、そればかりだとカッコがつかないと思うのか、時たま国民党軍の戦闘をさも共産党軍がやったかのような雰囲気で描くあたりは苦しいところである。南京大虐殺の展示もさほど目新しいものはない。写真など、これまでに紹介されたごくわずかなものだけだったのは拍子抜けだった。でも学生たちが「ここに来た意義は大きかった」と語ってくれたのは内心うれしかった。

帰りはバスに乗ろうと思ったが、バス停が見当たらない。暑さの中、おおぜいを連れてふらふら歩くのも限界である。そんな時、ふと「金杯車」のことを思い出した。試しに電話してみると、電話口で「ハオ、ハオ、ハオ、ハオ」とうれしそうな声がした。往きと同じ一五〇元、領収書一〇〇元分をくれ、先の二〇〇元の領収書と合わせて三〇〇元、辻褄が合ってしまった。してみると、今回のオプショナルツアーは盧溝橋入場料とあわせても四〇元のみ、記念館は無料、ガイド料も無料とくれば、他のオプショナルツアーに比べて破格に安いといわざるをえない。

五道口周辺で印象に残った餐庁をいくつか書きまとめる。まずは《麻辣誘惑》。この店に関してはエグ辛い四川料理店というのがこれまでの印象だった。というのも、いつぞや西単店にご存知Mさんと一緒に行った時、辛いもの大スキおじさんであるMさんも、また辛いものには動じない筆者までもが、これまで北京で食べたどの四川料理よりも辛いとお墨付きを与えた店だったからである（十八編参照）。華聯購物中心の前には「麻辣誘惑」という大きな看板があった。ここで遭ったが百年目、単独で（誰も誘えないため……）再挑戦とあいなった。当然めざす敵は麻婆豆腐である。ところが、

図 49　麻辣誘惑と麻婆豆腐

意外や意外、ウマい！　それにそんなに辛くない。ともかくエグさはない。辛い中にもそこはかとしたおいしさが秘められており、絶品なのである。もちろんこうなると完食である。

そんな話を学生たちにすると、彼らもぜひ食べてみたいと言い出した。そこで希望者を募ったところ一四名（これってほとんど）にもなってしまった。せっかくなので麻婆豆腐のみならず、水煮魚とか辛い料理をいっぱい注文した。ゲーリークーパーになっても知らんぞ〜という心配をよそに、彼らはみなとても楽しく平らげた、一四人で一四〇〇元はマア比較的安いといえよう。

それにしてもおかしい。どうも変だ。あのエグ辛さはどこにいってしまったんだろうか。これはやはりもう一度調査しなければならない。そこで辛さ表示の唐辛子マーク五本がぶら下がった水煮牛肉を相手に再再挑戦することになった（もちろん賛同者は得られない）。ここでは飄香牛肉《ピャオシアンニュウロウ》という名でメニューに載っている。出てきたのは「まっかっかっか、陽が昇る」スープの中に牛肉が泳ぐ激辛ホームラン王だった。ああ、これだ、これだ、このエグ辛さだ！　筆者はまたこの店の魔性の魅力に取りつかれたみたいだ。

華聯購物中心に入っているもう一つの有名店は《東来順飯荘》である。最近この支店はあっちこっちで見かけるが、どれも超満員で、繁盛する老字号の代表格である。学生たちも一度体験させた方がよい。そこで雑技鑑賞を終えてホテルに帰還した後、一八名で赴いた。九人ずつ別々の個室に通された。メニューを見ると鍋底（どの鍋で、どのスープにするか）、料子（どのタレにするか）、羊肉とその他の野菜（いろいろいろいろいろ）……。これは学生たちが自分で注文するにはちょっと無理がある。結局筆者が二つの離れた部屋を駆け回ってようやく食にありつけることになった。さすがに若者だけのことはある。全部で七キロの羊肉をアッという間に平らげた。しめて二七〇〇元、うち肉だけで一五〇〇元。いや〜、迫力の散財であったが、学生たちはみな満足したようだった。

学生のひとりTさんは今回の研修の到達目標になぜかショーロンポーの食べ歩きを掲げていた。上海と違いショーロンポーの店は北京には少ない。しかも快捷漢語の世話人の孔さんからは北京のショーロンポーはまずいとのコメントをもらっていた。しかし、そんな中、近くに《没名児生煎》というこぎれいな店を発見。一籠に六個入って四元。バカバカ注文したにもかかわらず一人五元の出費で済んでしまった。いつもこんな安くておいしいものが食べられると思ったらおおまちがいだということを知っておかねばなるまい。聞くところによれば、この店はなぜかその後すぐに閉まってしまったらしい。安売りのしすぎだろうか。

生活超市の地下には《厨房》という大きなフードコートがあり、昼食時には手軽な小吃（軽食）が食べられて便利だ。プリペードカードを購入し、好みの店で好きなものを注文して、そこで支払う。このシステムがわかってみれば実に簡単である。味はまあまあ。なによりも安いのがよい。炸醬麺、刀削麺、担担麺、水ギョーザ、ワンタンなど、いろいろそろっている。同じ地下にある《呷哺呷哺》も学生たちには人気が高かった。「呷哺呷哺」はこれでxiabuxiabu（シアブーシアブー）と発音し、早い話「シャブシャブ」、日本式シャブシャブの一人鍋である。仲間から見放され、どうしても鍋をつつきたくなった人々が集う店である。

成府路を西に向かい、五道口の地下鉄の駅を少し過ぎた右手にトンカツ&カレーの店《俺朋堂》がある。この屋号を発音すれば、“an peng tang”（アンポンタン）である。だから日本人の経営かと思ったが、どうもそうではないらしい。トンカツ定食三九元を注文すると、ぶ厚く大きなカツが出てきた。ならば特大カツの場合はどんだけ大きいのか？　まっとうなトンカツとカレーが安価で味わえる店である。中華に飽きた人にとっては格好の箸休めになると思う。

次は少し遠出して出向いた餐庁についてまとめる。二十七日引率スタッフの一人S先生が合流したので、歓迎の意味を込めて西直門高梁橋斜路にある《無名居》に行った。最近は知春路にある支店で食べることが多いが、どうも味が落ちたように感じていた。第一周恩来が臨終の間際に食べたいといった清蒸獅子頭がメニューからなくなったのは残念で仕方がなかった（十九編参照）。ホテルからは知春路支店の方が近かったが、ほんの少し遠い本店にまで足を運んだ。小姐一〇人の「歓迎光臨」の嬌声を浴びて奥の間に通された。メニューを見ると、清蒸獅子頭があるではないか。ついでにここで務めていた超美人の服務員の存在をも期待したが、それは望蜀に過ぎた。しかし、料理はどれもこれも超美味。紹興酒の燗つけも絶妙。紅焼肉はルビー色に輝いていた。本店と支店の技の違いをまざまざと見せつけられた次第である。

ちなみに最近中国ではウェートレスに対して「小姐」はもとより、「服務員」とも呼ばなくなったといわれる。ではどう呼ぶのかといえば、なんと「美女」だそうだ。ウーム、これはなかなか呼びにくい。呼びにくい人がたくさんいる。ならウェーターは「美男」というのかといえば、そうでもないらしい。かつてのスチュワーデスはいまではキャビンアテンダントというがごとく、呼称は男女の区別をなくす方向にあるのが世の趨勢である。だったらやはり無粋でも「服務員」がいいのではないか。

いっそのこと「同志」にするか。

快捷漢語で接待された《花家怡園》も印象的な店だった。東直門内大街のいわゆる鬼街のまっただなかにある。夜になると無数の提灯に明かりがともり、辛い料理の店がひしめく怪しげな街である。その一角を入ると、それまでの喧騒はうそのように静寂な四合院レストランが現れる。ほとんど個室になっていてとなりの席で料理ができるまでお茶を楽しむ茶道具一式が備えられている。もちろん料理の味も申し分ない。「八爺烤鴨《バァイエカオヤー》」という独特の北京ダックも味わえる。北京の金持ちはこんなところで毎晩会食しているのだろうか。

東大橋の快捷漢語本部で太極拳実習を終えた後、数人の男子学生と一緒に建国門外大街まで歩いて南下した。ロシアの露天商が安い衣服を商うマーケットだった秀水街はいつしか立派なビルになった。だが売ってるものは昔と変わらず、いくらでも値引きできる。「Tシャツ、一枚いくら?」「一五〇元!」。ここの店員でこんな冗談をいってホントに買う客がいるとは誰も思っていないのに、日本人は本気にするから恐ろしい。五〇元で買ったら店は大儲け、三〇元でも利益は結構あるはずだ。仕入れ値を聞いたらさぞかしびっくりするはずだ。

ついでに友誼商店まで足を伸ばした。実に久しぶりである。かつてここを訪れた際、店員のヒマそうなおばさんが「日本人客をもっと連れてきてちょうだいな」と頼まれたことが懐かしい。いまは……いや〜〜サビれているなんてものではない。われわれ以外に客がいない。店員は死んでいる。商品は全く旧態依然なのに値段だけは今風に変わっている。もっとセンスのいい土産物が他でいっぱい買えるようになったためだろうが、それにしてもどうしてつぶれないのだろうか。そりゃ、なんてっ

図 50　一元札に印刷されたメッセージ

たって親方五星紅旗の賜物である。

「中国と中国人に対する認識が変わった」。これは今回の研修で学生たちが口をそろえていう台詞だった。中国といい、中国人というも、それは一様ではないことをわかってくれただけでも大きな収穫だった。

北京の人々の生活もずいぶん豊かになった。街に林立する高層ビルの群れはひょっとすると東京を追い抜いているかもしれない。晴天に恵まれ、北京の青空が復活したかのような印象もある。だが、どこかに忍び寄る不安感も否定できない。ベンツに乗る人も少なくない。一人一〇〇〇元支出する高級料理店も珍しくはなくなった。でもその店の従業員募集のポスターには月給二〇〇〇元が提示されている。一歩横丁に入ると一食二元のソバなんかざらにある。この落差はなんなのだろう。

一元札を数えていたら裏に文字が印刷されている札が一枚あることに気がついた。そこには次のように書かれていた。「〝天安門の焼身自殺事件〟は中共が演出した法輪功に罪を着せようとするやらせ劇である。少女が気管を切開手術してまだ歌が歌える、スプライトのビンが火で焼かれても壊れないのは実に不思議だ」。どうやら本物の一元札の上に印刷したようであるが、法輪功と共産党の確執の深さを垣間見たようだった。

北京オリンピックはある意味で中国に「近代化」、すなわち「フツーの国になること」をもたらした。その顕著なのは北京の人が行列を作っておとなしく並ぶようになったことだろう。でも交通ルールを守らないのは相変わらず。公共交通のバスでさえ平気で信号無視をする。王府井は中国の銀座といわれている。とはいえ、本物の銀座で上半身裸のおじさんや子供を道端でおしっこさせるおばさんはいない。

日本ほどくだらないテレビ番組をやっている国はないと思っていたら、中国も負けていないことがわかった。ビール早飲み選手権。一、二の三でビールを何秒で一気飲みできるかの競争である。日本なら即放送中止だろう。驚くべきことにスポンサーが青島ビールとあってはなにをか言わんやである。極めつきは離婚調停番組。浮気亭主に奥さんと浮気相手の三人を出場させ、グダグダドロドロの人生ドラマを展開させる趣向で、のぞき見趣味もいいとこだ。観ている方はおもしろいかもしれないが、出場する人たちはどういう神経なのか。

22　ますます険悪化する日中関係――北京餐庁情報二十二編　２０１４

本編は二〇一四年八月十八日から九月二日までの一五日間の北京滞在記録である。この年は中国経済が減速し、「新常態（新しい正常な状態）」を宣言するに至った。また汚職幹部の取り締まりを名目に、周永康ら胡錦濤政権を支えてきた人物たちが逮捕された。その一方、九月三日を「抗日戦争勝利記念日」に指定するなど、対日外交にはなお強硬路線が採られた。

今年もまた学生たちの夏季研修の引率のため北京で一五日間を過ごすことになった。継続は力なりというが、この研修を始めてからはや五年、昨年から場所を北京に移転し、今年も快捷漢語という語学学校にお世話をいただくことになった。

日中関係はますますひどくなるばかりだ。尖閣列島しかり、鳥インフルエンザしかり、ＰＭ２・５しかり。他方、日本はといえば、ヘイトスピーチしかり、安倍内閣の右傾化しかり、週刊誌の中国たたきしかり、とどっちもどっちである。さらに最近追いうちをかけるようにして起こったのが《麦当労》の鶏肉事件である。たかが食べ物、されど食べ物である。口にするものは一度信用をなくすとダメージの回復に時間がかかる。

そんなわけで、昨年の参加者は一七名……今年はそれをさらに下回ることが予想されただけに、いざふたを開けてみると四名増しの二一名、おまけに女子学生が一三名と男子を圧倒してしまった。彼女たちの中には親の猛反対をテレビドラマ「半沢直樹」の大和田専務張りの土下座で押し切り、北京行きを認めさせた猛者もいたとか。なんにしてもよくぞ集まった精鋭たち。頼もしいかぎりである。

引率教員では常連だったY先生が今年三月で停年退職され、貴重なビデオカメラマンがいなくなってしまった。その後任で、かつ中国研修引率の後任として新戦力になったのはA先生である。また四〇代前半の新進気鋭。次世代引率教員のホープである（本人はこのように評価されてうれしいか⁉）。前任校のS大でも引率の経験は豊富だった。先生が転職されて以来、S大では海外研修がなくなったとか。その意味では慶應は貴重な人材を文字通り「割愛」したことになる。

八月十七日七時、早朝にもかかわらず、全員時間までに集合。優秀である。万事順調に搭乗手続きを済ませ、飛行機は定刻に離陸して一路北京に向かった。

北京空港には快捷漢語から孔さんと趙さんが迎えに来てくれていた。孔さんは昨年に引き続き、われわれのホテルに二週間泊まり込み、二四時間態勢で学生の面倒を見てくれた。二九歳独身。信頼できる筋からの情報では、今年は日本から若い女子学生がたくさん来ると聞いて、新しい服を買ってこられたそうだ。今回も孔さんには本当によくしていただいた。聞くところでは、孔さんは本当に孔子の子孫だそうだ。その先祖も「楽しみ、またその中に在り」と述べている。ちなみに孔子の子孫って、中国にどれだけいるのだろうか。その昔、山東大学の一クラスに孔姓を名乗る人が一〇人以上いて、彼らはみな一族だと語っていたことがある。さらにちなみに、校長先生との会話。

筆者「孔さん、今回のために服買ったんですってねえ」
校長先生「どうして知っているんですか?」
筆者「孔さん、まだ独身ですか?」
校長先生「独身じゃなければ、二週間もホテル住まいできません」
孔さんは来年も独身であってほしいと個人的には願っている。
もう一人の趙さんは現在日本の関西の大学に留学して三年になる方で、昨年は日中学生交流会の司会を務めてくれた。今年もまた夏休みの帰省期間の臨時採用といったところである。同じくとても誠実な方で、苦労しながらガイドの説明等、日本語の通訳を主に担当してくれた。今年の日中学生交流会での司会の時、趙さんは次のようにのたまわれた。「みなさん、今日は自由について語ってください!」。おいおい、これは大変なことになった。社会主義中国における「自由」とは何か? それを聞いた日本の学生たちも一瞬身構えたが、杞憂に終わった。趙さんは「みなさん、今日は自由に語ってください」と言うつもりであったという。日本語って難しいですね。

北京は多少のカスミはあるものの、思ったほどの大気汚染もなく、日本からわざわざ持参した特殊マスクも出番がなかった。ある晩、雷が鳴り大雨となったが、その翌日は抜けるような青空が広がり、かつての「北京藍天」が復活した。おまけに日本に比べて涼しく、秋の気分を味わうことができた。
今年度の研修スケジュールも昨年とほぼ同じような感じで進められた。初日はホテルのチェックアウトだけ。その夜は事前に予約してもらった近場の華聯購買中心六階にある《老車記港式餐庁》で飲茶会食をして事なきを得た。翌朝、開学式があり、快捷漢語のスタッフおよび講師の先生方の紹介があった。校長はバリバリの女性企業家っていう感じで、一七名の専属教員（すべて女性）を擁する総帥である。文革中は青海省に下放され、苦労したのち、名門南開大学に入りなおし、いまの地位を確保したと聞けば、時代に翻弄されたこの年代の中国の方たちの人生を改めて考えさせられる。

朝ご飯は昨年同様ホテルから歩いて一分ほどの「餐庁」で提供された。周囲のホテルと契約しているのであろう。日によって中国人の客の多少が異なる。われわれは初日だけ食券を提示したが、あとは顔パスだった。金属プレートにゆで卵、野菜の炒め物三種、炒飯、それに粥と麺と毎日不動だった。粥はなぜか今回は粟粥が主体で、白粥はラスト二日だけ、豆乳は週に二回だけ提供された。これだけの朝食、あの上海図安の朝飯に比べれば十分だと思えるが、学生たちにはさほど評判はよろしくなかった。なかには一度来てそれっきりだった者もいる。もっとも食欲よりも睡眠を重んじたのであろうが。

壁には「光盤行動」を奨励するスローガンが掲げられていた。「光盤」とはCDのことかと思いきや、「皿に盛った食べ物をきれいに平らげる」という意味で、要は「食べ物を粗末にしない運動」ということである。ただでさえ食べ残すことに伝統的な美徳を求める国民性だけに、どこまで徹底することか。「餐卓の浪費を拒絶し、〝舌尖上的〟文明を締造せん」。ここまでいくと、おおげさ以外のなにものでもない。

ともかく、以後毎日午前はこうした授業が繰り返された。

北京の街は昨年と比べて大きな変化があるわけではない。相変わらず車の渋滞は続いている。掲示板には本日の規制ナンバーとして下一桁に二つの数字を挙げている。つまり、下一桁が3と8のナンバープレートの車はその日は走行禁止という意味である。でも二割程度の車を規制したところで、大気汚染の抜本的解決にはならない。掲示板はまたこの日の大気について「一〇三軽度汚染」という表示を掲げていた。

街角にはいたるところに「われらが価値観」と称して「富強」「民主」「文明」「和諧」「自由」「平等」「公正」「法治」「愛国」「敬業」「誠心」「友善」の一二項目が掲げられている。これらをどのように解釈すればいいのか。皮肉な見方をすれば、これらはすべて「中国の夢」であり、すなわち将来の目標であって現在はまだ達成されていないものと見ることもできるだろう。その最初に掲げた「富強」とは何か。「富国強兵」を縮めて表現したものであることは疑いない。経済大国になったいま、次なる目標は「強兵」なのだろうか。アヘン戦争、アロー号戦争、清仏戦争、日清戦争、義和団戦争……、イヤーよく負け続けたものである。中国にとってこれがトラウマになっていることは確かだ。今年一二〇年の節目となる日清戦争を中国は日本の侵略の起点として強調するが、もとはといえばそれは朝鮮半島の覇権をめぐる両国の「富国強兵」の達成度の試験だったのではあるまいか。どうも現在中国が掲げる「中国的社会主義」の価値観は十九世紀に回帰しているように思えてならない。「民主」「自由」「平等」「公正」「法治」を改めて目標としなければならない点が中国の悩みといえよう。

街中各地のセキュリティチェックも一段と厳しくなっているようだ。天安門に行くためには厳重な検問を受けなくてはならない。しばしばこの場所が反体制批判の舞台となったため、余計に神経をとがらしているのであろうが、逆に「そんなに余裕がないのか」と思わせてしまう。かつての自由で誰でも好きなようにくぐれた「われらが天安門」はどこに行ってしまったのであろうか。

スーパーで果物ナイフを求めたが、どこにも売っていないことが判明した。聞くところによれば「武器」になるものは販売を制限しているという。人民から銃を取り上げた歴史がある共産党の面目躍如たるものがあるのかもしれない。今度は爪切りが市場からなくなるに違いない。

中国に来てGメールが使えなくなっていることを初めて知った。中国政府に逆らってきたグーグルを規制しようとするものだが、不便でしょうがない。しかし、中国の人民はめげない。そこは蛇の道はへび、ちゃんとグーグルが機能する裏ソフトなるものがあり、つながるから不思議なものである。

地下鉄のセキュリティも空港なみにゲートが設置され、一層厳戒態勢になってしまったように見える。ゲートがピーピーなってもなんら咎めない。セキュリティーの目的はセキュリティにあるのではなく、セキュリティをこのように一所懸命にやっていることを示すことにあるのだと改めて感じた。

盧溝橋と中国人民抗日戦争記念館に関して今年度は公式日程行事に組み込んで、学生たち全員を連れて行った。記念館に着くと、おりしも人民解放軍の軍人たちが記念撮影の真最中だった。学生たちが「あれ、何ですか」と尋ねるので、「バリバリの人民解放軍」だと答えると、彼らは初めて中国の軍隊を見たことで、入館にビビってしまったようだ。でも、いざ入館し、展示を見て、彼らは彼らなりに感じることが多かったように思われる。

たしかに日本軍の残虐行為を列挙した写真展示は未検証なものもあり、そこには誇張がないとはいえないものが多く、それは昨年よりも一段とふえたような気がする。しかし、解説の日本語は街角のあるようないい加減なものではなく、昭和天皇を戦犯として非難するわけでもなく、最後は中日友好で締めくくっている点など、単なる国民をあおる政治宣伝というのではない。そこには中国側が日本人に伝えたいメッセージが込められていることがひしひしと感じられてならない。ガイドさんは「最近ここを訪れる日本人の団体はほとんどない」と言っていた。学生たちも今回のイベントで最も印象に残った場所の一つにここを挙げていた。その意味でも意義があったものと信じる。

快捷漢語の案内で連れていってもらった二つの学校も印象的だった。一つは北京東南の郊外にある国立の職業訓練学校。職業訓練といってもコックとホテルマン養成が主目的であるが、北京の一流レストランやホテルの協賛で、そこから多くの講師が派遣されている大規模学校である。教室がそのためにわざわざ造ったホテル施設というユニークなもので、留学生(フランスからが多いという)もおり、全寮制になっている。停年退職したらこんな学校で料理修業するのも悪くない。

もう一つ興味深かったのは、香山のふもとにある四海孔子書院という儒教を教育の基本に据える私塾である。「儒家の核心的修身理念たる正心誠意と格物致知」を教授し、「儒家の核心的価値観たる仁、義、礼、智、信、孝悌、忠恕、廉恥」に従うことを教育理念に掲げて二〇〇六年の創立した私立学校で、生徒は六歳以上を対象に『孝経』『三字経』『千字文』から始めて四書五経に至る「読経」を主体とする教育を行っている。儒教理念の理想を滔々として語る院長に、数学とか理科とか、また外国語はどうなっているのかと尋ねると、それももちろんやっているという。たしかにパンフレットを見るかぎり、科目の中には科学（人文科学、自然科学）があり、さらに経典誦読の中に「英文経典」が含まれているが、どこまで時間を割いているのかわからない。またここで教育を受けた子供たちは大きくなったら大学受験に耐えられるのかどうかもわからない。ただ、子供をここに入学させることを望む親は少なくないという。これも現代社会のひずみなのか。地下鉄の公共広告に「中華民族の伝統的価値観にのっとってお年寄りには席を譲ろう」なんていうのが目立ってきた。これって儒教だよねえ。中国はまた昔に回帰しているようでもある。

五道口賓館周辺の餐庁情報を再び提供する。一年前とどこが異なるか。さすがに変化のはなはだしかった一九九〇年代に比べてめまぐるしさは乏しくなった。しかし、それでも栄枯盛衰はあるもので、去年はあった店で今年は別な店になったもの、新規開店したもの、間もなく開店しそうなものなど、五道口の餐庁もまた生命をもっている。

そんななかでつぶれたというウワサがしきりであった《没名児生煎》はそうではなく、改修を経て店内も新しく、かつ明るく復活した。店には次のようなあいさつ文が掲げられていた。「一〇〇年余り前、生煎は江南の茶館でお茶うけに出され、次第に民衆の小吃や快餐として深く愛されるようになったものである。……包子を直接鍋で焼けば皮は薄く、底は柔らかく、餡はジューシーで香ばしくなる。これがいわゆる生煎である。……没名児生煎は名声を求めず、ただ健康栄養に努め、味質にこだわるだけである。それゆえ「没名児（無名）」を店名にしている」。生煎、すなわち上海などでよく見かける焼きショーロンポーがウリの店だが、とにかく安く、メニューも豊富なため、昼も夜も客でにぎわっている。カウンターで注文して金を払うと、番号がついた金属プレートをくれる。あとは空いている席に座り、テーブルにプレートを置いて待つばかり。服務員はプレートの番号を探し出して料理を運んでくる。システムさえわかれば簡単である。テイクアウトも可能である。ある時、店員が誤って生煎をテーブルの上にこぼしてしまった。さてどうするか。店員は迷うことなくその生煎をごみ箱に捨て、新しいものを入れなおした。さすがである。どこぞで床に落ちた鶏を「食べても死なない」と高言したのとは大違いであった。それゆえか、学生たちにもきわめて評判の店になった。

《麻辣誘惑》はなおも学生たちには人気を博していた。うわさがうわさを呼んで、辛いものに挑戦したいという学生が多いのはおもしろい。ひと声かけると、なんと一〇名も集まった。ただでも行列のできる店ゆえ、予約もなしで突然行ってもだめかもしれないと思ったが、ちょうどボックス席が空いたばかりで、運よく一一名がそこにつめて座ることができた。ならば何事も経験である。「水煮魚」をはじめとする四川料理を体験してもらった。もっともこれで腹を壊されては元も子もないので、初級クラスを選択したが、彼ら彼女らにそんな心配は無用に思えた。

四川料理といえば、今回初開拓した店として花園美食城の二階にある《川味楼》も悪くない。第一《麻辣誘惑》ほど混んでおらず、値段も格段に安い。しかも味はそこそこいける。料理に特徴があるわけではないが、手軽に四川料理を食べようというなら、お奨めの店である。

逆に辛いものが苦手という向きには、《日昌餐館》をお奨めする。広東料理を中心とするマイルドな味つけで、飽きのこない料理を提供する。牛肉と卵の炒め物なんか、絶品である。近くにある《喜和粥》という粥専門店も女子学生には好評だった。毎日通い続けた学生もいたという。

華聯購買中心五階にある《零度空間》という台湾小吃とスイーツの店もなかなか評判がよかった。筆者はことスイーツにかけては全くの門外漢である。彼女たちはカロリーを気にする割に、なぜスイーツがその対象外になるのか。よくわからないが……。

《俺朋堂》こと、「アンポンタン」の和食店も学生たちはよく行ったようだ。しかし、もう一つ、《一志》という店を近場で発見した。表には寿司と鉄板焼きの看板が掲げられていてちょっと入りにくい感があったものの、なかなかの盛況、一般の中国人をはじめ、中華料理に飽きた外国人（日本人以外の）で満員だった。メニューも寿司のほか、トンカツや焼き鳥などひとあたりそろっており、鉄板焼きとは焼き魚など、「鉄板で焼くもの」を指すことがわかった。さすがに生モノの寿司は敬遠したが、隣席の図体のでかいラテン系のカップルはロールを山のごとく注文していた。見た目には結構おいしそうだったので、次回は挑戦してもよかろうと思っている。

その一つ置いたとなりにある《年糕火烤》という韓国火鍋の店はなぜか客がいつも長蛇の列を作っている超人気店であった。どこがそれほどの人気なのか、長い時間をかけて並んでまで試すほど暇ではなかったので、そのわけを知る由もないが、同じ韓国料理の新装店《金草帽》に閑古鳥が鳴いているのと好対照であった。次回よほど暇であれば、挑戦してもよいと思っている。

五道口以外では、快捷漢語が歓迎会の会場に用意してくれた《大宅門》が印象的だった。人間よりもハトの心理の方がよくわかるというW名誉教授が北京で講演した際に連れていかれ感激したとおっしゃっていたことから、関心はあったがいまだ訪れる機会がないままだった。宮廷料理の店だと理解していたが、店内はえらいゴージャス、満洲女官の衣装を身に着けた小姐たちの「歓迎光臨」の洗礼を受けた。舞台では京劇、舞踊、雑技、それに変面といって瞬時に顔を違うものに変える芸などが披露され、外国人にはそれなりに〝中国芸術〟のさわりを楽しめるアンバイになっており、学生たちは初めて生で観るものばかりで、非常に喜んでいた。まあいってみれば、浅草のおいらんショーみたいなものであろうかと思うが、それにしてもこの大規模な設備投資は日本では到底まねできない。舞台の一番前の一等席テーブルには中国人のグループが陣取っていたが、舞台には一顧だにしなかった。この店は何でもっているのだろうか。

帰国前日の自由行動日の午後、まだ故宮を見物していない学生たち一〇名のために無料ガイドツアーを買って出た。久しぶりのツアコンである。

午後一時、天安門前に集合と約束し、二〇分前くらいから待機した。天安門はあいにく改修中でカバーがかけられていたが、毛沢東の肖像画だけは健在だった。間もなく一時になろうとするが、それにしては誰も来ない！　ようやく一人来たが、残りは⁉　次第に不安になってきた。みな広い中国に時間の目測を誤り、結局全員そろってツアーが始まったのは一時半になってからだった。今回のツアーは「故宮たっぷり参観コース」と称して、時間をかけ故宮の隅々まで廻ったあと、景山に登って夕陽の故宮全景を鑑賞しようというものだった。入場料は六〇元、以前に比べれば安くなったが、学生たちには学生証を持ってくることを指示していた。学生だとその半額の三〇元になった。日本語音声ガイド？　そんなものは要らねえ。午門、太和殿、中和殿、保和殿と外朝を通過し、軍機処、隆宗門に立ち寄ったのち、乾清宮、交泰殿、坤寧宮の内廷三殿を参観し、西六宮に入った。このあたりから「お客様」の中に歩き疲れた方が続出。西太后の住まいであった儲秀宮で休憩に入った。そこではソフトクリームが売られていた。Hさんが食べたいと主張、しかし一八元と聞いて、散々迷った挙句に断念。店の席にひたすら座り続けて「無料休憩」を果たした。

十分休憩したであろうとガイドは判断し、今度は東六宮に向かった。ところが、さっきまでソフトクリームで騒いでいたHさんがいないことに途中で気がついた。すわ、「H嬢、故宮で失踪」かと青くなったが、捜索隊を派遣した結果、簡単に見つかりどうやら事なきを得た。さて、東の皇極殿には改めて入場料一〇元がいる。しかし、学生たちから金を集めている最中に、切符売り場が閉まってしまった。時計を見ると四時を過ぎている。ツアー開始の遅れと途中のロスタイムが響いて、この区域の見学は断念することになった。このあとはどうするか、諸般の状況から景山登高はあきらめ、五四大街を東に歩き、五四運動のモニュメントと運動の舞台となった北京大学紅楼を経て、隆福寺にある《白魁老号》という回民料理の老舗レストランで会食することにした。

さすが若い子たちである。疲れるのも早いが、回復するのも早い。このあと夜の王府井ツアーに行きたいという。王府井教会、王府井の名称の由来になった井戸を見た後、東城区夜市を見学した。またまたゲテモノが並んでいる。「見るだけ」だと注意したのに「サンザシの水あめ」を食べたいという者が現れた。まあイッカ。たとえお腹を壊しても明日は日本に帰るだけである。そんなこんなでツアーは無事終了し、北京最後の夜も更けていった。

23 日中関係新時代――北京餐庁情報二十三編　2015

本編は二〇一五年三月十五日から三月二十二日までの八日間の北京滞在記録である。日中関係は改善の見通しを持たぬままやや膠着状況を呈してきた。昨年十一月に安倍・習の両国首脳がわずか二五分間顔を合わせたのが大きなニュースになる時代になってしまった。旅行代理店に聞くと、このところ中国大陸への団体観光客は激減し、その分台湾人気が高まっているという。そういえば日本で出版されている北京ガイドはしばらく改訂が行われていないのが多く、情報として古くなりすぎている感がある。しかし、その一方で大陸から日本にやってくる観光客は激増し、いわゆる「爆買い」が日本の貴重な外貨収入源になっていることも事実である。

北京は少しは変わったか？　どうだろうか。半年ぶりの北京だが、以前のような大きな変化は最近影を潜め、たかが半年くらいではそう変わりようがないというのが実感だ。交通渋滞は日常のこと、タクシーが容易に拾えなくなってきているのは最近の傾向か。大気汚染は日本で放送するほどはひどくはない。昼間の太陽がコロナ状態になったのは一日だけ、あとは結構青空や星空が眺められた。北京の犬が重慶の犬のように太陽を見たら吠えるのは当分先のことではないか。

反日は？　中国の人たちはそろそろ飽きてしまったように見えるがいかがなものだろうか？　そんなことよりも中国政府の目下の関心は国民モラルの向上にあるようだ。街角にはいたるところに公共広告が貼られている。といっても日本のＪＣが流すＣＭとは一味違い、「富強」「民主」「文明」「和諧」「自由」「平等」「公正」「法治」「愛国」「敬業」「誠信」「友善」の一二項目の漢字徳目が並ぶ。さらに永遠の模範キャラクター雷峰が登場する。これらはみな中国共産党宣伝部が提唱するもので、徳目はみな「社会主義核心価値観」だという。なになに、「民主」には儒教に典拠があるという。『書経』五子之歌に「民は惟《こ》れ邦《くに》の本《もと》なり。本固ければ邦寧《やす》し」とある。「人民こそは国の根本である。その根本を固めれば国は安寧である」という意味だが、これって主目的は国家の安定にあるのだから、「民主」とちょっと違うんではないだろうか。中国が儒教による上下の秩序と二宮金次郎キャンペーンみたいなことに回帰しているのはある意味でおもしろい。

　物価が上がったという印象は正直ある。それは中国国内そのもののインフレに加えて円安元高がもろに影響しているせいである。交通費はまだそうでもない。高くなったとの印象を強くするのは一回の食事代である。ちょっとまっとうなレストランで食事すると軽く三〇〇〇円を超えてしまう。二〇〇円以内で済んでいた街角の朝飯もそれでは足りなくなってしまった。これも一元約二〇円のせいである。半年前は少なくても一元約一八円だった。語学研修を終えて帰国を控えた学生たちがなぜか人民元を大量に残してしまい、仕方がないので一四万円分、しめて約七二〇〇元を〝山本銀行〟で日本円に換えるはめになったが、何が幸いするかわからない。半年で人民元が二円上がり、七二〇〇元はなんと一四万八〇〇〇円になってしまった。学生の金で儲けるセコい教員というなかれ。八〇〇〇円の儲けだ！　——やはりセコいか……。

今回の北京訪問はほかでもない六年前に北京で客死されたTさんの七回忌のための墓参である。Tさんはわれわれとともに調査活動を続けておられたが、帰国を控えた日、容態の急変によって日中友好病院にて急死されたことはまだ記憶に新しい。われわれは驚き、かつ有能な研究者のあまりに早い死を悼んだ（十七編参照）。以来、六年が経過した。時期は春三月、中国ではお彼岸を意味する清明節も近い。奥様のWさんはこの間、札幌と北京を行ったり来たりの生活を続けられているとのことである。

三月二十日にTさんが中国共産党の創設者の李大釗とともに眠る北京西北郊の万安公墓を訪れた。参加者は札幌からMさんとYさん、それにSさん、京都からJさん、加えて故人と親しかった北京大学のZ先生、それに奥様のWさん。六年前に植えた墳樹が青青と茂り、さらに立派な墓に変身していた。故人が生前好きだった二鍋頭という安焼酎の大瓶をJさんが持参した。それを墓石に撒いたのだからたまらない。匂うは、匂うは。Tさんも久しぶりの二鍋頭に酔いしれ喜んでいることだろう。

今回の訪問目的は以上に尽きる。ほかはといえば、中国国家図書館でちょっと調べものをすること、あとは適当に過ごすというきわめてテキトーな計画だった。そのため宿泊は中国国家図書館近くの神舟国際酒店というホテルを取ってもらった。「神舟」とは例の中国初の有人宇宙船の名前であり、このホテルも中国航空宇宙局の息のかかる半官半民的なもの。そのせいか、あまり愛想がない。もっとも宿代は一泊五三八元と日本のホテル並み。七泊したのでなんと五〇〇〇元のデポジットを取られてしまった。一足先に到着した筆者がチェックインしようとしたら、「そんな名前は予約名簿にはない」とのたまう。よくあることとは思いつつ、内心焦る。「よく調べたらあった」。よくあることとは思いつつ、やはりここは国営だと思った。夜に到着したYさんがいったん部屋に入ったあと、なかなかロビーに出てこない。なんでもトイレの水洗が壊れたとか。よくあることとは思いつつ、やはりここは中国だと思った。今年の春節に中国人観光客が大挙して日本を訪れ、買いあさったものにおなじみの電気炊飯器のほか、ウォッシュレットがあったという。でも、こんなもの買って中国の水道に取りつけたら、まさに木に竹を接ぐようなものになる。果たして大丈夫なんだろうか。熱湯がボアー、お尻がまるこげなんていうマンガにならないだろうか。

朝食はなぜかホテル内のレストランが修復中とてその設備がなく、外に求めねばならなかった。あいにく周辺には適当な店が少ない。《小豆麺館》という唯一の店(正確にいうととなりにもう一軒。ただし、こちらはどう見てもやる気のないアブナイ系)で白粥、豆乳、白内障的卵焼き(要するに裏表両面の目玉焼き)で済ませることになった。それでも一五元、約三〇〇円はかかる。牛肉麺と豆乳のセットを注文しようものなら二五元もする。朝飯もいよいよ日本並みの値段になりつつある。ただこの店の油条(三元)はなかなかのものではあった。

そうそう、中国のもう一つの問題である「食の不安」はどうかって? 「君子は危うきに近寄らず」さえ守っていれば大丈夫と見た。地下鉄の車内で工人体育館裏に新規開店したレストランのCMをやっていた。店名は《河豚先生》、水晶生魚《シュイチンションユウ》と中式紙鍋《チョンシーチイグオ》がお奨めだそうだ。早い話が「ふぐさし」と、ほら、日本の旅館なんかでよく出す固形燃料の紙製の一人鍋で食べる「テッチリ」である。日本人でこの店に行く〝蛮勇〟をお持ちの方がいれば、尊敬する。筆者はサソリを食えても中国で調理したフグを食べる勇気はない。そういえば「中式」の「中」は「あたる」とも読むではないか。

中国国家図書館は久しぶりである。かつてのメイン館が博物館になり、新館が図書館の中心に変わったと聞いていたので、今回はその確認のために訪れた。かつて南門にあった入館証の発行手続きのための弁公室は館内に移動し、変わったことといえば担当者が親切丁寧になったほか手続き代が五元のみになった事実である。かつてはデポジットを一〇〇元取られた記憶があるので、その変貌ぶりは大きなものである。

古籍善本室はさらに奥に移動した。カードボックスが撤去されたのが印象的。その代りパソコンが一台。ここでもパソコンで検索せよということか。しかし、単子にカーボン紙を挟んで、二枚連記のものを作って図書を請求することと出てきたマイクロフィルムを手動の機械にセットしてそれを書き写すスタイルは二〇年間変化なし。いまどき印刷もできないマイクロリーダーは希少価値がある。ただ、係員は若くてきびきび業務をこなし、かつての暇さえあれば大声でおしゃべりし、午後四時を過ぎれば帰り支度を始めたおばちゃんたちに比べてはるかに意識が高い人たちで、ここにも「近代化」は着実に訪れている。でもかつての雰囲気がなんだか懐かしく感じられるのはどうしてだろうか。

もとの古籍善本室を中心に「国家典籍博物館」が設立された。二〇一四年秋に開設されたばかりで、展示面積約六五〇〇平米に甲骨文字から近現代の著名人手稿に至るまで中国国家図書館が誇る重要文献が展示されていて、なかなか見ごたえがある。なかでも「善本古籍」は宋元版のオンパレード。展示内容はややオタッキーであるが、多少書誌学をかじった人であれば興味は尽きない。こうした古籍善本に関しては日本の東洋文庫もそれなりに所蔵しているものの、やはり本家にはかなわぬのが正直なところである。

いまさら北京観光でもないが、またまた故宮を訪れた。ただし、今回の故宮は「ウラ故宮」である。Yさんが北京に留学していた時の同級生がいま故宮博物院に勤務しているとのこと。ならばぜひにということになり、集まった場所は故宮の北門。現在は一般観光客は入場できないことになっている。故宮には数えきれないほど行った経験を持つ筆者もこの北門から、しかも無料で故宮に入るのは初めてだった。

これより先、故宮に来る途中、中南海前を通り過ぎた時、たまたま中南海の外壁を修理する作業員の姿が目に入った。中南海とは中国共産党の要人たちが居住する「奥の院」のことで、中の様子はほとんど公開されていない。ならばあの作業員たちはなんなのか。一見フツウのおじさんたちにも見えるが、ひょっとしたらバリバリの共産党幹部ではなかろうか。

さて故宮である。門を入るとすぐ右手に曲がり、故宮研究所、すなわち故宮博物院の職員たちが働く場所へと向かった。このあたり、一般客がまず来ない場所であり、人の数もまばらである。続いて南に下ると故宮博物院図書部なるものが現れた。その存在はうわさには聞いていたが、実際に目で見るのは初めてだった。中にどんな蔵書があるのかは非公開につきわからない。だが、結構いいものがあることはまちがいない。外国人に開放してくれる時代はいつのことだろうか。南の回廊を奥に進んでいく。中国第一歴史檔案館を横目で見ながら西華門を過ぎる。かつて中国第一歴史檔案館に行きたい時には西華門にいるおじさんの「来たことがあるか？」との質問に「いつも来ている」という合言葉を唱えればＯＫだった時代が懐かしい（三編参照）。その西華門を内側から眺めるとは。

昔、故宮博物院にタダで入れるウラ技があった。つまり、この西華門から後ろ向きに歩くのである。そうすると必ず誰かがやってきて、「お前はこんなところに来てはいけない、太和門のほうに戻れ」と言う。そうなればしめたもの。堂々と故宮を観光できることになった。それを今回は前向きに歩いて文字通り実行できたのであった。とはいえ、時間の関係で、メインの建物の見学はやらず、太和門前をそのまま通り過ぎ、東華門に向った。途中、内閣があった場所に立ち寄った。メンバーの多くはこの内閣に思い入れがある。しかし、やんぬるかな、現在この由緒正しき場所の主な用途はなんとなんと、ト・イ・レなのだ。いくら建物がいっぱいあるからといって内閣を便所にしなくてもいいではないか。張居正が生き返ったらさぞかし卒倒してまた死んでしまうに違いない。

結局、今回の故宮見学は「ウラ」に徹してしまい、外朝三殿をついに見ることはなかった。《全聚徳烤鴨店》和平門店に行って北京ダックを注文しなかったわれわれだけのことはあるので（十七編参照）、こういうことがあっても一向に不思議ではない。

さて、またまたあとまわしになる肝心の餐庁情報である。今回のご新規開拓は中央民族大学西門付近にある《天地餐庁》という新疆料理店である。さすが民族大学の付近とあってこのあたりのレストランには非漢民族系の店が多い。この店もまたそのうちの一つで、外観は地味だが、店内は広く明るく、清潔感があり、昼も夜も客でいつも満員だった。経営者はウイグル人だが、従業員は回族が中心、昔懐かしきリンゴほっぺのおネエちゃん服務員もまだ健在。客はというと……家族連れで質素な食事をとっている何系だか即座に判断のつきかねる人が多く、ここでは明らかに漢族は「少数民族」であった。

この店の麺と羊は絶品であった。メンバーはこの二つにはなかなかうるさい。とりわけ「麺食い大王」ことMさんはうまい麺に遭うと、ご機嫌は最高に達する。出てきたのはコシのある手打ちうどん風の焼き新疆麺。一口ほおばって、みな一斉に「うまっ！」と唱え、以後はその言葉しか発しなかった。「うまっ！」（三秒ほど沈黙）「うまっ！」（また三秒ほど沈黙）「うまっ！」。これを繰り返すこと、一〇度に及んだ。メンバーがおいしいものに出くわすと、以前では「太死了」とか「好吃死了」とか「死にそうな」言葉をよく発していたが、今回はなぜか「うまっ！」の一点張り。テレビでフードレポーターがよく「柔らかーい!!」というワンパタンの賛辞を贈っているが、柔らかければおいしいのか？　皆文句を唱え、とくに麺には通用しないことを批判した。「うまっ！」。これですべてを表現しているのはさすがである。他方、メンバーは北大関係者だけあって羊も食べ慣れている。最初に食べた烤羊肉（羊の串焼き）とタマネギとの炒め物の味に飽き足らず、二度目の訪問では羊肉のぶらさがり焼きに挑戦した。メンバーは一口ほおばって、みな一斉に唱えた。「柔らかーい!!」。

中国国家図書館前の《蜀郷竹林風味酒楼》は健在だった。図書館付近で昼食がまっとうに取れる唯一の店だが、なお繁盛している。担担麺もおいしいが、筆者はここの水餃子をイチオシする。春なので筍が出回っている。いわゆるシナ竹をゆでた前菜で、これがなかなかにイケる。魯迅は中国人の筍好きを文章に残しているが、なかなかどうして日本人もこの味はグーである。

Mさんとは前門の《壱条龍飯荘》に火鍋を食べに行った。この店は一七八五年創業の老舗で、もとは南恒順羊肉館という店名であったが、一八九七年に光緒帝が下僕一人を連れてお忍びで食べに来たことから、「壱条龍」すなわち皇帝を意味する名前に変わったというエピソードを持つ。実際、光緒帝が食べた鍋が「宝鍋」として店内に陳列されている。乾隆帝のお忍び来店伝説を持つ《都一処焼麦館》に似たエピソードだが、こちらの方がどうやら信憑性がある。光緒帝は一八九八年に例の戊戌政変によって西太后に幽閉され失脚するのだが、その前年の自由だった時の逸話なのである。何？　味はどうかって？　まっ、フツーの羊のシャブシャブである。おまけにいまどき「国営」を売り物にしているのでサービスは想像がつくだろう。

墓参りの帰りには《東来順飯荘》でごちそうになった。《東来順飯荘》はいまさら紹介する必要のないシャブシャブの老舗店。ただこの店の特徴は一人ひとりに鍋がつき、個人の責任で好きなものを好きなだけシャブシャブできるという新趣向。他の店では衛生上もあってこうした形式の店が増えているが、老舗の《東来順飯荘》にもあるとは思わなかった。メンバーはやはり大鍋の方がいいと最初は思っていたが、これもなかなかとのことになり、結局は好評を博した。何？　味はどうかって？　それは絶品のシャブシャブである。いまを時めく企業集団だけにサービスも想像がつくだろう。

筆者は「胃大な領袖」といわれているように、なんでも食べてみたいという好奇心は他人には負けない自信がある。わが人生の達成目標の一つに、「人が食するものはみずからも食べねばならない」というものがある。それゆえ、哺乳類、爬虫類、両生類を超えて節足、軟体、扁形、腔腸……その昔、生物の授業で習ったいろんなものを食してきた。また激辛、脂身、臭豆腐、それにコリアンダーからピーマンに至るまで人が苦手としがちなものをこよなく愛してきた。そしてそれらを口にして腹を壊したことはたまにしかなかった。しかし、今回《無名居》で食した紅焼肉がどうもいけなかった。メンバーはみな豚の脂身が苦手とあって筆者に「さあ食え、やれ食え」と押しつけてくる。調子に乗ってみな平らげたため、どうやら「紅焼肉」の神様の怒りに触れたようだ。下痢が止まらなくなった。別に肉が傷んでいたわけではない。思えば北京に来る直前は忙しく、珍しく夜中三時まで仕事をしていたが、以来、倦怠感が持続しており、その疲れがここに来て一気に出てしまったようだ。にわかに食欲が減退。みんなと夕食を一緒に行く気になれず、《吉野家》の牛丼をテイクアウトで買ってきてもらった。まさかここで「ヨシギュウ」を食するとは思いもよらなかった。

しかし、なんですな。いつまでも若いと思っていたらおおまちがい。筆者は修論の完成で三日間不眠不休、太陽が二度沈んではまた昇ることを目撃したあと妙に体力がついたことを自覚し、以来「明清体力」（明清史研究者は体力でもっているという〝偏見〟伝説）の後継者を自任してきたが、どうやら〝汚名!?〟返上の時が来たようだ。みなからもいたく心配され、感謝しながらも、つくづく無理をしてはいけない年齢になったことを実感した。

二十二日、MさんとYさんを未明の五時半に見送ったあと、チェックアウトを済ませてJさんと昼食を近くでご一緒した。そういえばまだ行ってないところに《湖北賓館》という立派なホテルがある。明らかに湖北省系の宿泊施設なので、湖北料理が味わえる。今回のメンバーたちとの食事で魚介類を食した覚えがない。いつものことながら肉、肉、肉……、おまけに羊が多かったようだ。湖北料理といえば洞庭湖の魚やエビが有名。メニューにもなかなかのものがそろっている。とはいえ、値段も高いし、時間もない、おまけにお金もない、そこでまた注文したのは肉団子だった。

展望2016

1　新たなる問題

二〇一五年八月、今年もまた学生の中国語研修の引率で北京に降り立った。北京の空が珍しくきれいである。到着した当日は東京と変わらぬほど暑かったが、以後は秋の兆しが訪れた。秋といえば「北京藍天」である。しかし、近年はPM2・5のためにそれを望むのが難しくなっていた。とはいえ、この二週間、一日だけ「中程度汚染」が出たほかは、いずれも「優」ないし「良」の表示であった。それはひとえに「抗日戦争勝利七十年」を記念する軍事パレードのせいである。

「軍事パレード当日は晴天でなければならない」という当為が働いたのか、半月前から工場には操業自粛命令が出され、クルマもナンバーの偶数奇数の日替わり運行禁止が実行されたのはなんとも恐れ入る。奇数日に偶数の車を動かせばどうなるかといえば、罰金が一〇〇〇元科せられるそうだ。おかげで北京の悩みの一つであった交通渋滞がまるでない。こんなことなら毎月軍事パレードをやったらいいのではないか。

好ましくないのはテロ防止のための警備が以前にもまして厳重さを極めるようになったことである。「軍事パレード当日は粗相があってはならない」という当為が働いたのか、半月も前から「戒厳令」

図 51　天安門広場のモニュメントと 9.3 大閲兵の注意（下）

が続いている。天安門はもちろんくぐれない。故宮も労働人民文化宮からしか入れない。と思っていたら八月二十二日から九月三日までは故宮そのものが閉館になってしまった。北京大学をはじめとする北京にある主要大学も新学期が始まらない。王府井も地下鉄を降りると荷物検査とボディチェックがあり、買い物に行くにも相当な覚悟がいる。市民生活が著しく阻害されている。北京中の警官が一斉に動員されているので、いま銀行強盗したら成功してしまう確率が高いのではないかと思ってしまう。

これほどまでにヒトとカネと、さらに時間を使って何をしようというのか。また何が目的でこんな大仰な軍事パレードを敢行する必要があるのか。判で押したような一糸乱れぬ兵士の行進、アメリカ本土に届く大陸間弾道弾、最新鋭の戦闘機……、かつてソ連の赤の広場で繰り広げられた光景であり、この大時代がかったパフォーマンスはいまどきの世界の人々に好印象を与えるはずもない。習近平は九月三日の演説の中で「中国はみずからが体験した苦痛を他国に求めるものではない」と述べたが、それは「衣の下に鎧が見える」を地でいったものである。中国はかつてベトナム戦争に深く介入するアメリカを「アメリカ帝国主義」と批判したことがあったが、昨今の中国の行動はかつての王朝がこよなく愛してきた「中華帝国主義」そのものを示している気がする。

それにしても、この軍事パレードは誰にとってのものなのか。一九九四年の国慶節は天安門広場では鄧小平最後の臨席の下、盛大に挙行された。しかし当日、当時天安門広場の地下鉄の最寄り駅であった前門は通過駅になって下車できず、天安門広場に通じる道はすべて民兵によって封鎖された。それゆえ国慶節とは「国民が慶ぶ祝日」にあらず、いっそ「党慶節」に改名した方がいいとの声が上がった。このたびの軍事パレードもまさしくそんな気がする。でもそのためにはここまでして過剰な警戒をしなければならないのだろうか。過剰な警戒をすればするほどそれだけテロの対する自信のなさを表明することになり、結果、威信はますます低下するという仕組みに考えが及ばないのだろうか。まもなく中秋である。パレードが始まる前、責任者幹部がこわもてに「大月餅」、「大月餅」と叫ん

図 52　平安北京のポスター

図 53　中国人民抗日戦争記念館と展示写真

でいた。なんのことはない。発音が似ている「大閲兵」のことだったが、ミサイルとならんで「大月餅」の行進があったらどんなにそのユーモアが評価されたことだろうか。

中国人民抗日戦争記念館は昨年と異なり超満員。機関単位で動員されている中国人団体客も少なくなかった。展示そのものもリニューアルし、いっそう充実した感がした。以前と変わりなく共産党が主役の展示ではあったが、少しは史実に近づけようとする努力の跡もうかがわれた。興味深いのは、最後の結論の場所に展示されていた鳩山由紀夫と習近平とのツーショット写真が外され、あの昨年十一月に一瞬握手した安倍晋三と習近平の写真にすり替えられていたことである。中国は日本に何を伝えようとしているのだろうか。

北京滞在期間中に天津の化学工場で大爆発が起こった。なんでも一一四名もの犠牲者に上るという大事件である。その処理が終わらないまま、今度は山東で同じような事故が起こった。とくに化学物質が海に流れ出て大量の魚が海岸に打ち上げられるなど、天津の事故の影響は大きく、習近平の側近が更迭される事態となって「大閲兵」をやっているどころではない状況になったといわれる。中国でこのような事故が起こると、たいてい現場ではとんでもない対応を取り、批判されるとそれを隠すためにさらに報道規制を敷こうとするので、ますます事態が悪化する。浙江の新幹線事故でその車両を埋めようとしたのはその典型であろう。それがどのような影響をもたらすかを判断できない現場指揮官が勝手な判断のもとに指示すると、責任を負わない部下たちは変だと思ってもあえてそれに反対しないためこうなるのであり、政府にとって大変頭の痛い結果になってしまう。一口で言えば、図体があまりにもでかいため脳が与える指令が末端の手足に伝わるまで時間がかかり、その前に手足が勝手に判断してしまうといった印象だ。大国中国が持つ大きな悩みの一つといってよい。

図 54　社会主義核心価値観と雷鋒

　例の社会主義核心価値観として共産党が提唱する「富強」「民主」「文明」「和諧」「自由」「平等」「公正」「法治」「愛国」「敬

業」「誠信」「友善」の一二項目の漢字徳目は相変わらず街にあふれている。ほかのものはともかく「民主」「自由」「平等」「公正」「法治」などはいまさらなぜ強調する必要があるのだろうか。これらはみな中華人民共和国が成立した時にとっくに実現したものではなかったか。それを現在力説して強調しなければならないとしたら、共産党はこの六七年間何をやっていたのかという素朴な疑問が生まれる。いまから三四年前、共産党は歴史決議を採択し、いまわしい過去からの訣別をはかるとともに、新生の道を模索した。ならばいまその産みの苦しみに耐え、新たなる問題に速やかに対処しなければならない。共産党には「富強」以外にやることがいっぱいあるはずだ。

2　三四年の時を超えて

一九八二年、北京に初めて足を踏み入れ、その後たびたびこの地を訪れてきた筆者にとって、この三四年間における北京の変貌ぶりは筆舌に尽くしがたい。「おばさんがパーマをかける」「じいさんが背広を着る」「へそ出しルックの娘に出くわす」「トイレに扉がある」「灯りがつく電球が売られている」「インクの落ちないボールペンがある」「一日に二四時間進まない時計が手に入る」など、大小些事をも含めて一九八二年当時では想像すらできないことが実現されるようになった。

オープンリール式の録音機は、両箇喇叭的盒式磁帯録音機、つまりラッパを二つ備えた箱式の磁気テープ（カセットテープ）による録音機、早い話がステレオラジカセの短期間の流通を経て、あっという間に数碼ナニガシといわれるデジタル録音機に変身した。ビデオもまたVHS方式テープの時代は途中省略し、VCDからDVDへの転身が素早かった。街のあちこちにあった公用電話で人を介して通話していた時代は、一家に一台の電話機の設定とか電話債券とかの面倒な手間を途中省略して、ほぼ全員がケイタイを手にする時代へと変化した。電卓を全員が手に取る前にパソコンが普及してしまった。急速な環境変化は北京の都市化・近代化にたいし健全な成長を妨げていなければよいと危惧することもある。それでも、そんな一部の心配性の思いをあざ笑うかのように、今日も北京は刻々と変身・進化を遂げつつある。

その象徴はなんといっても王府井大街であろう。北京を代表するこの通りも、三四年前は単なる商店街にすぎなかった。だが、歳月を経て道路は拡張され、これを「北京の銀座」と呼んでも万人からブーイングを受けるまでにはいかなくなった。金魚胡同など、知らない人が見たら、なんでこれが胡同（横丁）なのかと思ってしまう。もっとも、通りが変身したとしても、古くからある店名が案外生き残っている。それがまた北京である。

王府井大街の最南端に位置する北京飯店はいうまでもなく二十世紀の激動をそのまま見つめてきた北京を代表するホテルである。老朽化や新興ホテルとの競争を経て、いまなお五ツ星ホテルのトップに君臨している。入口は以前と同じところにあるが、人相の悪い日本人が誰何されることがなくなったため、パスポートを水戸黄門の印籠として使う日本人もいなくなった。中国人民が窓ガラス越しにへばりついて中をのぞきこむ光景は消え失せた。いまは金のない外国人が入る勇気がなくて中をのぞきこむことはあるが、そんな時のみ誰何されるのである。

王府井書店の前身は王府井新華書店といった。国が統一経営する書店を意味する新華書店の総本山ともいうべき風格がそこにあった。北京には中国書店というもう一つの大きな本屋があったが、ビル全体が本屋であるのはさすがにここだけであり、北京に来るたびにここで大量の本を買うのがわれわれの行動パターンになっていた。事実、五〇元もあれば、ボストンバックいっぱい買えた。といっても持ち帰ることができないため郵送になるが、そこは対面の北京飯店に持ち込むとすべてをやってくれたので、いきおい王府井新華書店で本を買うことが多くなった。時は移り、いま王府井新華書店は王府井書店と店名を改めた。それと並行して、中国のどこにでもあった新華書店がほとんどなくなった。

現在、書籍のジャンルは無数に広がっている。最近目立つのは海外旅行ガイドや美食案内、それに投資である。「美食」という言葉自体がブルジョア的である。しかし、書店の店頭には「美食」を冠した書物がオンパレード。ダイエットのための中華料理入門とか、糖尿病患者のためのやさしい中華料理だとか、おびただしい餓死者を出した一九五〇年代末に比べたらゆめまぼろしの世界が展開されている。「投資」に至ってはなにをか言わんやである。そういえば個人投資家のおニイさんはそろって角刈り、しかも小太りで八〇年代にはまずお目にかかれなかった人々がベンツに乗っている。

王府井大街は北京で一番流行の先端を行く繁華街だった。そのため、ブラジャーがショーウィンドウに登場すると人民は好奇の目でそれを眺めた。毛皮の店があると、人民は羨望の目でそれを眺めた。それがいま、誰あろう、その人民が買いまくっている。

北京で独特の味を出しているのは写真館である。王府井大街の著名店は「中国照相館」といい、一九三七年に上海で開業し、一九五六年に北京に移ってきたことに始まる。地の利を得て、「首都の人民に服務し、中央の指導者に服務する」ことをモットーに発展した。とりわけ著名政治家の肖像写真には定評があり、ここで撮られた写真が公式なものとして普及している。そのもとになった写真がいまでもショーケースに展示されている。一度チャンスがあったら肖像写真を撮ってもらいたいものである。

東安市場を三四年前の「東風市場」と比べるのは無理がある。本来バラック市場として生まれたそれは、少なくても一九八〇年代まではなおバラック市場だった。早い話、食料から雑貨まで、どこまでがこっちの店のもので、どこからがそっちの店のものなのか区別がつかず、また顧客なのか店員なのかがわからず、売り物なのかゴミなのかがわからず、こっちで人民元札が針金ケーブルに乗ってシュルシュル通過したかと思うと、あっちで商品をぶちまけた音がしてソプラノ同士の大喧嘩が始まっていた。われわれ外国人はただただ北京の人々の元気さに感心するばかりだった。そんな東安市場も一九九五年には新東安市場を併設する巨大デパートとして華麗なる変身を遂げた。以来二〇年、北京の商業活動の中心的役割を果たし続けている。

その向かい側で涼しい顔をして澄ましているのが北京市百貨大楼である。二〇〇三年に整形手術に成功して以来、一段と回春が進んだ。二〇〇八年には「生日狂歓五十二周年」とかで、五二歳の誕生日をフランス展なんかで祝っていた。また北楼の新館がオープンして店舗が拡大し、真っ赤なリボンが次第に板につき始めた。さながら「五〇歳ってすごく楽しい」とどこかのコマーシャルで言っていた感じである。その時からさらに八年が経ち、間もなく還暦である。真っ赤なリボンではなくチャンチャンコである。でも東安市場と北京市百貨大楼、王府井大街を挟んで婆さん同士の競い合いはまだ当分続きそうだ。

とまれかくまれ、北京の人々はこのような社会の激越な変化に果たしてついていけるのであろうか。

3　老字号と新字号

北京を代表する三大著名料理を挙げるとすれば、それが北京烤鴨（北京ダック）、涮羊肉（羊のシャブシャブ）、さらに宮廷料理の三つであることは大方の一致するところである。ならば二〇一六年、これらの味を担う餐庁はいかに変身を遂げるのであろうか。

北京烤鴨を代表する店として《全聚徳烤鴨店》を挙げないわけにはいかない。一八六四年に前門で開業したこの店の名が最初「徳聚全」だったことは案外知られていない。一九五〇年代には王府井店を建設、六〇年代には前門店を拡張、さらに一九七九年には周恩来の努力で和平門店を新設し、一貫して発展し続けてきた。現在、その支店は数知れず、銀座にも新宿にも進出店があるほどだ。ライバルだった《便宜坊烤鴨店》に大きく差をつけている。ただ、この老字号烤鴨店の北京ダックの値段はますます高騰している。近年、その値段の高さに対抗して老字号の半額近くでうまいダックが食べられることを前面に主張する《鴨王烤鴨店》や淡白な味を好む客層をターゲットにする《大董烤鴨店》、汚い路地裏にあることを逆手に取った《利群烤鴨店》など、新興勢力の台頭が著しいが、不思議なものでしばらくすると《全聚徳烤鴨店》のあのカリっと焼き上げた皮をかじると口いっぱいに広がる脂の香りがとても懐かしくなる。まあ、この店を支持する客は今後も絶えないだろう。

涮羊肉を代表する店として《東来順飯荘》を挙げないわけにはいかない。一九一四年に丁徳山という回民が東安市場に「東来順羊肉館」という店を出したことに始まるこの店は、解放後も順調に発展し、一九六九年には三階建のビルになってしまった。現在、新東安市場の五階にある総本店のほかに、数多くの支店をなおふやし続けている。しかし、北京で涮羊肉が食べられる店はなにもここに限ったわけではない。同じシャブシャブでも形式は多種多様で、鍋のタネからタレに至るまで店によって随分異なる。筆者は《東来順飯荘》以外のシャブシャブも結構食べてきた。それはそれで別個にうまいからである。しかし、やはり《東来順飯荘》の味が恋しくなるのは不思議である。北京はいつしか激辛火鍋ブームとなり、涮羊肉人気にややかげりを見せた時期があった。ただ火鍋と涮羊肉は似て非なる料理である。羊のうまさとタレの奥深さを知るには涮羊肉にしくはない。この店を支持する客も絶えることはないだろう。

図55　仿膳飯荘の料理

北京A級グルメの代表は宮廷料理であり、その象徴的な存在が《仿膳飯荘》であることは今後も変わらない。一九二五年に北海が開放されて公園になった時、清朝宮廷の御膳房のコックだった人々が御膳をまねた点心を出す茶荘を北海公園に開いたことで評判を得たのに始まるこの店は、解放後国営になっても宮廷料理の伝統の味を維持してきた。近年外国人観光客相手に宮廷料理を出す新興店がふえたが、やはり本物は格が違う。惜しむらくは、宮廷女官の衣装を身にまとった服務員たちの身のこなしと態度である。国営だし、まあしょうがないといえば、それまでだが、彼女たちはいわゆる宮廷女官らしくない。やる気がない。愛想がない。少なくとも、皇帝に仕える態度で客に接してはいないことである。人民中国ではそれは御法度かもしれないが、絶好のロケーションであり、せっかく衣装を身につけているのだから、どうせのこと「宮廷女官」に徹した人材を育成した方が、さらに人気が出て繁盛すると思うのだが。客の方も一人四〇〇元以上だと聞いてビビっているようでは「皇帝」ではない。しかも「皇帝」はさらにこの店のもっとも有名な満漢全席を食さねばならない。満漢全席とはいうまでもなく清代に始まる満族と漢族の料理の粋を集めた大宴会料理である。原料は山八珍、海八珍、禽八珍、草八珍の三二珍からなる。その豊かな食材を用い、満漢両方の料理法を満漢両方の伝統と結合させたというから、その料理は「清朝」そのものなのである。恥ずかしながら、筆者はまだこれを食する機会を得ていない。金を出せば一般人でも食べられるというが、その金がない。誰かスポンサーはいないかと日夜探し続けているが、そういった人間はたしかに「皇帝」には値しない。

さて、こういった伝統の味を守る餐庁にたいし、〝麻辣〟をキャッチフレーズにした四川系新興餐庁の攻勢が近年すさまじい。そもそも北京の人々の味覚は醬油と塩がベースであり、唐辛子味はあまり好まれていなかった。北京の人々が唐辛子味を好むきっかけとなったのが火鍋ブームであることはまちがいない。ひょんなことからこの味に目覚めた彼らは単に唐辛子の辛さというより、そこには清涼感が加わる〝麻辣〟の魅力に文字通りしびれたようである。《渝信川菜》《渝郷人家》《巴国布衣》《巴渝小鎮》《蜀国演義酒楼》《蜀郷竹林風味酒楼》《東坡眉州酒楼》《眉州東坡酒楼》など、四川を表す漢字の組み合わせで、店名がなかなか覚えきれない。しかし、筆頭の《渝信川菜》は重慶の本物の味を再現する店としてあっという間に北京市内に六店舗を設けるに至った。四川料理は食材よりも香辛料で勝負するので、食材の珍しいものを求めない。そこで料理の価格は他の料理に比べて格段に安くなる。とにかく安くてうまいものに北京人は飛びつく傾向にある。〝麻辣〟はすっかり北京人の舌の永住権を得たように思われる。

他方、新鮮なシーフードをキャッチフレーズにした海鮮系新興餐庁が北京に多く出現したのも最近の特徴である。高速道路網の整備と商品経済の発展、都会人の高所得化などの北京の変化に対応して海から上がったばかりの海産物をはるか北京にまで運ぶことが可能になると、北京の街には〝海鮮〟とか〝漁人〟とかの看板が目立つようになった。しかし、四川料理店ほどブレークしていない。一つには北京人が海産物の素材を生かした薄味や生臭さをあまり好まないことが挙げられるが、「安くてうまい」という条件からいえば、海鮮は珍しくはあってもすべからく「安くない」ためというのも大きな理由である。とはいえ、富裕層は見栄で高い料理を注文する。いまや海鮮は北京の富裕層のステータスを示す食材になっているところがおもしろい。

快餐（ファーストフード）に関しては、当初の予想と評価に反してこの三四年の間に北京の街になじんでしまった。《麦当労》は最後まで立ち退き要求を拒んだ王府井一号店を明け渡した代わりにおびただしい店舗を市内に獲得した。《肯徳基》の記念すべき一号店はなお前門に存続している。一七年前にすでに一〇〇店舗を超えたそうだが、現在はどれくらいの数になっているのだろうか。日本の《吉野家》は一時狂牛病のための本家の受難をよそに発展し続け、結果的に本家を支えた孝行息子に成長してしまった。現在は中国ならではのユニークな献立を取り入れ、牛肉のみならず、「ヨシトン」、

「ヨシケイ」など、一概に「ヨシギュウ」とはいえない状態になっている。注目すべきは《味千拉麵》である。「拉麵」が日本料理の一つとして中国社会に普及してから久しくなるが、とんこつを主体とする九州ラーメン系のこの店がヒットした。北京には札幌ラーメンが先に普及したが、いつの間にか廃れてしまった。とんこつという、中国には少ない味が受けたのか、あるいは店の雰囲気が良かったのか、瞬く間に多くの支店ができ、しかもどの店も超満員の活況を呈している。中国人がこんなにラーメン好きとは思わなかった。いずれにせよ、ファーストフードが中国人の保守的な食生活の牙城を崩したことは世界史に記録されてしかるべき事実といって過言ではない。

最近著しい成長を遂げているのは珈琲庁である。その中でもなんといっても《星巴克》の健闘は著しい。一五年ほど前に本格的なコーヒーが飲める店として外国人が大喜びした店だが、これもあっという間に中国人の若者たちに飛び火した。そもそもコーヒーなる飲料は中国人にとって少なくとも二十世紀までは金を出してまで飲むものではありえなかった。これまた二十一世紀の大変化として世界史の記録に留めおくべきものであろう。

最後に北京における西洋料理の普及について一言触れておこう。東京オリンピックの時、日本人は外国人たちが日本にいながら自分たちの国の料理が食べられるにはどうすればよいかについて真剣に心を砕いたといわれる。もっとも外国人といっても、この場合は欧米人という限定があるが、それまでの日本にはそういった欧米人の舌に耐えうる西洋料理がほとんどなかったのである。努力の結果、オリンピックは成功し、料理も好評を得て、以後日本人が作るものは〝洋食〟から〝西洋料理〟に進化した。またハンバーグ、スパゲティ、シチュー、サラダなどがごくふつうに日本人の家庭料理に加わった。他方、中国はどうだろうか。三四年前、外国の来賓を一手に引き受けていた北京飯店の「西洋料理」はどうひいき目に見ても「西洋風」にすぎなかった。その後フランス料理の《馬克西姆餐庁》が崇文門に、ドイツ料理の《普拉納啤酒坊》が燕沙商場に、さらにイタリア料理の《意太利威尼斯》が同じ燕沙商場にそれぞれ出現し、仏独伊の本格的な西洋料理を北京でも味わうことができるようになった。北京オリンピック以後はこのような店のさらなる発展が予想された。しかし、……である。ここが日本とは違うところなのか。現在に至るまで西洋料理店が飛躍的にふえたという印象はない。西洋料理の修行のためにフランスやイタリアに留学し、帰国後自分の店を出す中国人シェフを絶えて知らない。北京の各家庭で何気なくさりげなくお母さんたちが洋食を子供たちに食べさせることもまずない。この食生活は今後いかに変化するのであろうか。もしかすると変化しないのではなかろうか。これは中国の食文化と中国人の心性に関わる問題なのかもしれない。

4　むすびにかえて

北京大学では東門外に「中関新園」といわれる新しい留学生宿舎が完成し、多くの外国人学生がいまやここを拠点に留学生活を送っている。他方、一九八一年に建てられ、これまで留学生宿舎であり続けてきた勺園もまた「勺園賓館」という新たな名称のもとに依然として留学生や外国人専門技術者のための宿舎を提供し続けている。一時、勺園は留学生宿舎を廃し、中国人学生宿舎として生まれ変わるというううわさがあったが、現在に至るまでそのような気配はなく、恐らくその計画は立ち消えたものと判断される。そして筆者はそれをとてもうれしく感じている。

図56　勺園留学生餐庁

勺園はなんだかんだいいながらも北京大学の構内の、いわば一等地に位置してきた。それゆえ、われわれは良くも悪くも北京大学という得がたい文化的環境の中で留学生活を営むことができた。また、その後の留学生たちも世代を超えてこの勺園で過ごした体験を共有することができたのである。現にいま勺園一号楼に居住している留学生の生活環境は筆者が北京到着第一夜を過ごした時と基本的になんら変わっていない。

留学生食堂である《勺園留学生餐庁》はいまや「二号楼餐庁」と名を変え、かつての勢いを失ってしまったが、筆者にとってここはここで思い出深い場所である。食堂の椅子に座って目を閉じると、なぜか当時の人々がそこにいる。飯票を配る短パンのおじさん、顔にほほえむ筋肉のない小姐、ひたすら西洋風中華を作り続けるコックたち、などなど。

一九七八年以来、それぞれの思いをかなえるため強い決意で海を渡ったあまたの日本の若者たちが北京大学をはじめとする中国各地の大学に留学した。そして、みずからの海外生活を通して中国と中国の人々のことを肌で感じ取った。帰国の時間が迫り、後ろ髪をひかれる思いで勺園をあとにしたのはみな同じだった。時は移り、人は異なっても、その都度同じことが繰り返されてきた。「青春の原点」が変わらぬままであり続けてほしいと思うのは筆者だけではないはずだ。

あとがき

筆者は一九九四年秋から一九九五年春にかけての七カ月間に及ぶ北京滞在をきっかけに、世紀末北京の変化、とくに市民の食文化と密接に関わる餐庁、つまりレストランの興亡についての情報を数度にわたり私家版「北京餐庁情報」として書きまとめ、それを親しい方々に提供してきた。また二十一世紀になってからは上海を中心とした江南各地、台北、さらにはアメリカ東海岸などに行く機会がふえ、行くたびごとにその土地土地での餐庁情報を記してきたため、気がつくと結構な分量になってしまった。その目的は他にあらず、単に筆者自身の趣味的備忘録として書き残しておきたかったからにすぎない。

今回このうちもっともスパンの長い北京の餐庁情報をはからずも一冊の単行本にまとめる機会が与えられたが、これを改めて活字にすることにいまなお遅疑逡巡を禁じえない。加えて本書はもとより不特定多数の読者を想定して書いたものではない。「餐庁情報」といいながら、商売柄「図書館情報」がかなり混ざっている。また、このいい加減な内容は高邁な読者諸氏にとっては読むに耐えないものかもしれないと内心忸怩たる気持ちがある。しかし、これが現代中国の地域社会史研究になんらかの貴重な情報?を提供するのであれば、それなりの史料的価値がなきにしもあらずと勝手に判断する。

筆者は若いころ、山本市朗『北京三十五年―中国革命の中の日本人技師―』（岩波新書、一九八〇年）という書を読み、戦後の中国に残り、厳しい政治環境に翻弄されながらも中国とそこで暮らす人々の素顔を伝えようとするその志に感銘を受けたことがある。筆者が初めて中国に行ったのはその書を読んだ一九八〇年、したがって本書は奇しくもそのあとを受けた「北京三十五年」を語る結果になった。もちろん山本氏の得られた貴重な体験とは比べものにならず、また内容も「餐庁情報」というきわめてどうでもよいものである。ただ、周知のように北京は一九八〇年以降、改革開放という新たなる道を歩み始めた。そしてそれはまちがいなく近代化と都市化の「うねり」を北京にもたらした。その「うねり」の軌跡を書きとめておくのも無駄ではないと確信する。

なお、本書各章のうち、「追想　1982」から「5　世紀末の北京―北京餐庁情報五編　2000」までは『CASニューズレター』（慶應義塾大学地域研究センター）一一〇号、二〇〇一年、に、また上記の各編と「6　老字号の興亡―北京餐庁情報六編　2002」から「8　驚きの経済成長―北京餐庁情報八編　2004」までは東京大学東洋文化研究所のホームページにそれぞれ掲載した文章を基礎としているが、本書に収録するに当たって、さしさわりがある個人名、あまりにも楽屋落ちの内容、後日事実誤認が明らかになった偽情報などについてはさらに適宜削除・改変した。また、一般の読者に対して若干の説明を要するものにはそれなりの配慮を施した。したがって、本書はもはや一次史料としての価値を失ってしまっている。だが、それはそれ、編纂史料の持つ宿命ゆえ、どうかご寛恕を願いたい。

学術書でもない本書のようなものが日の目を見るにあたっては研文出版の山本實社長に心から御礼を申し上げる。山本市朗氏、山本實社長、それに筆者との間になんら縁戚関係はないものの、どこかで結びつく同姓ネットワークを感じずにはおられない。

最後に、別に「餐庁情報」の取材が目的であったわけではないが、北京滞在のため通算すればかなりの日数にわたって家を留守にし、その間、子育てをはじめとして多大な苦労をかけた妻知華子に対しても感謝の意を表したい。照れもあって、これまで筆者の学術刊行物では妻にこのような謝辞を一切述べたことはなかったが、本書に改めて記したのは彼女にいままで以上にこれからも「華を知る子」であってほしいという願いを込めたからである。

二〇一六年二月

山本英史

関連略年表

西暦	中国・北京・台湾	世界
一九八〇	胡耀邦、総書記に就任	
一九八一	四人組裁判 歴史決議を採択	
一九八二		戦略兵器削減交渉開始
一九八三		
一九八四	香港返還を発表	
一九八五	人民公社の完全解体	ゴルバチョフ、書記長に就任
一九八六		
一九八七	胡耀邦、総書記を辞任。趙紫陽、総書記に就任 台湾、戒厳令を解除	ソ連、ペレストロイカ開始
一九八八	台湾、蔣経国死去。李登輝が国民党を継承	
一九八九	チベットで暴動 六四天安門事件。北京に戒厳令発動 江沢民、総書記に就任	冷戦終結宣言 ベルリンの壁崩壊
一九九〇	北京、戒厳令を解除	東西ドイツ統一

一九九一	台湾、大陸との内戦終結を宣言	湾岸戦争 戦略兵器削減条約調印 ソ連解体
一九九二	鄧小平、南巡講話を発表 中国、韓国と国交正常化 社会主義市場経済開始	
一九九三	江沢民、国家主席に就任	
一九九四	外匯兌換券廃止	金日成死去
一九九五		阪神淡路大地震 地下鉄サリン事件
一九九六		
一九九七	鄧小平死去 香港返還	
一九九八	江沢民、日本訪問	
一九九九		
二〇〇〇	台湾で民進党政権掌握	
二〇〇一	共産党、企業家の入党を承認 二〇〇八年に北京オリンピック開催を承認 中国、ＷＴＯに加盟	小泉内閣発足 アメリカで同時多発テロ アフガニスタン空爆

西暦	中国・北京・台湾	世界
二〇〇二	江沢民、「三つの代表」を提唱 胡錦濤、総書記に就任	ユーロ流通開始
二〇〇三	新型肺炎SARS流行 胡錦濤、国家主席に就任 有人宇宙飛行船神舟五号、打ち上げに成功	イラク戦争
二〇〇四		
二〇〇五	反日デモ、中国各地で激化	
二〇〇六		
二〇〇七		
二〇〇八	中国製冷凍餃子中毒事件発生 チベットで暴動発生 台湾で国民党が政権奪還 新疆でデモ発生 四川大地震 北京オリンピック開催	オバマ、米大統領に就任 リーマンショック
二〇〇九	ウルムチで暴動	民主党、政権を獲得
二〇一〇	グーグル社、中国ネットから撤退 上海万博開催 新幹線和諧号事故 中国漁船、日本の巡視船と衝突	

二〇一一		東日本大震災 イラク戦争終結宣言 金正日死去
二〇一二	習近平、総書記に就任 薄熙来、汚職で党籍剝奪	安倍内閣発足
二〇一三	習近平、国家主席に就任 尖閣諸島をめぐって日中関係悪化	
二〇一四	中国の経済成長が減速化 周永康、汚職で逮捕	
二〇一五	九月三日を「抗日戦争勝利記念日」に指定 「抗日勝利七〇年」を記念する大閲兵挙行	安倍内閣、安保法制成立
二〇一六		

山本　英史（やまもと　えいし）

慶應義塾大学文学部教授、博士（文学）。一九五〇年生。東京大学大学院人文科学研究科単位取得退学。山口大学人文学部助教授を経て現職。明清史、中国近代史専攻。

主要著作として『清代中国の地域支配』（慶應義塾大学出版会、二〇〇七年）、『赴任する知県—清代の地方官とその人間環境—』（研文出版、二〇一六年）などがある。また、『三田評論』には、「中国うまい料理《もの》をめぐって」（一〇二九号、二〇〇〇年）、「鍋天国、鍋尽くし」（一〇九七号、二〇〇七年）、「魅惑の涼泮海蜇」（一一三七号、二〇一〇年）、「サソリを食べよう」（一一八三号、二〇一四年）など、中国の食べ物についての鼎談やエッセイがある。

北京餐庁《れすとらん》情報　北京を食べて三十四年

二〇一六年一月三〇日第一版第一刷印刷
二〇一六年二月二〇日第一版第一刷発行

定価［本体一五〇〇円＋税］

著者© 山本　英史
発行者　山本　實
発行所　研文出版（山本書店出版部）
〒101-0051
東京都千代田区神田神保町二-七
TEL03(3261)9337
FAX03(3261)6276
印刷・製本　倉敷印刷

ISBN978-4-87636-406-0